チェコ

オーストリア

フランス

世界歴史の旅

ドイツ
古都と古城と聖堂

魚住昌良 著

Heritage of
World History
Germany

山川出版社

まえがき

　旅行大好き人間の私は，40年ほど昔のミュンヘン留学時代や，その後のベルリンで日欧比較史の講義を担当した折り，春休みや夏休みを利用してドイツやヨーロッパの史跡をめぐる旅を楽しんだ。また「歴史の旅」ということで，その都度テーマを設定するグループ旅行を企画して旅と歴史の好きな方々との短期——おおむね2週間ほどの「ドイツの歴史散策」を試みたこともあった。

　旅行案内書は，40年前の学生時代には，もっぱらやや古めかしい『ベデカーBaedeker』（ドイツの出版業者K.ベデカーが1828年に創刊した著名な旅行案内書）であったが，現在では数えきれないほどのガイドブックが江湖に溢れている。日本語のものも少なくないので，どれにしようと迷われる方も多いに違いない。ただそのほとんどは，目的地へのアクセスの方法，宿泊ホテル，レストランなどを含む便利な実用書であるため，私たちがもう少し詳しく知りたいと思う歴史的背景などは，ほんの数行だけというのが多い。

　私はかねがね，私自身も含めて歴史に興味を持って旅する者が，訪れる土地や史跡のもう少し詳しい歴史的背景や沿革を，できれば日本語で容易に読める書物があればいいなと考えてきたし，グループ旅行の仲間たちの要望も聞いていたので，格好の類書がないのなら，私自身の旅の体験を纏めるつもりで1冊書いてみようと思い立っていた。ちょうどそんなころ山川出版社が『シリーズ　世界歴史の旅』の公刊を始め，その「ドイツ編」を委嘱されたのが本書執筆の契機であった。

　私のつもりでは，旧著『ドイツの古都と古城』（山川出版社1991年）の延長ぐらいに考えていたふしもなくはなかったが，書き始めてみると，シリーズものの性質上，もう少しきちんと体系的に，ないしは網羅的にすべきかと考えたり，旧著と重なっても欠かすわけにはゆかないと思える地名，旧跡も少なくないことに気付かされ，またシリーズものの制約でスペースに限りがあり，書きたいことの多く——たとえば，ドイツ中世史には再三登場するゴスラールやコンスタンツ，さらにミュンスターやマールブルクなど——を省略したり割愛したりしなければな

らなかった。

　本書の構成は，第Ⅰ部で「ドイツ史の歩み」の大筋をたどり，第Ⅱ部「歴史散策」でドイツ各地の歴史的沿革や史跡の背景を順次とりあげるというかたちをとっている。第Ⅱ部では，実際の旅行も想定しながら，いくつかのテーマを設定して訪問地を選択するという試みもしているので，読者はそれぞれの好みや興味や状況に応じて取捨し，利用していただければと願っている。

　たとえば「ライン遡行」の旅では，古代ローマとゲルマン諸部族の文化接触／対決からフランク王国を経てヨーロッパ世界の形成される中世初期から中期に関心を寄せており，「宗教改革の旅」では，ルターの足跡を追いながらザクセン，テューリンゲンの古都を訪れるということで纏めてみた。

　第Ⅰ部の「歴史の歩み」は，ドイツ史の大筋が分かっていないと，個々の場所の話を聞いてもうまく繋がらないと仰言った方々の要望を意識して，簡単に，政治史的な筋道は一応通しているが，必ずしも整然と体系だてたものではなく，私自身の興味に従って精粗もまちまちであるし，全体として中世の初期・中期に，せいぜい近世までに紙幅を割き，近・現代は簡略にせざるを得なかったことをお断りしておかねばならない。第Ⅱ部の話題も主として中・近世までに絞っていることに照応する措置でもあった。

　第Ⅱ部でとりあげた都市，城郭，聖堂の大部分は，私自身は一度は，あるいは何度も訪れているものであるが，書物の性質上，未見のものも載せさせていただいた。また訪れたと言っても，40年という長い期間にわたっているために私の記憶が薄れているものもあるに違いない。思い違いもあるかもしれない。あるいは現地の模様が変わっているものもあるかもしれない。とくに再統一後の首都ベルリン再建は，驚くほど急ピッチであり，書いている現在もどんどん変わりつつあるので，美術館・博物館の所在や美術品の収蔵場所も近い将来に動くこともあるはずである。訪れる方々は，そんなことなどもつぶさに観察して下さり，できれば新しい情報をご教示いただければ嬉しいと考えている。

　本書の執筆にあたっては，多くの方々，何よりも歴史の専門家である先輩，同僚諸氏から沢山の知見を，とくにそのご著書

を通して与えられていることを記して感謝申し上げたい。巻末に直接参照できたものを参考文献として記載させていただいた。

　早稲田大学の小倉欣一氏(ドイツ中・近世史)からは，筆者未見の現地の状況や資料に関する，また斉藤哲氏(明治大学，ドイツ現代史)からは東ベルリンの現況に関する情報をいただいた。旧東ベルリンについては Prof. K. Schulz(ベルリン自由大学)にも，また東欧史との関連で戸谷浩氏(明治学院大学)からも教えていただいた。小田謙爾氏(エルフルト大学)，江川由布子さん(ICUアジア文化研究所)，早川朝子さん(ICU大学院生)は，それぞれ筆者の記憶の曖昧だった点をインターネットで照会するなどして援けて下さった。さらに美術史・建築史関係では森洋子氏(明治大学)に援けていただいたこと，音楽史にかかわる貴重なご示唆を藤原道従氏(帝塚山大学)と上尾信也氏(桐朋学院大学)からいただいたことも記して感謝に代えさせていただきたい。

　もう一つクサンテンへのドライヴの途上，巡礼教会ケーヴェラーに案内してくださった川口敦也・由紀子ご夫妻(当時デュッセルドルフ在住)とのよき想い出を感謝とともに残させていただきたい。

　本書で使用した遺跡の写真の多くは，私自身が撮影したものであるが，素人写真のこと，また長い間に散逸したものもあって充分ではなく，写真家でもあるエッセイスト相原恭子さんのご協力をいただいた。ベルリン自由大学ヘンリー・フォード会館の写真を送ってくださった Dr. Ch. Schuchald や，貴重なコレクションから切手を提供して下さった西川禹氏にも謝意を記したい。

　最後に，しかし何よりも，本書の完成のために，執筆中の筆者の病気入院などで予定をはるかに遅れた脱稿を励まし励まし忍耐強く待って下さった山川出版社にたいして心からお礼を申し上げなりればならない。

　　　2002年7月21日

　　　　　　　　　　　　　　　　　　　　　　　　著　者

目次
まえがき

第I部
ドイツの歴史

ドイツ史の枠組み	7
古ゲルマンの世界 ―ドイツ史の濫觴	11
フランクからドイツへ ―ドイツ史の啓蟄	15
皇帝と教会の時代 ―統合と分立の緊張	22
中世の都市化 ―帝国と領邦と都市	33
宗教改革と宗教戦争 ―領邦国家の確立	49
領邦諸国家の競合	59
分立と統合 ―新しいヨーロッパへの道	72

第II部
ドイツの歴史散策

ライン遡行	81
クサンテン	82
デュッセルドルフ	86
ノイス	87
ケルン	88
アーヘン	95
ボン	97
コブレンツ	99
マリア゠ラーハ	100
トリーア	100
ベルンカステル゠クース	104
エーベルバッハ修道院	105
マインツ	107
フランクフルト・アム・マイン	110
クロンベルクとザールブルク	116
ヴォルムス	117
シュパイアー	119
ハイデルベルク	120
フライブルク・イム・ブライスガウ	123

ドナウ下りと南ドイツの史跡	128
ウルム	128
インゴールシュタット	129
レーゲンスブルク	130
パッサウ	134
ミュンヘン	135
ヴィース教会	141
アウクスブルク	144
ネルトリンゲン	148
ディンケルスビュール	149
ローテンブルク	150
ニュルンベルク	153
ヴュルツブルク	158
宗教改革の旅	164
ヴィッテンベルク	164
アイスレーベン	167
アイゼナハ	169
エルフルト	171
ライプツィヒ	174
ヴァルトブルク城	178
ミュールハウゼン	180

エルベの川下りとハンザ都市　　　　　　　181
　ドレスデン　　　　　　　　　　　　　　183
　マイセン　　　　　　　　　　　　　　　185
　クヴェトリンブルク　　　　　　　　　　186
　マクデブルク　　　　　　　　　　　　　189
　ハンブルク　　　　　　　　　　　　　　191
　リューベック　　　　　　　　　　　　　193
　リューネブルク　　　　　　　　　　　　197
　ブレーメン　　　　　　　　　　　　　　199

ホーエンツォレルンの王都と離宮　　　　　202
　ベルリン　　　　　　　　　　　　　　　203
　ポツダム　　　　　　　　　　　　　　　218

コラム
大王と楽聖の出会い　　　　　　　　　　　66
ケーヴェラーの聖母巡礼　　　　　　　　　84
母子の相剋——アグリピナとネロ皇帝　　　89
トゥルネー——クローヴィスの生誕地？　　97
ライン川に浮かぶ白亜の城塔　　　　　　106
中世の大市風景　　　　　　　　　　　　114
学生牢　　　　　　　　　　　　　　　　122
エルザス（アルザス）回遊——シュトラスブルク（ストラスブール）とコルマール　124
狂王の夢の城の背景——ノイシュヴァンシュタイン城　142
「子どもの祭」の物語　　　　　　　　　149
マイスタートルンクの伝説　　　　　　　151
リーメンシュナイダー点描　　　　　　　162
贖宥状頒布の裏話三題　　　　　　　　　165
ライプツィヒ論争　　　　　　　　　　　174
「ツヴィンガー」の語義　　　　　　　　184
マイセン窯の発生事情　　　　　　　　　187
ローラント伝説のルーツ　　　　　　　　200
南ドイツのルーツ——ホーエンツォレルン城　202
ベルリンとユダヤ人　　　　　　　　　　214
大王の帰還と愛犬たち　　　　　　　　　220

参考文献／索引

地図凡例

▬▬▬　鉄道（Sバーンを含む）

━━━　Uバーン（地下鉄）

▦▦▦　古代もしくは中世の
　　　　市壁だったところ
　　　　（現在は残っていな
　　　　いものが多い）

第Ⅰ部 ドイツの歴史

ドイツ史の枠組み

ドイツ史の始期

　私たちは今，新しいミレニアム（千年紀）を迎え，歴史を振り返る一つの節目に立っている。これまでの1000年間とプラスアルファ，すなわち第二千年紀に入る直前の紀元10世紀あるいはせいぜい9世紀，日本では平安時代前期あたりからが，通常の意味でのドイツ史の時代範囲といってよいかもしれない。よいかもしれないなどとやや曖昧な言い方をしたのは，本当のところ，ドイツの歴史の始期をどこにおいていいのかについては確たる定説があるわけではなく，ドイツの学者たちの間でも，さまざまな議論がかわされたままになっているからである。それは，たんに古い草創期の史料が十分にないから正確なところがわからないということではなく，そもそも何をもって「ドイツ」ないし「ドイツ民族」，「ドイツ国家」の始まりと考えるのかをめぐる解釈の問題にかかわるからである。

　962年のオットー大帝の戴冠(→p23)によるいわゆる神聖ローマ帝国の開始を少し遡る911年，すなわち東フランクのカロリングの王統が断絶してコンラート1世王が選出された年をもってドイツ史の開幕とみる説もあったし(→p21,22)，そのつぎのザクセン朝ハインリヒ1世(オットー大帝の父)の即位からというものもあった(→p22)。さらに遡って9世紀の後半，シャルルマーニュ(カール大帝)の帝国(→p17)が東西に分かれる頃，その東の部分の東フランク王国をドイツ史の揺籃と考えることも可能であった。さらには8世紀の後半フランク王国の重心を東に移して，王国の版図をライン川の東に大きく拡大させたカール大帝のカロリング朝期を含めることもできたかもしれない。

　これらは，いずれにしても国民国家としてのドイツが成立した，あるいは成立しようとしていた19世紀以来の学者たちがドイツという「国家」の形成，そしてそのルーツを強く意識しながらかわしてきた議論であった。

　ところで，「ドイツ」というアイデンティティーが広く顕在化してくるのは，むしろ19世紀になってからであり，ドイツと

ドイツ各地の民族とお祭

ローテンブルクの春の祭。恒例の「羊飼いの踊り」は1911年に復活、聖霊降臨祭(ペンテコステ)の日曜午後の行事となった。中心イベントのマイスタートルンク(→p151)は翌日の月曜におこなわれた。

クリスマスはドイツ各地でクリスマス・マーケットが開催され、写真のようなお菓子のスタンドが並ぶ。

→シュトゥットガルトのワイン祭。バーデン・ヴュルテンベルクの州都は人口60万弱の商工業都市。周辺の丘陵地ではブドウもとれ、新酒の季節にはこんな風物詩も。

　いう国がはじめからあったわけではない。中世のある時期まで実際に存在したのは、ザクセン人であり、バイエルン人であり、テューリンゲン人、アレマン人であるという具合の、部族や地域を背景とする呼称であり、自己認識であった。ザクセン人やバイエルン人は独自の出自神話をもっていた。ドイツ人という単一民族がはじめからあったわけではない。

　おそらく中世中期10～12世紀の政治的経験をとおして王国

ミュンヘンといえばビール，そしてオクトーバーフェスト。1810年王太子（後のルードヴィヒ1世王）とザクセンの王女テレーゼの成婚を機に始まった。9月中旬から10月初の日曜までの16日間，中央駅南西の緑地（太子妃の名にちなんでテレージェンヴィーゼと呼ばれるようになった）に巨大なテントをいくつも張って内外の人びとを集める。当初はバイエルンの農民たちの家畜品評会など農事振興的要素が大きかったが，1817年以降，ビール樽を開けることが中心になったという。期間最初の日曜日にはドイツ各地の民族衣装パレードも楽しめる。100万の観客が16日の間に飲み干すビールは500万リットルとか。

にたいする集団的忠誠心も少しずつはぐくまれ，ドイツを全体として一つの出自集団とみなす意識も生まれてきた。13世紀末にはドイツ人こそトロイア人の嫡流の子孫とする自意識も出た。タキトゥスの『ゲルマーニア』がドイツで広く知られるようになり，ドイツ人共通の先祖としてのゲルマン人が関心の対象となるのは16世紀以降であった。

ドイツ史の版図

　前段で言及した神聖ローマ帝国というまとまりは，カール大帝の衣鉢を継いで(古代)ローマ帝国に連なる理念であって，もともと「ドイツ」というアイデンティティーとは無縁であった。当初は，たんに帝国(インペリウム)と呼ばれていただけで，その領域には現在の北イタリアなども含まれていた。

　中世末15世紀以降になると「ドイツ国民の」という言葉が加わり，「ドイツ国民の神聖ローマ帝国」と呼ばれるようになるが，そのことは，ようやく顔を出す「ドイツ人」という自意識覚醒の一つの現れといってよいであろう。ハプスブルク朝の(神聖ローマ)帝国は，異なる宗教・民族をかかえるこの王朝をつなぎとめるとともに，他方，実質的国家化を進めるドイツの諸領邦に一定の枠組みを与える，宗教的・理念的権威として機能してきたのである。

　神聖ローマ帝国は，19世紀初頭ナポレオンの外圧の煽りで瓦解した。皇帝フランツ2世(在位1792～1806)は退位して，たんにオーストリア皇帝と称する旨を宣告し，ドイツは40ほどの独立主権国家の併存競合する地域となった。統一を実現するのは，1871年，ビスマルク主導のプロイセンを盟主とするドイツ帝国(いわゆる第二帝政)の成立によってであり，それもオーストリアを除外してであった。

　ドイツの統一状態は，以後，第一次世界大戦の敗北(1918年)からヴァイマール共和国をへてナチスの第三帝国が崩壊する(1945年)まで，4分の3世紀ほど継続した。第二次世界大戦の敗戦後は連合軍の占領時代をへて，1949年に発足したドイツ連邦共和国(旧西ドイツ)とドイツ民主共和国(旧東ドイツ)の40年を超える分立・対抗が続いたこと，そしてベルリンの壁とともに，後者の体制が崩壊して，90年に再統一にいたったことは私たちの記憶に新しい。

　このようなしだいで，ドイツがまがりなりにも統一国家の体をなしたのは，前後あわせて85年ほどで1世紀にも足りないことがわかるであろう。しかも統一した主権国家ドイツは，すでに発足したヨーロッパ連合(EU)の一員として，伝統的国民国家からの脱皮を始めている。

古ゲルマンの世界
——ドイツ史の濫觴

古ゲルマンの諸部族

ライン川の東，ドナウ川の北，すなわち1世紀前後，共和政末期から帝政初期頃のローマ人が「ゲルマーニア」と呼んだ地域の状況を伝えるもっとも重要な文献史料が，カエサルの『ガリア戦記』とタキトゥスの『ゲルマーニア』(→p14)であることはよく知られている。このローマ側の史料によって，はじめてゲルマン人たちの政治・経済・社会の様相がある程度具体的にわかるようになるので，歴史家たちは，この時期のゲルマン社会を「古ゲルマン社会」と呼んでこの地域の歴史叙述を始めることが多い。

ところで，この地にゲルマン民族という一つの民族がいたというわけではない。タキトゥスも書いているように，マルコマンニー，カッティー，ウースィピー，テンクテリー，カウキー，ケルスキー，キンブリ，スエービーなど多分総数50を超す小邦が分立し，その一つ一つが地縁的というよりも，どちらかというと人的な結びつきに基づく政治集団を形づくっていた。ちなみにタキトゥスは，これらの小邦をローマの政治単位に擬してキヴィタス（ローマの都市国家的行政単位ないし都市区。ギリシアなら都市国家ポリスに相当）と名づけている。

北東部と南西部で多少の差異（北部では牧畜の重要性がより大きい）はあったが，全体として農耕と牧畜を中心とする社会であり，人びとは戦いを好み（『ゲルマーニア』14章），平時には狩猟を愛した（同15章）という。戦争，講和，移動，侵攻，王や首長の選出など重大な決定は，貴族と武装能力をもつ一般自由民（成年の男子のみ）で構成される民会の審議に委ねられた（同11章）。王制のものと首長制のものがあったが，トップが一人か複数かという程度であって，本質的な差異はなかった。いずれにしても貴族たちの支配力が強く，王も貴族の一員であった。

タキトゥスの同じ11章によれば，全体の審議に委ねる大事についても「あらかじめ首長たちの手許で精査される仕組み」に

なっていて，会衆は首長たちの提案を傾聴して諾否(だくひ)の表明を「ざわめきのもとに一蹴(いっしゅう)する」かフラメア(槍の一種)を打ち鳴らして賛意を示すとあり，古ゲルマン社会が単純に平等を基調とする民主的社会であったとはいえまい。

古ゲルマンの社会と経済

　もう一カ所だけ『ゲルマーニア』を引いておこう。さきにも少し言及した15章の冒頭は平時の生活にふれて，「戦争に出ないとき，彼らはいつもいくぶんは狩猟に，より多くは睡眠と飲食とにふけりつつ」日を過ごし，「強壮(きょうそう)で好戦的な者たちが何もしないで……畑仕事などは女たち老人たち，その他羸弱(るいじゃく)な者に打ちまかせて自分たちは懶惰(らんだ)に暮らしている」という。

　ここで「彼ら」というのは，長老ないし豪族と目される有力者とその下に集(つど)っている自由人の従士たちと考えてよいが，農業の中心となる畑仕事を女性や老人たちにまかせるだけで農業・牧畜経済のシステムが十分に成立すると考えるのは難しい。言及されている「羸弱な者」を，たんに虚弱で武器をとりえない者と解するだけでなく，通常の武装能力をもたない隷属民と考え，これを農耕作業の欠くべからざる労働力とする想定は傾聴すべきであろう。つまりある程度の土地をもち，自らは農耕に従事しないで隷属民を使用しえた有力者の存在を想定すること，後年(フランク時代，とくに7〜8世紀以降)の土地領主制(グルントヘルシャフト)(荘園制)ほど整ったものではないまでも，少なくともその萌芽となるような大土地所有がすでにこの時期に形成されつつあったという説明である。ただしこの時期では，土地の取得そのものよりも労力となる人間支配の確保のほうが重要であった。

　少なくとも貴族，自由人，解放奴隷，奴隷という階層の存在や，後年の封建制の重要なルーツとなる従士(じゅうし)制のあったことはタキトゥスの記述(同5，13，14，25章など)からもうかがえるし，土地が地位に応じて分配されることも記されている(同26章)。古ゲルマン社会のこのような階層分化は，考古学や定住史学などの成果(副葬品の相違など)から傍証(ぼうしょう)されている。

ローマとの攻防

　前1世紀中葉のゲルマン諸族の中では，軍王アリオヴィスト

↓トリーアのカイザーテルメン(ローマ人の大浴場施設)跡。ローマ人の行く所，必ずといってよいほど建設された(→p103)。

↑ローマ時代のガラス製品（上）やランプ。ライン左岸，古代ローマ辺境の出土品（ケルン，ローマ・ゲルマン博物館蔵）。

→ポルタ・ニグラ。ローマ時代のトリーアの北門。すでに中世の時代から「黒い門」と呼ばれていた(→p102)。

古ゲルマンの世界 | 13

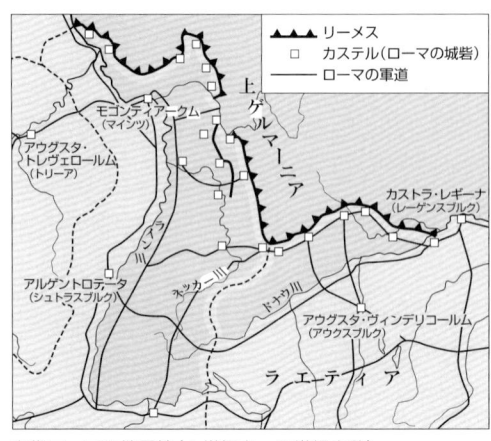

古代ローマの境界線（1世紀末〜3世紀中葉）

ザールブルク城砦。ローマ軍団の駐屯地。1世紀末以降，何度も改築された。現在の建物は3世紀初頭最終改築のものの復元（→p116）。

　ゥスに率いられたスエービー族が強力になり，ローマ傘下のガリア東部に侵入したが，前58年エルザス（アルザス）地方でカエサル（シーザー，前100〜前44）に敗れてライン右岸に撤退，アリオヴィストゥスは，そののち数年以内に死去したと考えられている。

　ローマは，1世紀のはじめの頃アウグストゥス帝の盛時には，ラインを越えて進出し，一時はヴェーザー川，エルベ川付近にまで勢力をおよぼしたが，その重圧に反発したゲルマン諸部族は，ケルスキー族の首長ヘルマン（ローマ名アルミニウス）のもとに結集し，ヴァールス麾下のローマ軍団をトイトブルクの森で殲滅した。そのようすは『ガリア戦記』に詳しい（→p82）。今日でもこの森の大公園の真ん中にはヘルマンの記念像が剣を高々とあげ，西をにらんで立っている。

　ローマはその後東進を断念し，ライン，ドナウの両河に加えて前者の中流と後者の上流を結んで建設したリーメス（全長548kmの防御線）を境界線としてゲルマン人の侵入に備えることになる。私たちは第Ⅱ部の「歴史散策」でこのリーメスの跡やローマ軍団の城砦なども訪れたいと考えている。

フランクからドイツへ
―― ドイツ史の啓蟄(けいちつ)

史料の残存状況

　同時代の文献史料による叙述に限ってドイツの歴史をたどろうとすると，1世紀の古ゲルマンの時代のあと，しばらくの間は史料を欠く空白期となる。もちろん考古学的遺物によっても5世紀初期ぐらいまでを語らせることはできるであろうが，それは極めて限られた局地の一点のことにすぎず，何よりも致命的なのは，文字を欠くモノだけでは，固有名詞をともなう具体的な政治史を描けないということであろう。

　つぎにゲルマン諸部族の動向にふれる文献資料としては，4世紀のローマの歴史家アミアーヌス・マルケリヌスなどが思い出されるが，いずれにせよ4世紀後半のいわゆるゲルマン民族の大移動(4〜6世紀)といわれる時期以降については，さまざまな史料が残されている。トゥールのグレゴリウス司教の『フランク人の歴史』はもっとも重要なものの一つである。

メロヴィング朝フランクの盛衰

　タキトゥスの時代に50余のキヴィタス(→p11)に分かれてゲルマーニアに分布していたゲルマン人たちは，2世紀から大移動期までの離合集散をへて，より大規模な部族に再編される。これらの諸部族の中のフランク，ザクセン，アレマン，テューリンゲン，バイエルンなどが後年のドイツを構成する主な要素となった。

　フランク部族は，遅くとも3世紀には，ライン中・下流の右岸に多くの支族に分かれて住んでいたが，4世紀に入ると左岸に進出した。476年の西ローマ帝国の滅亡後，メロヴィング家のクローヴィス(クロードウィヒ，在位481〜511)がローマ系貴族シアグリウスを破って486年に南進，アレマン人や西ゴート人などを撃破するとともにフランクの全支族を統一支配することに成功した。トゥールのグレゴリウスは，王が3000人の従士

フランク軍士の墓石(7世紀)。ボン近郊ニーダードレンドルフのフランク人の墓石の表に刻まれたくしけずる男。裏面には大工たるキリストが，ゲルマンの王を象徴する槍を手にして描かれている(ボン，ライン州立博物館蔵)。

たちとともにカトリックの洗礼を受けた(496年)と書いている。
中世西ヨーロッパ世界の形成とカトリック教会が一体となる重
要な端緒であった。

　メロヴィング朝のフランク王国は，ネウストリア(王国の西部
ロワール川とマース・ムーズ川の間)に重心をおきつつライン左岸，
現在のフランスのほぼ全域とドイツの西端地域を支配したが，
6世紀後半から分裂・内紛を繰り返し，政治の実権はしだいに
分邦の貴族たちや宮宰職(メロヴィング期フランクの王国や分国の
最高の宮廷職)の手に移った。7世紀末期には，アウストラシア
(ラインに近い王国の東部)の宮宰カロリング家の中ピピンが王国
全体の統一的宮宰職を獲得，世襲化して王国の事実上の支配権
を掌握した。732年トゥール・ポワティエ間の戦闘でイスラム
侵攻軍を破って名声を残したカール・マルテル(688頃〜714)は
この中ピピンの庶子である。

ローマ人によるカール
の皇帝戴冠。右は裁き
の座につく教皇と皇帝
(1270年頃の「ゴータ
世界年代記」。ゴータ
の州立研究図書館蔵)。

ピピンのクーデタからカロリング国家の形成へ

　カール・マルテルの息子小ピピンは，全王国の実権を掌握し，
周到な準備のすえに教皇庁の支持を取り付け，751年のクーデ
タに成功した。最大の国事を決するソアソンの会議に「王の力
なき者が王たるよりは，力ある者が王たるべし」という教皇ザ
カリウスの言葉が伝えられ，会議はメロヴィング家最後の国王
キルデリク3世(在位743〜751)の廃位，小ピピンの国王推戴を
決定した。カロリング朝フランク王国の発足である。小ピピン

6世紀の槍の穂先(鉄
製，長さ32.5cm，ヴ
ェストファーレン考古
学博物館蔵)。

16

は，同じ年にソアソンで教皇特使としてのマインツ大司教ボニファティウス(675?～754)の塗油を，754年にはパリのサン・ドニ修道院で教皇ステファヌス2世の塗油を受けてカトリック教会の権威による正統性を確保した。

カロリング朝の王国が発展の頂点に達したのは，小ピピンの長子カール1世(大帝，シャルルマーニュ，在位768～814)の治世のときであった。カールは，754年の父王の塗油のとき，若き王子として弟カールマンと一緒に教皇によって聖別されており，父親の死(768年)ののち王国は二人の兄弟に分割されたが，771年，弟の早世によって父王の全遺産を継承，以後40余年にわたって西ヨーロッパの政治を支配した。

シャルルマーニュの征戦

大帝はアーヘンの地を好み，晩年(800年以後)のほとんどを同地の王宮で過ごしたが，そこにいたる生涯は，各地を転戦し，社会的にも経済的にも人種的にも大きく異なる諸地域を一つの王国に結びつける厳しい努力の連続であった。なかでもライン以東のゲルマン系諸部族を部族連合のような形で統合したことは，後年のドイツ国家の形成を用意する大事な前提となった。

とりわけ772年に始まる対ザクセン戦争では，強靱な抵抗に遭遇し，30余年もの間ほとんど毎年のように遠征を繰り返すことになる。過酷な弾圧もあえて辞さず，782年にはアラー河畔のフェールデンで一日のうちに捕虜4500人の処刑を断行，王の宮廷に仕えた神学者アルクィン(735～804)でさえ，この暴挙を王の汚点と記したという。

頑強な抵抗を指導してザクセン人の英雄と讃えられたヴェストファーレンの豪族ヴィドゥキントも，785年に投降してキリスト教の洗礼を受け入れると，彼らの抵抗もしだいに散発的となり，804年の戦闘を最後に消滅した。ザクセン人に煽られていたテューリンゲン人の反乱も下火となり，また，再三にわたって反抗を繰り返したバイエルン最後の部族大公タシロ3世も787年には屈服，翌年インゲルハイムで開かれた宮廷会議で処刑の宣告を受けたが，カールの恩赦によって終身刑とされたのち，修道院に拘禁された。

引き続く対アヴァール攻略戦(795～803年)，対イスラム・ス

シャルルマーニュ帝国の版図

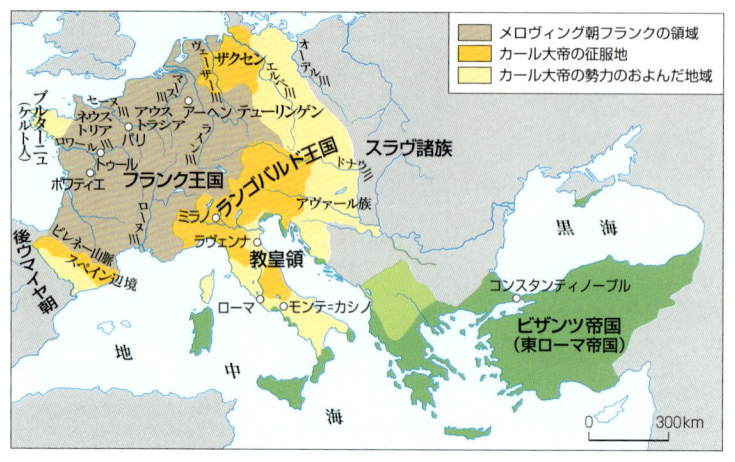

ペイン辺境領の設立(バルセロナ地方, 8世紀)などをへて, すでに併合して王位までかねていたランゴバルド(ロンバルド)王国(773年)をあわせると, カールの覇権は, 北海から地中海, エルベ川からピレネー山脈におよぶ西ヨーロッパ世界の主要部分を覆うこととなり, 当時コンスタンティノープルにあってギリシア正教会とともに東ヨーロッパを支配し, ローマ帝国の継承者を自任するビザンツ帝国(東ローマ帝国)と並ぶ大勢力となった。

大帝の治世と文化政策

紀元800年の降誕節, ローマに赴いたカールは, 聖ペテロ大聖堂で教皇レオ3世から冠を受けて(西)ローマ皇帝の称号を継承, 以後名実ともにビザンツ皇帝と対等という要求を貫徹した。カトリック教会もフランク国家の後ろ盾をえて, ビザンツ総司教からの完全離脱をなしとげ, 西ヨーロッパ世界の宗教的一元支配を基礎づけたのである。

カールは, 戴冠のあとの幾年かを, 広大かつ複雑な国土の統治に腐心し, いままでの属人主義的な部族法を越えて王国一般に通用することをめざす勅令を発布したり, 地方行政を統括する500を数える伯管区の整備を試みたり, さらにその伯管区を監督すべく国王巡察使を派遣するなど数々の施策を強行した。

いずれの場合も俗人の貴族だけでなく, 教会, 司教, 修道院長などに頼るところが大きく, 国王巡察使は通常司教クラスの

アーヘンの大聖堂。カロリング朝ルネサンスを代表するこの大聖堂は，カール大帝（シャルルマーニュ）とオットー３世(→p25)の終の住処。中世を通じて歴代の国王・皇帝が即位の戴冠式をおこなっている。中央の環状大燭台は，フリードリヒ１世赤髭王(→p30)が寄進した。

↓シャルルマーニュの玉座。中世歴代の皇帝たちは６段の階段を登ってここで戴冠した(→p96)。

　高位聖職者と俗人の有力者を，それぞれ一人ずつ組み合わせて受持ち管区の行政調査や役人の査察にあたらせ，控訴審としての裁判機能を司らせた。教会権力と俗権力の相互浸透が，王権と帝国の神権政治的雰囲気を強めたのであった。
　大帝はまた，国家の知的文化的興隆にも大きな関心をもっており，さきにも述べた神学者アルクィンをイングランドから招請したり，アインハルト(770頃～840)のような知識人を登用し，いわゆるカロリング朝ルネサンスの基礎を築いた。アルクィンはアーヘン（エクス・ラ・シャペル）宮廷学校の建設者として，またヴルガータ聖書改訂版の完成に最大の貢献をし，アインハルトは詳細な『カール大帝伝』を著したことで知られている。両人と

フランクからドイツへ 19

もに宮廷学校で貴族の子弟の指導・教育にあたっており，学校は当時の西欧世界における知的活動の中心となったのである。

カロリング帝国の分解

　この帝国は，大帝の優れた個人的資質に負うところが大きかったために，カールの死(814年)とともに，ふたたび分割と衰退の兆しを見せ始める。均分主義というゲルマン的相続慣行が国家の統一的発展を妨げたのである。王の財産と国家の財産が未分化のままの家産国家の場合はその弊害がいっそう大きかった。ちなみに王権と王国の単独相続が慣行となり一般原則となってゆくのは，次節のザクセン朝以降であり，ドイツの所領相続に不分割の原則がはっきり規定されるのはもっと遅くて，14世紀の中葉，カール4世の「金印勅書」で選帝侯領の不可分が明文化されてからである。(→p43)

　大帝の第三子ルートヴィヒ1世敬虔帝(在位814～840)の代では，兄たちの夭折のために王国の分割は起こらなかったが，帝の死後，その息子たちの間で激化した対立の結果が843年のヴェルダン条約であり，王国は長子ロタールの中部フランク(ブルグント，プロヴァンスからイタリア)，第三子ルートヴィヒ2世(在位817～876)の東フランク(ライン以東)と末子シャルル禿頭王(在位840～877)の西王国(ローヌ，ソーヌ，マース，エスコー諸川の西)に分割され，長子ロタール(在位817～855)が帝位を継承した。

　この条約は，ルートヴィヒ2世とシャルルが同盟して長兄を破った戦いの帰結であったが，この対ロタール追撃戦の過程で両人は，842年シュトラスブルク(ストラスブール)で会し，同盟を新たに結ぶとともに，たがいに個別取引をしない旨の誓約をかわした。それぞれが同盟相手の軍隊が理解できるように相手方の言語，すなわちルートヴィヒはロマンス語系の，シャルルはゲルマン語系の俗語で宣誓文を読みあげた(ストラスブールの宣誓)。帝国が言語や文化のうえでも東西に分裂しつつあるとともに，ラテン語と民衆語の顕著な乖離が起こっていることを示す格好なエピソードであった。

　ロタールの死後，その遺領は簒奪の餌食となり，10余年におよぶ抗争，交渉のすえ，870年のメルセン条約で再分割されて

しまう。東フランク王の領域は，ラインの左岸にまで広がった。そののち一時的な再統一を含むいくらかの紆余曲折はあったものの，このヴェルダン，メルセン条約で決まった東西フランクの領域が，後年のドイツとフランスを形成する場となった。中王国のイタリア部分は後世のイタリアとなるが，さしあたり，10世紀中葉から中世末葉にいたるまでは，(神聖)ローマ帝国の一部として帝冠につながれた形となる。

　王族の内紛による帝国解体に拍車をかけ，事態を複雑にするもう一つの不安定要因は，外敵の圧力であった。ヴェルダン条約にいたる直前の頃には，劣勢となったロタールが弟たちの同盟軍に対抗するために，北からの侵略者であるヴァイキングや依然として背反の機会をねらうザクセン人，異教徒のスラヴ人とさえも手を結ぶ気配がうかがわれた。危機は，ヴェルダン条約の妥結によって回避されたのであった。

東フランク王統の交替

　東フランクのカロリング家系最後のルートヴィヒ4世幼童王(在位900〜911)がわずか7歳で即位した頃には，東南方からのマジャール(ハンガリー)人の侵攻が，同地の諸部族を脅かす最大の圧力となっていた。弱体の王権は，緊急事態に対応できず，各地の有力貴族層が独自の判断で兵を集めたり，教会や修道院の協力を求めたりするような事例がしだいに増大する。910年，幼童王自身も参加したアウクスブルク近郊レヒフェルトの戦いでは，主としてロートリンゲン(ロレーヌ)とフランケンで集められたフランク軍は壊滅的な打撃を受け，国王は翌年の9月，18歳で夭折，東王国カロリングの王統は断絶した。

　同じ年の11月，フォルヒハイムに集った東フランク在地の豪族たちは，フランケンの部族大公コンラートを国王に選出した。王国西部のロートリンゲンなどでは，西フランクのカロリング王家に属するシャルル3世単純王を擁立する動きもあったが，東フランク地域の豪族たちは，カロリング王家に服属することに抵抗し，あえてコンラート公を推戴したのであった。

　カロリングの系統はとだえたものの，コンラート1世王の国家の公式の呼称は引き続き「東フランク王国」であった。

皇帝と教会の時代
——統合と分立の緊張

　コンラート1世王(在位911〜918)は，マジャール人やスラヴ人などの侵入に悩む東フランク地域諸部族の要請には，かならずしも十分にこたええず，また国内では諸部族大公の自立志向を抑えきれない，いわば弱体の国王であった。教会勢力の後ろ盾によってかろうじて王国の統一を維持したともいわれる。男系の嗣子をもたなかったコンラートは，918年12月，死の床で実力者ザクセン大公ハインリヒ1世鳥刺王（在位916〜936)を後継国王に指名して逝去した。

ザクセン朝の開幕

　ザクセン大公ハインリヒは，前王の遺志を承けて919年の5月，フランケンとザクセンの境界に近いフリッツラルで新国王に推戴され，ザクセン朝初代の国王となった。

　その50年ほどあとになって，コルヴァイのヴィドゥキント(1004年頃没)という修道士の書いた年代記『ザクセン史』の伝えるところでは，フリッツラルには，以前からコンラート1世に服することを拒み，西フランクに従っていたロートリンゲンはもちろん，バイエルンからもシュヴァーベンからも一人も参集しておらず，ハインリヒの推戴は，したがってフランケン人とザクセン人だけでおこなわれた。国王ハインリヒ1世は，競合する国内諸豪族に対処するところから，その治世を始めなければならなかった。王は，マインツ大司教による塗油，戴冠を固辞し，競合する諸部族大公たちとの盟約関係を強調して，神権的君主としてではなく，大公たちと並ぶ「第 一 人 者」(プリムス・インテル・パーレス)としての王たる立場を示す政策を推進した。

　921年にボン近くのライン川上で締結された条約では，法的形式にのっとる修好同盟の形でハインリヒの東フランク王位を西フランク王シャルル3世に認めさせ，さらに西フランクの危機に乗じてロートリンゲンを奪回した(925年)。以後カロリングの中心居館地アーヘンを含むロタールの中王国地域が東王国
(→ p95)

↑↗ハインリヒ1世王の城砦。エルベ川から見上げるマイセン城(→p185)。近世のマイセン焼きはこの城で始まった。クヴェトリンブルク城(右)の背後は修道院教会聖セルヴァンテス(→p186, 189)。

と一体となり，前王コンラート1世の弟エーベルハルトがロートリンゲンの大公に任ぜられた。

ハインリヒ1世の城砦政策

　いま一つの国王の重要な課題，異民族の侵寇阻止をめぐる王の対策は，まずテューリンゲンとザクセンの東部境界にマイセン(→p185)，マクデブルク(→p189)，クヴェトリンブルク(→p186)など多数の城砦を築いてスラヴ人やハンガリー(マジャール)人の侵入に備え，北方にたいしては，シュレスヴィヒに辺境地区を設置してノルマン人の侵入を抑えることであった。

　東南方面からのマジャール人のたびかさなる攻撃には，守勢に立ちながらも，償金と引き換えに9年間の休戦を買い取る(926年)ことに成功した。態勢を整えた王は，933年再度侵入したマジャール人をウンストルート川の近傍リアデで撃破し，「不敗のマジャール神話」を打ちくだいている。

オットー大帝の登位

　ハインリヒ1世王は，生前に嫡子オットー(1世・大帝，在位936～973)を後継者に指名し，国内有力者の承認を獲得して王朝の世襲化への途を開くことに成功した。

　936年8月7日，オットー1世は，アーヘンの王宮聖堂(→p95)に会した四大部族(フランケン，ザクセン，シュヴァーベン，バイエルン)とロートリンゲンの代表者たちの臣従の誓約を受け，マインツ大司教ヒルデベルトの手で塗油聖別されてシャルルマーニュ(カール大帝)(→p19)の玉座についた。アーヘンの王宮でシャルルマ

皇帝と教会の時代 | 23

ーニュの玉座につくことによって、オットーは、シャルルマーニュの王国の正統な継承者たることを内外に誇示し、聖職者による塗油聖別によって王権の神権的性格を表明したのである。

にもかかわらず、このオットー王も、治世の大半を競合する大公たちの分立主義の克服に腐心しなければならなかった。父王の融和策を捨てて、諸豪族の封建的臣従を厳しく要求したオットーは、さっそくこれを不満とする大公たち（フランケン公エーベルハルト、同名のバイエルン大公、ロートリンゲン公ギゼルベルトなど）のあいつぐ反乱に遭遇、辛酸を舐めつつ、かろうじて鎮圧に成功した。

オットー朝の教会高権政策

王は、フランケンとザクセンを直轄領とし、ロートリンゲンに女婿コンラート、シュヴァーベンに長子リウドルフを、バイエルンには弟ハインリヒを大公として配置するという親族重用策を採ったが、権力闘争のぎりぎりの場ともなれば、近親者といえども信頼しえない現実を経験しなければならなかった。早くも953年、長子と女婿の相呼応する反乱に手を焼いたオットーは、教会勢力を国家の中枢におく「オットー諸帝の教会高権政策」と呼ばれる方策を採用する。

聖職者は当時唯一の教養階層であり、行政事務の遂行に有能であった。彼らに国家行政の主要部分を委ねることは、彼らが狭い部族の垣根を越える普遍的教会組織のネットワークに属していたことに加えて、世俗領主のように役職の世襲化を求めるはずがない、という利点をもっていた。

教会高権政策を有効に進めるためには、司教、大司教、大修道院長などに王の忠実な支持者をすえることが必要であり、国王の高位聖職者任免権が不可欠の前提であった。この時期、王権は教会にたいする保護権、つまり支配権を主張しえていたのであるが、この主張をいっそう確実にし正統化する道が（ローマ）皇帝となることであった。ちなみに、この聖職叙任をめぐる闘争が後段で述べるカノッサ事件の核心となる。

オットーの皇帝戴冠

961年、周到な準備をへてイタリアに進軍したオットーは、

翌962年2月2日，ローマにおいて教皇ヨハネス12世の手からローマ皇帝の帝冠を受けた。この瞬間から彼はイングランドやフランスの国王と同等のドイツ（正式には東フランク）およびイタリアの国王であると同時に，これらの諸王の上に立つ権威ともなったのである。

オットーのイタリア遠征に不可欠な王権の安定をもたらした契機は，またしても侵入を繰り返した外敵マジャール人を，今回こそは最終的に撃破したレヒフェルトの戦勝（955年）(→p144)であった。外圧の危機が国内諸豪族の結束を促し，王の地位を強化した向きもあろう。現在でも，外敵の脅威を煽ることによって国内の不満を抑え，支配の強化をはかる政権が存在することを思えば，オットーは，またとない機会を得たともいえよう。年代記者ヴィドゥキント(→p22)は，この勝利ののち，軍隊が彼を皇帝に推戴した，と伝えている。ローマでの戴冠は，このゲルマン的軍隊的皇帝権を，伝統的なローマ皇帝権を媒介として宗教的に正当化したものであり，以後のドイツ国王のほとんどが神聖ローマ皇帝となる端緒となった。

大帝の治績に続くザクセン朝オットー2世（在位961～983），3世（在位983～1002），ハインリヒ2世（在位1014～24）からザリエル朝コンラート2世（在位1024～39），ハインリヒ3世（在位1039～56）にいたる80余年の政情は，王族の反乱，スラヴ人の反撃などで，かならずしも平穏無事というわけではなかったが，帝権はおおむね安定しえており，帝国は近隣諸国の中で相対的に優位を保っており，教会にたいする皇帝の支配もゆるぎないもののように思われていた。「オットー諸帝の教会高権政策」はザリエル朝によっても維持されていた。とはいっても豪族たちの伝統的な自立志向は燻（くすぶ）りつづけており，王権を脅かす火種となっていた。

教皇庁の教会改革と皇帝の司教叙任権闘争

皇帝の支配を脅かすこととなるいま一つの火種は，11世紀中葉以降教皇庁が主導権をとり始めた修道院・教会の改革運動であった。皇帝ハインリヒ4世（在位1056～1106）が1077年，厳冬の1月28日，北イタリア・カノッサの城門に懺悔服，裸足で立ちつくし，教皇グレゴリウス7世の赦（ゆる）しを乞いつづけた話を

ベーベンハウゼン修道院は，南ドイツ，テュービンゲンの北の郊外にある。1187年の少し前，宮中伯ルードルフ・フォン・テュービンゲンが創設，当初はプレモントレ会であったが，1190年以降はシトー派修道会に属した。1525年の農民戦争では大きな損傷を蒙り，宗教改革の導入（1535年）にともない1560年に新教派に移行した。1188～1288年建造の付属教会堂や，その南に接する回廊や内庭を中心とする施設の中枢部分は，ほぼ完全に残っている。

↑ヒルサウ修道院跡。シュヴァルツヴァルト（黒い森）の東端ナゴルド川の渓谷に残る。11世紀，修道院長ヴィルヘルムのもとに「ヒルサウの改革」として歴史に名をとどめた修道院。一切の世俗権力からの独立，教皇への完全な服従を標榜して多くの，とくにクリューニーに始まる修道院改革のモデルとなった。隣接するカルフは，ヘルマン・ヘッセの生地（→p127）。

「世界史」で習い，覚えている読者も多いと思う。

　ザリエル朝第3代の国王ハインリヒ4世は，誇り高く，かつ強固な意志と才能をもちながら，激動の時代の波にのみこまれていった悲劇の王であった。1056年，父王ハインリヒ3世の死により6歳で即位した。母アグネスや，その隠棲（いんせい）後のケルン大司教アンノ2世らの摂政（せっしょう）ないし後見（こうけん）時代，王権は豪族たちの影響に曝（さら）された。

　1065年以降は親政を敷き，以後の全生涯を，改革教皇体制と結んで自己の領邦政策を追求する豪族たちに対抗しつつ，国王権力基盤を強化することに費やした。時代は変わりつつあり，教皇権はかつてのように弱体ではない。ハインリヒは，もはや皇帝権を教皇権より優位に立たせることもできず，教会高権政策も放棄できない状態であった。

　他方，教皇庁は修道院・教会改革運動の流れを背景に，「教会の自由」を求める改革の理想に燃えていた。もともとは信仰や道徳の問題として起こった運動が，ゆきつくところは政治問

↓→マウルブロン修道院は，カールスルーエの東40kmサルツァハ渓谷に位置し，中世のたたずまいそのままに今日にいたっている。1147年シトー派の修道士たちが，近隣の豪族ヴァルター・フォン・ロメルスハイムの後ろ盾で建設した。修道院は1530年に還俗，施設は1538年以降新教派の神学校となった。ヘルマン・ヘッセも一時ここで学んでいる。

寝室や回廊を含む居住部分（クラウスラ）の南に隣接する付属教会堂（1178年）は三身廊のバジリカ様式。ロマネスクを基調としたが，ゴシックへの移行部分も目立つ。回廊の一部ともなる「泉の聖堂（ブルンネン・カペレ，右写真）」は，食堂に向かい合っており，修道士たちは，真ん中の泉で規定通りの厳かな食前の沐浴をしたのであろう。

天井のフレスコ画に残る伝承は，エルザス（アルザス）から新天地を求めてこの地にいたった修道士たちが，荷駄用のラバ（＝ムール）の示唆で見つけた泉（＝ブルンネン）の畔に定住することになった経緯を語っている。地名の由来もその辺りと考えて良いであろう（→p127）。

オットー2世帝の司教叙任。帝は，聖職者たちのなかから進み出た聖アダルベルトに，着座のまま司教杖を手渡している。次いで別の手にある笏（スツェプター）を授けることで叙任が完結する（グネーゼン大聖堂扉の青銅レリーフ「聖アダルベルトの生涯」の一こま）。

題となる。俗権による聖職叙任こそが諸悪の根元であり，「聖職売買」にあたると弾劾された。そして，事は聖職叙任問題にとどまらず，教皇の神政政治か，国王・皇帝の神権政治かをめぐる，いうなれば，世界の秩序のあり方をめぐる対決になっていたのである。

　一般に叙任権闘争と呼ばれるこの対決に加わった諸勢力は，そのときどきの具体的状況の中で複雑に動いた。が，カノッサ事件の前後に限っていえば，皇帝に登用されたドイツの司教たちがおおむねハインリヒに味方したのにたいし，世俗の諸侯たち，とりわけ南ドイツの高級貴族たちは，教皇側に立ってハインリヒに対抗した。それにイタリアの諸都市と司教たちも加わり，双方がそれぞれ対立教皇，対立国王を立てて争うような経緯もたどることになる。

　南ドイツの高級貴族たちが教皇に与したのは，王権の権力集中に対抗する伝統的な政治姿勢に加えて，つぎのような具体的状況に規定されていたためである。

　フランスのクリュニーを発端とする修道院改革の波は，その頃シュヴァーベンのヒルサウを介して南ドイツにも拡大していた。それにともなう修道院新設の機運も高まるが，その最大の推進者となるのが，この地方の高級貴族たちであった。修道院は，合理的で勤勉な開墾活動を通じ，設立者たる貴族の経済的基盤の拡大に役立った。そのため設立者たちは，その実質的支配権の確保に熱心で，帝国のすべての修道院を王権の影響下に

フォルンバッハ修道院（バイエルン東境）の寄進者たち。寄進目録（ないしその写しの作成の場合も）には重要な寄進者たちの似顔絵が添えられることもあった。上図はその一例。キリストの前の3人は，（左から）寄進者オダリクス（ウルリヒ伯）とミルドゥルディス夫妻，彼らは1040年に寄進した。その右に立つのはエッケベルトス（エックベルト伯），1094年の寄進で修道院の所領を拡充した（ミュンヘンの中央国立文書館蔵）。

おこうとする皇帝側の教会支配政策に反発した。その格好の対抗手段が，設立した修道院を教皇庁に寄進して，その守護職に任ぜられることで実質的な支配権を押さえる，という方法であった。教皇庁は修道院の直接的把握と「教会の自由」，具体的には修道院長の自由な選挙が確保されることで満足したので，両者の利害は一致した。このようにして，改革修道院の設立が，教皇庁と南ドイツ諸侯を結びつける絆となったのである。

　長期にわたる対決の経過を詳しく述べる紙幅はないが，カノッサ事件のあと，一時はグレゴリウスを追って勝利をおさめたハインリヒも，引き続く教皇ウルバヌス2世との対決ではふたたび苦境に追い込まれ，また長子コンラートの離反に逢うなど厳しい道を歩まなければならなかった。悲劇は最後までつきまとう。1104年，後継者とされていた次子のハインリヒ（のちの5世帝）もバイエルンの諸侯とともに反逆，翌年には父王をとらえて退位を強要した。王はかろうじてアーヘンにのがれて再起をはかったが，決戦をひかえた1106年8月7日（→p95），リュティッヒ（リエージュ）で客死した。

　皇帝対教皇の対決の決着は，1122年のヴォルムスの協約まで引き延ばされる。ハインリヒ5世（在位1106〜25）と教皇カリクストゥス2世の間でようやく一致を見た結論は，多くの政治的決着がそうであるように，大きな妥協の産物であった。問題は叙任権に限定され，教会に付随する世俗的権力（俗権）を切り離したことで事実上の妥協をはかったのである。

　半世紀におよぶ叙任権闘争期の対立抗争を通じて，豪族たちの勢力はますます強化され，国制の封建化は一段と進行する。ヴォルムスの協約ののち3年もたたぬ1125年の5月，ハインリヒ5世帝は嗣子を残さずに逝去，ザリエル朝は断絶した。王位は，豪族たちの利害に翻弄されて大きく揺れ動き，ザクセン大公ロタールをへてコンラート3世（在位1138〜52）のシュタウフェル朝に移転——この間の経緯でシュタウフェル家とヴェルフェン家という対立関係が発生して後世の政局に深刻な影響を残すことになる。

シュタウフェル朝赤髭王の登位

　1152年3月4日，フランクフルトに集まった諸侯たちは，今

回はめずらしく，シュヴァーベン公ホーエンシュタウフェル家のフリードリヒを全員一致で国王に選出した。

フリードリヒ1世(在位1152〜90)はこのとき30歳。勇敢で賢明，敬虔で公正，真の騎士の風格を具えた名君と見えた。後年バルバロッサ(赤髭王)の名で親しまれ，ドイツ国民のロマンチシズムをかきたて，封建騎士の理想像とも崇められた国王で神聖ローマ皇帝である。

新しい国王は，両親の血筋によって，当時の帝国最強の二大家門，ホーエンシュタウフェル家とヴェルフェン家の双方に連なっていた。彼はホーエンシュタウフェル家の一人としてコンラート王の甥であるとともに，母方の血筋をとおしてヴェルフェン家の当主ハインリヒの従兄弟にあたっていた。

赤髭王は，内政面では，帝国国土平和令を発して国内治安の樹立をはかり，皇帝自身の領国の拡充整備に努める一方，外に向かっては，イタリア政策を推進してロンバルディア諸都市と対決するなど，八面六臂の活動を続けることになるが，ここでは，話題となったヴェルフェン家との確執の行方を追っておきたい。

獅子公との対決

獅子公の異名をもつヴェルフェン家の当主ハインリヒは，バイエルン公とザクセン公をかねる国内最大の諸侯であった。彼は植民活動をつうじて支配領域を拡げ，都市建設による経済的利益を追求するなど，独自の領国形成を進めていた。当時，40の都市，70に近い城砦，全ドイツの5分の2を支配する大領主であった。ミュンヘン(→p135)やリューベック(→p193)の建設が彼の政策の一環であったことは，よく知られている。ブラウンシュヴァイクの居城前に立つ獅子像は，皇帝にたいする挑戦とも見えた。

フリードリヒは，当初，少なくとも1170年代中葉までは，努めて妥協的な態度をとり，この誇り高き従兄弟を封建体制の中に取り込もうと腐心した。信長なきあと，天下人への道を歩みつつあった時期の秀吉が，家康の処遇に苦慮した状況に似ているかもしれない。だが，両雄並び立たず，両者の対決は避けがたい運命にあった。

1176年，5回目のイタリア遠征で軍備の不足を感じたフリー

フリードリヒ赤髭王。赤髭王自身が製作させて代父カッペンベルク伯オットーに贈ったとされる胸像。墓碑や寄進目録のための画像ではなく肖像そのものを目的とすることは当時珍しく，ドイツ国王のものとしてはおそらく最初の肖像と考えられている。オットーからカッペンベルク修道院に聖遺物として遺贈され，現在は同地の教会に保存されている。

ハインリヒ獅子公。赤髭王のライバル。ミュンヘンやリューベックなどの建設者。

↗→ミュンヘンの今昔。1630年頃のマリエン広場と題するメリアンの銅版画(右)を現在の写真(右上)と比べてみるのも面白い。聖母教会はメリアンの時代にはすべて建っている。マリエンゾイレ(柱)は，1638年設置とする通説が正しければ，銅版画の制作は早くてもその年以降と考えるべきか？現在のランドマーク，ネオゴシックの市庁舎は？などなど(→p137)。

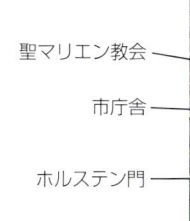

聖マリエン教会
市庁舎
ホルステン門
トラーヴェ川

ヴァーケニッツ川
大聖堂

リューベック鳥瞰。中世リューベックはトラーヴェ川，ヴァーケニッツ川に挟まれた中州に発達した。p194,195の地図や写真と対照しながら紙上散策を楽しんでいただきたい。

皇帝と教会の時代 31

ドリヒは、聖俗の諸侯に援軍を求めた。そのとき、この超封臣ハインリヒは、ザクセンの北ハルツ山地の豊かな銀鉱をもつ帝国都市ゴスラールの引き渡しを要求し、それが拒否されると出兵を拒んで国王を窮地に追い込んだ。アルプス以南への従軍は、当時の封建法の慣行でかならずしも義務づけられていなかったとはいえ、封主の危急を無視した点で、これは一般的誠実義務の侵害である。何よりもその尊大な態度は、封主たる国王を傷つけ激怒させるに十分であった。

だが、慎重なフリードリヒは、後日を期して機会を待った。所領をめぐる訴訟事件で、たびかさなる召喚を拒否したハインリヒに、ついに皇帝は79年、帝国追放刑を、ついで翌80年、封土たる両大公領の没収を宣告した。罪状の実質的内容は反逆罪で一般的誠実義務違反であったが、完全に証明することの難しさを回避するため、二つの判決はともに召喚にたいする不服従という純形式的理由にもとづいていたという。

バルバロッサは勝った。ハインリヒは失脚、岳父（がくふ）であるイングランド王ヘンリー2世を頼ってノルマンディーに、ついでイングランドに亡命した。しかし、フリードリヒの政治的勝利の陰には、帝国の未来に大きな影響をおよぼす動きのあったことを見落としてはならない。

ハインリヒ獅子公と公妃マチルデの墓碑（1266年頃）。ブラウンシュヴィック大聖堂（ドーム）の中に横たわる。

封建化の進行

当時の封建法の法廷では、封主が裁判長の役割をはたしたが、判決をくだすのは被告と同格の封臣たちであった。そのためフリードリヒは、諸侯たちから期待どおりの判決を勝ち取るために、彼らの要求を飲まなければならなかった。

諸侯たちの要求は授封強制原則の貫徹であり、ハインリヒから没収した封土をふたたび諸侯たちに授けるというものであった。

諸侯たちはまたこの訴訟を機に、帝国直属という国制上の地位を確認され、領邦国家形成の重要な足掛かりを築くことに成功した。帝国諸侯以外の貴族は国王に直属しえず、諸侯の封臣たるべしというわけで、それは帝国の統一国家への道を閉ざすことを意味したのである。「赤髭王は獅子公には勝ったが、諸侯たちには負けた」（H.ミッタイス）のであった。

中世の都市化
―― 帝国と領邦と都市

中世都市の開花

　昨今の高校世界史の教科書などではさすがに変わってきているが，私たちが昔，中学で習った歴史では，「西洋中世暗黒時代」というイメージとかさなって，中世ヨーロッパは，とくにアルプスの北では，商業活動もとだえた農業中心社会であり，都市などというものはほとんどなかったか，あってもごくまれな存在であったという印象を受けていたことを思い出す。

　だが，これは事実に反する。次頁の地図を一瞥しただけでもわかるように，12〜13世紀すなわち中世中期にはずいぶんたくさんの都市が急速に出現している様相をごらんいただきたい。

　大まかにいうと，現在の北ないし北東フランス，ベルギーからドイツはエルベ川あたりまでが都市分布の密度が高い。ドイツはまさしくヨーロッパ中世の都市化の坩堝であった。これら中世の諸都市は，ほかの諸時代のそれとは違う個性，特徴，歴史的意味をもち，近代社会のルーツをここに求めようとするヨーロッパの学者たちの関心を引いてきた。現存する重要な都市の多くがこの時期に端を発している。中世は――少なくともその後半は，都市の時代といってもよい側面をもっていた。

　さきほど言及したハインリヒ4世帝の叙任権闘争の頃から少しずつ胎動し始めた中世都市の萌芽が，シュタウフェル朝の赤髭王や獅子公ハインリヒの時期になっていっせいに花開き，続く13世紀の嵐のような都市建設時代に入るのである。

中世都市の規模

　とはいっても，当時の総人口にたいする都市人口の割合は，19世紀以後の，ましてや現在のそれに比べれば，はるかに小さかった。そもそも中世の人口を正確に算出できる史料などはほとんどないが，ドイツの総人口は，カロリング朝期から少しずつふえ，12〜14世紀初期にかけて急激に増加して約1400万人

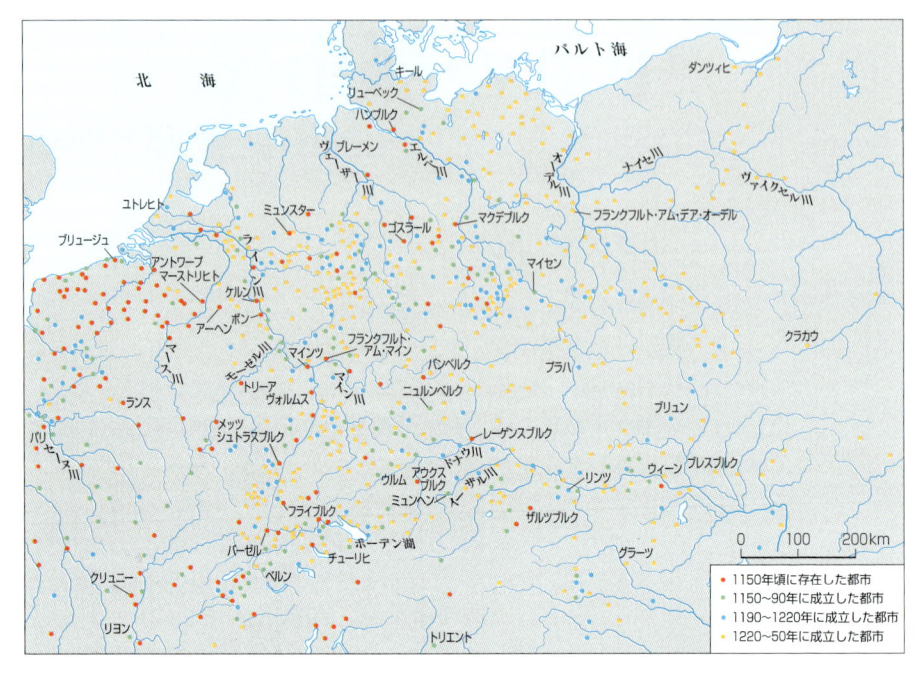

↑ヨーロッパ中世都市の成立と分布

凡例：
- 1150年頃に存在した都市
- 1150～90年に成立した都市
- 1190～1220年に成立した都市
- 1220～50年に成立した都市

ローテンブルク市庁舎塔上からの市内風景。真下が市場広場。真ん中に見える建物3階正面の時計が一定の時間を告げるとその両側の窓が開き，ティリー将軍(左)の前で老市長ヌッシュがワインの大グラスを空けるという所作を演ずる(→p151)市壁の向こう側は，往時もっぱら森や畑で，現在のような建物群は何もなかった。

ネルトリンゲン鳥瞰。アウクスブルクの北70km。第二次大戦の戦禍が少なく中世の姿をよく残している。円形に取り巻く市壁も概ね14世紀以来のオリジナル。直径2.7km、中心にランドマークの聖ゲオルク教会が見える（→p148）。

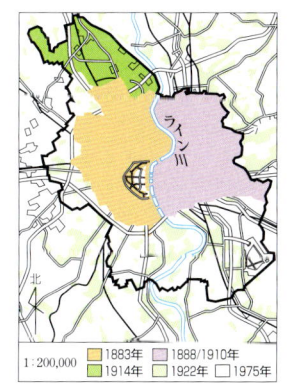

↑都市ケルンの発展

に達したと見積もられている。都市人口の占める割合は、12世紀で10〜15％ということで、何千という都市の数を勘案すれば、それぞれの都市人口は非常に少なかったことを覚えておく必要がある。ちなみに、15世紀には3000ほどの都市があって総計120万ないし160万人の住民がそこに住んでいたとされる中で、人口1万人以上の大都市が12〜15、人口2000〜1万人の中都市が15〜20、人口1000〜2000人の小都市が150、残りの2800は住民数100〜1000人であったとされている。

　ヨーロッパ中世の都市は、近・現代の私たちの通念からすれば、人口数も面積も極めて小さかった。前近代の東アジア、日本の諸都市と比べてもそうであったことを念頭におく必要はある。個々の具体例に入る紙幅はないので、ここでは一例としてケルンに言及するだけにとどめたい。中世ケルンの形成、発展は比較的早く、その市域が最大に達するのは1180年であり、人口もたかだか数万にすぎなかった。左図の真ん中の白抜きの部分ということで、現在の大都会と比べての規模の差をいま一度視覚的にも印象にとどめておいていただきたい。中世都市域は南北に縦長の半円形の南北が2.5kmないしせいぜい3km、東西が1.5km程度。健脚なら歴史的古都の部分を全部歩いて回れる程度であることを承知しておくことも、皮膚感覚で歴史を体験するうえで参考になるであろう。

中世の都市化 | 35

中世の都市

←ニュルンベルクの市壁と市門。旧市街の外側東南角あたりから見たケーニヒ門。市壁は 15 世紀中葉の建造。門をくぐって直進すると自然に城砦に達する (→ p153)。

→ 1493 年のニュルンベルク。シェーデルの『世界年代記』掲載の木版画。

←ニュルンベルクの旧市街遠望。背後やや左手が「皇帝の城」。その真下あたりに画家デューラーの家があるはず。中段左に聖セバルドゥス教会が見える (→ p153)。

↑フランクフルト・アム・マインのレーマー(旧市庁舎)。風変わりな市庁舎だが，15世紀初頭に上流市民の館3軒を連ねて改造したもので，「レーマー」という呼称も，そのなかの1軒の名前「ツーム　レーマー」に由来する。階上の「皇帝の間」は，皇帝戴冠式後の公式宴会場であった(→p113)。

→フランクフルト・アム・マイン，聖バルトロメウス大聖堂(ドーム)。神聖ローマ皇帝の選挙，16世紀後半からは戴冠式もここでおこなわれた(→p113)。現在の建物は13〜15世紀にゴシック様式で建造された。

中世の都市化 | 37

中世の都市

ブレーメンのマルクト広場。正面の大きなローラント像は，高さ10m，市民たちの自由のシンボルであった(→p200)。向かい側の建物は16世紀の建造で，当時の商人ギルド会館であった「シュティング」。広場の手前に有名な市庁舎が建っている。

シュトラスブルク(ストラスブール)の大聖堂。中世のシュトラスブルクは，神聖ローマ帝国に属し，ケルン，マインツと並ぶライン流域三大都市の一つであった。大聖堂はもともと1015年，ロマネスク様式で建立されたが，1176年の火災ののちに再建(工事は主として13世紀)，代表的なゴシック建築の一つとなった。袖廊から身廊とくに写真に見える西正面は，垂直線を強調することで上昇感をあおるゴシックの特色を際立たせている。ゲーテを魅了したのも，この美しいたたずまいではなかったろうか(→p124)。

ケルンの大聖堂。中央駅を出るとすぐ目の前にそそり立つ巨大な大聖堂は，ドイツ最大の教会建築，ケルン最大のランドマークである。1248 年に着工，途中の中断を含めてであるが，数百年をかけて 19 世紀も末葉，プロイセン王家の援助も得て 1880 年に完成した。大聖堂の手前，ライン川の畔マルティン地区は，中世都市ケルンのルーツとなる商人たちの定住地であった(→p94)。

中世都市の意義

　このように小規模であり，全体としての都市人口も少なかったにもかかわらず，中世の都市は，のちの歴史的発展にたいして見過ごせない存在であった。第一に都市は，勇敢で創造的な活動を通じて，当時のヨーロッパ経済の牽引力(けんいんりょく)となった遠隔地商人たちの定住拠点として，また地域の交換経済の結節点(えんかくち)としての重要な経済機能を果たした。都市はまた特別な法領域――封建権力に支配された周辺地域とははっきり区別された法領域であり，独自の平和領域であった。市民は宣誓共同体を結成し，当初君臨した都市領主権力をしだいに排除して，さまざまな程度の自治権を行使するようになる。自治組織の頂点に立つ市参事会が政治と軍事を統括し，裁判権の一定部分を掌握するようになる。市参事会によって自治を担ったのは，商人ギルドに属する富裕な商人たちを中核とし土地所有者やミニステリアール(家人(けにん))層を含む上層市民であった(12世紀末～13世紀)が，都市の経済活動の中で手工業の比重が増大するとともに，手工業者たちの市政参加運動も激しくなり(14世紀)，一部の地域(とくに南ドイツからスイス地方)では大幅な参政権獲得に成功した。

　広範な都市の成立が，当時の社会の経済構造におよぼした影響は大きい。中世中期の西ヨーロッパは，基本的に農業社会であった。そして経済組織の主流は，カロリング時代に遡る土地領主制(グルントヘルシャフト)(荘園制とも訳す)であり，領主直営地を含むもの(ヴィリカチオン制あるいは古典荘園と呼ばれる)と農民からの生産物ないし貨幣地代に拠るもの(純粋荘園あるいは地代荘園と呼ばれる)に大別された。農民たちは聖俗の領主――国王たち，豪族・貴族たち，教会・修道院など――に隷属し，人身上の自由を欠き，土地に緊縛(きんばく)されていた。かりに逃亡を企てても行く先は別の領主の許でしかないとすれば，基本的な隷属関係に変わりはなかった。が，都市ができると，農民たちが逃げ込んで隷属身分を離脱する可能性が生じた。都市では，一定期間(多くは「1年と1日」)の居住によって自由身分を獲得できるという慣行が確立しつつあり，「都市の空気は自由にする」という法格言が妥当した，と解説する学者は多い。もちろん旧領主側からの抗議は絶えず，都市当局との確執は絶えなかった。封建社会の土地領主

↑農民の貢納。小十分の一税などの現物貢納であろうか。それぞれ、家畜、家禽などを携えて役人の前に出る農民たち（1487年の木版画）。

↗後期中世の農民たち。ブドウ畑の労働。土を掘り返したり（左）、ブドウを摘んだり、運んだり……（13世紀ボヘミアでつくられた聖書の挿し絵）。

制を崩壊させかねない深刻な脅威となったのである。

いま一つ言及しておきたいのは、中世都市の市民たちこそが、ドイツの歴史ではじめて文字文化を獲得した最初の世俗身分であったということである。それまでは聖職者たちが中世前期のほとんど唯一の教養階層であった。文字を支配し、利用しえたのは、おそらく少数の世俗貴族と聖職者たちに限られていた。ところが新しく登場した商人たちは、ビジネスの必要もあって自らも、そして子弟に文字を習得させることにも熱心であった。事実、おそらく13世紀以降、商業取引活動の飛躍的発展を可能にしたのは、市民の識字率の向上によるところであり、そのことが、つぎの時代の宗教改革や知的革新の大事な前提の一つとなったに違いない。

大小の中世都市の多岐にわたる生成のあり方や経緯に立ち入ることは割愛しなければならない。個々の諸都市の具体相については、第Ⅱ部の「歴史散策」で出会ったときのこととして、私たちはここでもう一度、帝国と領邦諸侯の政治史にもどることとしたい。

シュタウフェル朝後期から大空位・跳躍選挙時代

赤髭王の陣没（十字軍）、嗣子ハインリヒ6世の早逝（そうせい）によって生じた二重王権状況は、シュタウフェル対ヴェルフェンの対決を再燃させ、フランスとイングランドの対立、教皇庁の介入もからむ複雑な難局を経過することになるが、赤髭王の嫡孫フリードリヒ2世（在位1212〜50）の登位によって一応の小康（しょうこう）を保った。

フリードリヒ2世は有能な君主であったが，シチリアの統治に専念して治績をあげ，ドイツにかんしては諸侯に有利な特権を承認しつづける結果となった。ドイツ国王となった息子コンラート4世(在位1237～54)にたいしても対立国王が選出され，そのコンラートの死(1254年)後も二重選挙が繰り返されて，王位はついにイングランド王弟やカスティリア王の手に移り，しかも両者はドイツに姿を見せることもほとんどなく，ドイツは事実上国王不在の大空位時代(1254～73年)を経験する。

　1273年，ハプスブルク家のルードルフ1世(在位1273～91)が国王に選ばれて大空位時代は克服されたが，以後も諸侯たちは強力な国王の出現を望まず，王位はハプスブルク家にもどって固定するまでの半世紀あまりの間，手まりのように諸家の間を転々とする，いわゆる跳躍選挙の時代(1291～1347年)が続くことになる。

　1273年以降，跳躍選挙の時代を含めてその後の中世のほとんどの期間，国王レベルの政治勢力は，もともとのドイツの地域の外に，その権力基盤をもつ二つの家門に握られることとなった。ハプスブルク家とルクセンブルク家である。前者は，エルザス(アルザス)からスイスにかけて元来の所領をもちながら，オーストリアを土台にドナウ中流に勢力をかためつつあり，後者はボヘミアに明確な勢力基盤をつくりあげていた。後者ルクセンブルク家の中でもっとも傑出した国王がカール4世(在位1346～78)であった。

　1346年7月，ヴィッテルスバッハ家の国王ルートヴィヒ4世(在位1314～47)の強引な所領拡大を不満とする諸侯グループから対立国王に擁立され，翌年ルートヴィヒの死去によって正式の国王となったカール4世は，王位の世襲権を主張するバイエルン側との紛争解決に腐心しなければならなかった。同じ46年の8月には父王の戦死のあとのボヘミア王位を継承，以後たくみな交渉，買収，婚姻，軍事的強圧を駆使して家領の拡大強化を追求した。1355年にはローマで皇帝戴冠，その日のうちにローマを離れている。学問，文化とくに人文主義に興味を示し，リェンツォやペトラルカなどと文通している。1348年にカールが創設したプラハ大学は，ドイツ語圏最初のものであり，王の領国建設に役立つ官僚の養成を目的とするものであった。

↑金印勅書。カール4世時代のもっとも重要な公文書で，何よりもドイツ国王の選出と戴冠，選帝侯たちの権利と義務を規定した。黄金の印璽が用いられた所からこの名称で呼ばれた。1356年ニュルンベルクとメッツで告知され，1806年まで有効であった（ウィーンの王室国立文書館蔵）。

↗市庁舎の上から見下ろしたプラハの市街。

プラハのカレル橋のたもとに立つカール4世の立像。

「金印勅書」発布の背景

　ところで，前段で扱った政治史の流れからもわかるように，ドイツの国王決定にさいしては，支配者たるにふさわしいカリスマ性をもつ家柄という血統原則だけではなく，有力豪族たちの推挙という慣行が大きくものをいってきた。いわば血統原則と選挙原則が具体的な状況に応じて微妙に絡み合いながら事態を動かしてゆくのであるが，それはドイツに限られたことではない。だが，豪族による国王選出が法的拘束力をもつ慣行として制度化されてくるのが，ドイツ史の，とりわけドイツ中世史の特徴の一つといってよいかもしれない。

　国王選出の方法が，はじめから明確な形をとっていたわけではなかった。911年のコンラート1世のときは，東フランクの豪族たちがフォルヒハイムに集まった。つぎのハインリヒ1世の王位は，ザクセン，フランケン両部族の豪族の推挙にもとづいたが，南ドイツの諸部族は当初バイエルン大公アルヌルフを対立国王に選出した。ザリエル朝の断絶後に起こったロタール3世とコンラート（3世）の対抗関係は，そののちのシュタウフェル対ヴェルフェン両家対立の遠因となった。

　1198年の二重選挙は，国家を深刻な対立に導き，教皇の介入を促す契機となった。シュヴァーベン大公フィリップ（シュタウフェル家）は諸侯の多数を獲得し，聖槍，王冠などの帝権の標章をもっていたが，アーヘンでの戴冠式をあげておらず，3人の大司教（マインツ，ケルン，トリーア）とライン宮中伯など指導的

中世の都市化 | 43

と目された諸侯の支持を得ていなかった。対立するオットー・フォン・ブラウンシュヴァイク(ヴェルフェン家)は前記の指導的帝国諸侯の票を得てアーヘンで戴冠式をあげたが，帝権の標章を欠いていた。ゲルマン的観念による決定は，戦争という神判によるほかなかったのである。

　カール4世自身も1346年，時のルートヴィヒ4世王にたいする対立国王となって辛酸を舐めている。ルートヴィヒ王の死後もその子孫が世襲権を主張したり，対立国王に擁立されたシュヴァルツブルク伯ギュンターとの苦しい対決，交渉の連続があったからである。1356年発布の「金印勅書」は，マインツ大司教が主宰する7人の選帝侯(トリーア大司教，ケルン大司教，マインツ大司教，ボヘミア国王，ライン宮中伯，ザクセン選帝侯，ブランデンブルク選帝侯〈投票順〉)による国王選挙を明確にして，国王選出手順を確定した。選挙をおこなう場所もフランクフルト(→p110)と定められた。

　ちなみにここでいう「ザクセン」は，本稿の前半まで，すなわちフランク時代から中世初期，中期ハインリヒ獅子公あたりまでの記述でたびたび言及してきた地名(現ニーダーザクセンを中心とする北ドイツ地方)ないし部族名とはまったく別のもので，それよりも南東のライプツィヒ(→p174)，ドレスデン(→p183)などを中心とする地域をさす。すでに13世紀以来ヴェッティン家の勢力下にあり，ザクセン選帝侯領の中核となった地域である。本書の歴史の旅としては大事になる地名なので付記しておく。以後本書の第Ⅰ部「ドイツの歴史」に登場する「ザクセン」もすべてこの選帝侯領の地名である。

　「勅書」の発布は，いうまでもなく，国王の意志で勝手にできるものではなく，有力諸侯の利害を反映するものであり，教皇庁の意向も忖度しなければならなかった。ボヘミアの領邦君主として家領の拡大強化を推進したカール4世は，帝国の次元では現実を認めて選帝侯たちとの妥協に努めた。帝国の基本法ともいうべき「金印勅書」の発布はその帰結であった。7人という数も含めて，将来法的に二重選挙が起こりえないように配慮されたものであった。選帝侯位と選帝侯領の不可分，長子相続たるべきことも規定された。この最後の点は重要で，ドイツでは王位が世襲化しないで聖俗選帝侯位が世襲化して領邦国家体制

を推し進める道が確定されることとなったのである。

領邦諸国家の発展と都市の地位

このようにしてドイツ諸地域の諸侯たちはますますその独立の度合いを増大し，その多くが独自の領域で事実上の主権をもつ存在となってゆく。研究者たちは，領　邦(ランデスヘルシャフト) → 領邦主権(ランデスホーハイト) → 領邦国家(テリトリアールシュタート)という呼称を使ってその生成・発展過程を跡づけている。中世後期の帝国には 300 を越える領邦があったといわれるが，これらの諸領邦の中から強力な諸侯がほかの高級貴族たちをその領域支配権の中に組み込みつつ，したがって貴族の裁判権をも吸収しながら領邦主権といわれるものに成長し，近世の動乱をへて領邦国家として認知されるにいたる，という筋書きである。

都市の国制上の地位は，単純に分けると，帝国に直属するものと，領邦君主の下にあるものとがある。帝国直属の都市には，フランクフルト(→p110)，ニュルンベルク(→p153)，ゴスラール，アーヘン(→p95)，(ハインリヒ獅子公失脚後の)リューベック(→p193)などに加えて，都市領主たる司教の支配を排除して，自由都市となったシュトラスブルク(ストラスブール)(→p124)，ヴォルムス(→p117)，ケルン(→p88)などがあげられる。国家形成という観点でいえば，領邦諸侯と競合関係に立つ。有機的結合を欠く帝国と領邦を結びつけるほとんど唯一に近い機関たる帝国都市(ライヒスターク)に，領邦諸侯と並んで，15 世紀末葉以降には帝国都市の代表が恒常的に加えられていることに注目しておいていただきたい。

国制上領邦君主に属する都市では，ツェーリング家やヴェルフェン家などの建設にかかるものを含め，フライブルク(→p123)，ミュンヘン(→p135)，プラハ，ウィーン，ブラウンシュヴァイク，ライプツィヒ(→p174)，ベルンなどがよく知られているが，都市の大多数はこれに属した。とはいえ，領邦諸侯といえども，少なくとも中世末までは，領域内の諸都市を完全に掌握する力をもってはいなかった。都市は，領内の聖職者や在地豪族たる貴族と並んで領邦会議(ラントターク)に代表権をもっていた。

中世ドイツの諸都市は，北イタリアのように完全な都市国家にまでなることはほとんどなかったが，フランスやイングランドと比べれば，王権や領邦主権に取り込まれてしまう度合いが

ドイツ・ハンザの都市

↑←ヴィスビーの廃墟。ゴトランド島（スウェーデン）はバルト海貿易の中継地点としてドイツ・ハンザの成立，発展に重要な役割を果たした。ドイツの商人たちはこの島の町ヴィスビーに商館を置き教会を建てて進出の足場を築いた。島全体が考古学の宝庫ともいわれ，ヴィスビーは，その市壁も含め中世の面影を色濃く残す，歴史の旅の格好の訪問地。（上）ドイツ人の建てた教会の廃墟。（左）旧ドイツ人豪商の館（廃屋）。

↑リューベックのホルステン門。15世紀後半建造の西門。往時の市民たちの威信と自信をうかがわせるがっしりしたたたずまいで，古都リューベックのランドマークになっている。向かって右側は往時の塩の倉庫。その背後の塔は聖ペトリ教会，左側後ろは聖マリエン教会（→p194）。

少ない状況で自由と特権を享受しえていた。彼らは，中央権力の支援や保護を期待できない状況下の自衛手段として，ライン同盟（1254年）やシュヴァーベン都市同盟（1331年，再編1376年）のような都市同盟をつくったり，ドイツ・ハンザ（いわゆるハンザ同盟）のような海外交易を主眼とする商人たちの相互組織を結成して活躍した。

東方諸植民

ところで，12〜13世紀の人口増加は，都市形成の原動力となっただけでなく，いわゆる東方植民という形でドイツ人がエルベ川の東方に進出する契機となった。1198年十字軍の渦中で（→p181）宗教的・軍事的修道会として創設されたドイツ騎士修道会（ドイツ騎士団）は，1226年フリードリヒ2世帝からプロイセンを授与され，30年以降布教・開拓事業を開始した。1283年までにプロ

←↓15世紀ハンブルクの港湾風景。1497年のハンブルク都市法(写本)は，各章の扉にその内容を示す細密画をつけていた。左図はその最後の船舶法関連を示す章の扉絵。右手前の玄関では，税関役人と書記が中にいる船長，商人らしき男たちと話し合っている。左手にはクレーンや荷揚人足たちが描き込まれ，岸辺には運搬用の小舟，その向こうにはがっしりした甲板の遠洋航海用船舶が見える(ハンブルク国立文書館蔵)。下は現在のハンブルクの風景(→p191)。

イセン地方は仮借なく征服され，先住民は追い立てられ暴動は厳しく処断された。とりわけ初期の10年間には恐ろしい大虐殺(後年のヨーロッパからの移住者による北米インディアンの絶滅に近い状況)があったという。残った先住民の多くは農奴身分に陥

マリエンブルク城。東プロイセン(現ポーランド)を征服したドイツ騎士修道会国家(1230〜1411年)の本拠地。城館は1274年ノガト河畔に建造された。後年のブランデンブルク＝プロイセン国家の重要なルーツの一つとなる。

中世の都市化 | 47

ヨーハン・フスはプラハ大学の教授，学長でもあったが，チェコの民族主義的風潮を鼓吹し，説教ではウィクリフ説をとってローマ教会を批判した。化体説を否認しパンとブドウ酒を併用する二種倍餐を実行し，1415年コンスタンツの宗教会議で死刑となった。火刑にいたる詳細を『ヨーハン・フスの処刑』と題する写本（15世紀後半）の一連の挿絵が伝えられている。司祭服をはぎ取られた死刑囚が別の衣服を着せられ（左上），嘲笑の山高帽子をかぶせられて群衆の前に引き立てられ（左下），柱につながれ，積み重ねた薪の上で焼かれる（右上）。死刑囚の遺骨はライン川にまき散らされた（ウィーンのオーストリア国立図書館蔵）。

った。教皇グレゴリウス9世も，この間の1234年に修道会のプロイセン領有に承認を与えている。修道会国家は，1410年までにこの所領に1400の村と93の新しい都市を建設したという。

　この1410年には，修道会国家はタンネベルクの戦いでポーランドに破れ，その後の和約（第2回トルン和約，66年）にしたがって，ポーランド国王の封土という形で存続した。後年の1525年にルター派に帰依し，最後の総長は修道院を解散してポーランド王を宗主とする初代のプロイセン公となる。このプロイセン公アルブレヒト・フォン・ブランデンブルク＝アンスバッハがたまたまホーエンツォレルン家の一員であったことが，さらに後年のプロイセンの歴史（後述「領邦諸国家の競合」参照）に連なることとなるので，記憶の隅にとどめておいてほしい。

宗教改革の前夜

　中世晩期のドイツ史も動乱や事件に事欠かなかった。年表を一瞥するだけでも，ヨーロッパ全域にペスト流行（1346〜51年），ツンフト闘争（都市の手工業者団体の参政権運動　14世紀中葉），宗教改革の先駆者ヨーハン・フス（1369〜1415）の焚刑（1415年），ついでフス戦争（チェコ人の反カトリック，反ドイツ的抵抗。1419〜36年），グーテンベルクの活版印刷術発明（1440年頃），南ドイツにペスト再流行（1494年），ブントシュー（百姓靴）一揆（1493年〜）や「貧しきコンラート」の農民一揆（1514年）などなど。

　為政者たちは，自分たち相互の葛藤，相克をかかえながらもこれらの一つ一つに対処しなければならなかった。宗教改革と農民戦争の前夜に入っていたのである。

「死神の刈り入れ」。1475年頃の写本『農夫と死』の細密画より。

宗教改革と宗教戦争
── 領邦国家の確立

ルターの95カ条提題

ドイツの宗教改革が1517年秋のマルティン・ルター(1483～1546)のいわゆる「95カ条」を契機に始まったことはよく知られている。贖宥状(俗称免罪符)問題をめぐるこの提題が実際にヴィッテンベルク城教会の扉に掲示されたかどうかについては議論が分かれているが、提題が書かれたことはもちろん事実であり、ドイツにおける(贖宥状)頒布の責任者マインツ大司教アルブレヒトには送付された。提題の根底にルターの深刻な個人的信仰体験があったこともよく知られている。「人の義とせらるるは、律法の行為によらず、信仰によるなり」(ロマ書3-28)という

1520年のルター。ルカス・クラナッハの銅版画。

ルターが贖宥状に関するラテン語の提題をヴィッテンベルク城教会の扉に掲示する場面。左後方がルターが説教活動をした聖マリエン教区教会。ドイツの小学生用歴史教科書の挿し絵だから、多くのドイツ人のイメージと考えて良いであろう。

絵入りのパンフレットなら字を読めない農民でも理解できた。(右から)免罪符頒布の説教者、貨幣鋳造主任、免罪符料金徴収者たち(1530年の木版画)。

宗教改革と宗教戦争 | 49

信仰義認論に立つルターは、贖宥状の購入による安易な救いを求める民衆の現状に危機感をもって問題を提起した。

100年前の先駆者フスのときと違い、中世末からこの16世紀にかけて民衆の信仰心が高揚し、腐敗堕落してしまった教会にない本当の御言葉を伝える説教師が真剣に求められているという状況の中で、ルターの教説があっという間に拡がっていった。15世紀の中頃グーテンベルク(1400～68)に始まるとされる印刷術が新しい教説の急速な普及に技術的手段を提供した。なかでも文字に暗い人びとの気持をもとらえた大量のパンフレットのいきいきと具体的な描写が大きな影響力をおよぼしたのであった。

ルターの改革思想

ルターの改革思想は、1520年にあいついで出版された『ドイツ国民のキリスト者貴族に告ぐ』をはじめとする一連の訴えに明確に示された。中世的教会体制、すなわち、彼の考えによれば、伝統的な秘蹟の教説や聖職者階層だけを特別に神聖視する教説をとおして、世俗にたいする霊的優越性を説く伝統的教会体制にたいする烈しい批判を含んでいた。と同時にそれは、この世の職業を低く見ることと結びついた行為主義を排し、また教会や聖職者の仲介によるのではなく、もっぱら聖書に啓示された真の信仰をとおしてのみ救われることを強調し、そのようにして救われた「キリスト者の自由」にもとづく新しい生活の指針を示すものでもあった。

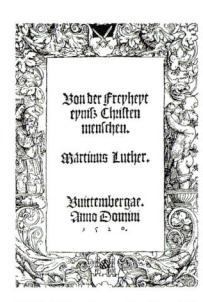

マルティン・ルター著『キリスト者の自由』(1520年)の扉。

1519年皇帝選挙をめぐる国際政局

ルターの教説が、フスのときと違って、教皇庁によって圧殺されてしまうことなく、後世に大きな影響力をもつことができたもう一つの理由は、教権と帝権と領邦諸権力の錯綜する政治状況にあった。

1519年、ハプスブルク朝マクシミリアン1世帝(在位1493～1519)の死去にともない、「金印勅書」の規定による皇帝選挙が問題となったとき、候補者の筆頭は、もちろん前帝の嫡孫カール(5世、在位1519～56)であったが、時のフランス国王フランソワ1世も帝位に重大な関心をもっていた。このときのカールは、婚姻にともなう相続の結果、すでにスペイン国王(カルロス1世)

皇帝マクシミリアン1世。アルブレヒト・デューラー画。1519年。

ミュールベルクの戦いの皇帝カール5世。ティツィアーノ画。1548年(プラド美術館蔵)。

であるだけでなく，ブルゴーニュとネーデルラントの支配者でもあった。ヴァロワ家のフランスは，ピレネー側とマース・スヘルデ川の両面からのハプスブルクの圧力に大きな脅威を感じていたのである。

神聖ローマ皇帝のもつ事実上の力はそれほどではないとしても，その権威は分散的なヨーロッパの中央を支配する重要な手段と考えられていた。もし帝国がハプスブルク家の支配下に結束するようなことになれば，フランスは全国境を囲まれたまま，一方的な守勢に追い込まれることになる。唯一の抜け道となる北イタリアへの進出は，ナポリの宗主権を主張するフランスにとって不可避の国策ともなるが，ミラノは帝国の封であり，ハプスブルクの皇帝にとっても，ローマへの，また南イタリアのスペイン領(ナポリ王国)への重要な通路となる。フランソワ1世がヨーロッパにおけるフランスの指導力保持という展望を失わないためには，自ら帝冠をめざすほかなかったのである。

皇孫カールにとっても事態は深刻だった。カール自身に流れるドイツ人の血は8分の1であり，ドイツの諸事情にたいする距離は，フランス王やイングランド王と大差ないともいえた。にもかかわらずオーストリア，ブルゴーニュ，ネーデルラント，スペインに分散し，民族的にも文化的にもばらばらの王朝国家をまとめるためには，神聖ローマ皇帝のもつ権威はなににもまして魅力的に思われたのである。

ハプスブルク的王朝理念と帝国理念の融合が，カールのいわ

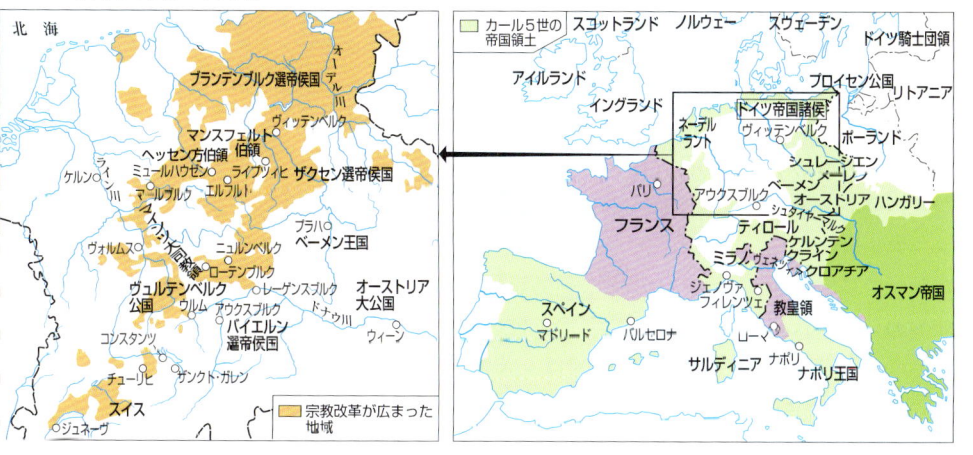

カール5世の帝国と宗教改革が広まった地域

宗教改革と宗教戦争 | 51

ば生涯の課題となる。が，時あたかも西ヨーロッパの民族的諸国家がその道を開きつつある中で，中世的帝国理念の普遍性を強調することは，時代に逆行する行き方ではあった。にもかかわらず，無口ではあったが名誉と威信を重んじ，名声を求める気持ちの強かったカールは，なんとしても帝位に即きたかったし，それは血統上からも当然と思われたのである。

時の教皇レオ10世（在位1513～21）もまた，皇帝選挙に重大な関心を寄せていた。しかもそれは，帝権と教権の調整という中世的観点からというより，中部イタリアを支配する教皇庁国家の領邦君主的利害にもとづく関心であった。教皇としては，ハプスブルク家であれヴァロワ家であれ，強大な勢力が帝権と結びついて北イタリアを支配することは回避したかった。

レオ10世が試みたさまざまな画策の一つが，選帝侯の一人，ルターの領邦君主であり庇護者であったザクセンのフリードリヒ賢公をかつぎだすことであったが，この提案は，侯の賢明な政治的計算にもとづく拒否にあって頓挫した。このあたりの政治的駆引きが，賢公の庇護下にあるルターを，早い段階で簡単に処断できない背景の一つであった。考えたすえの教皇庁の決定は，フランス側に賭けることであった。いくらかでも弱そうなヴァロワ家のほうがましなように思われたからである。

このようにして神聖ローマの帝冠は，ただたんにドイツの問題にとどまらず，ヨーロッパ国際政局の重大関心事となったのであった。

選挙と財界

選挙がわずか7人の諸侯の手に握られ，しかも国外からの影響さえ受ける状況であってみれば，起こりうる事態は容易に想像されるであろう。選挙は，はっきりハプスブルク家とヴァロワ家の間で争われ，教皇庁は，トリーア大司教の背後にあってフランス側に加担した。

相互の誹謗中傷に加えて，膨大な運動資金が名誉表彰の記念品の形で贈られ，年金が選帝侯たちや影響を与えそうな顧問官たちの手に流れた。ハプスブルク家は，票の買収のために85万2000グルデン余を使ったが，これだけの巨額を調達することは，財閥フッガー家の援助なくしては不可能であった。後世に

→ヤーコプ・フッガーと主任帳簿係マテウス・シュヴァルツ。イタリアで見習い期間を終えたシュヴァルツは，1517年からフッガー家に勤めている。20年代になって一連の伝記的な肖像シリーズをつくらせているが，右の図はその1枚。会計室で帳簿に向かうシュヴァルツと店主ヤーコプ。奥の戸棚の引き出しにはフッガー商会の代理店ごとの名札が見える（ブラウンシュヴァイクのヘルツォォーク・アントン・ウルリヒ博物館蔵）。

↗リーメンシュナイダーの祭壇。宗教改革時代には、画家も彫刻家も政治や社会と無縁ではない。彫刻、とくに木彫ですぐれた作品を残したリーメンシュナイダーは、ヴュルツブルクの有力市民として農民戦争にも荷担した。写真は内観的で敬虔な宗教感情の表現に成功したと高く評価される木彫代表作の一つ「聖血の祭壇」(ローテンブルク聖ヤコボ教会階上のロフト、→p151, 162)。

残された史料から資金の6割以上がフッガー家の融資によっていたことがわかる。

　諸侯たちとの選挙協約に同意したカールは、1519年6月28日、フランクフルトに集まった選帝侯たちの満場一致で皇帝に選ばれた。世の人びとは、その裏にある重大な事態と意味を見抜くことなく、「オーストリア(ハプスブルク)家の若き高貴な血統」を歓呼の声でむかえたのであった。

　後年、財閥にたいする積年の反独占運動(ルターも、財閥の価格操作や高利を駁する論文を書いて一役買っている)がようやく実り、ニュルンベルク帝国議会が厳しい内容の反独占立法を決議したとき、ヤーコプ・フッガー(1455〜1525)は、スペインの宮廷に書簡を送り、皇帝選挙のさいに資金を用立てて援助したことを示唆しつつ、善処方を要請した(1523年)。その結果、反独占立法は皇帝の勅令によって完全に骨抜きとなった。キングメーカーの威力——古今東西をつうじて見られる、政治と経済のみごとな癒着を示す事例の一つである。

　1521年1月に、教皇から正式に破門されたルターは、皇帝カ

宗教改革と宗教戦争 | 53

ール5世が開いたヴォルムスの帝国会議(4月)にも召喚され，帝国追放を宣告された。ヴォルムスからの帰途，フリードリヒ賢公の庇護でヴァルトブルク城に匿(かくま)われたルターは，新約聖書のドイツ語訳作業を開始した。

　ルターの教説が浸透しつつあった16世紀の20年代は，社会的・政治的激動の時代であった。さきにも言及した反独占運動の昂揚が続く中，下級貴族の戦乱(騎士戦争　1522〜23年)も勃発した。聖界領を世俗化して帝国改造の槓桿(こうかん)とし，諸侯を倒して皇帝を頂点とする貴族の民主制国家をという，彼らの壮大なアナクロニズムは挫折した。都市の市民たちは，騎士階層の略奪に対抗して，むしろ諸侯の領邦政策の中に安住の地を求める傾向を見せていたし，農民たちも，自分たちの直接の封建的収奪者たる下層貴族領主との同盟に与(くみ)するはずもなかった。

ヴァルトブルク城。ルターはここで新約聖書の翻訳をした。この城は中世にも紆余曲折，波瀾万丈の歴史をもつ。有名な「歌合戦」に基づくヴァーグナー「タンホイザー」を想起する騎士文化の中心であった(→p178)。

農民戦争

　最大の動乱は，ドイツ農民戦争と呼ばれる大農民一揆であった。領邦体制の強化をめざす政治的圧力に反対するすべての農民，とくに経済力をもちプライドをもった富農層を中心に反乱が起こった。農民たちの共通のスローガンとなったいわゆる「12カ条」は，村が自らの牧師を任免する権利をもつべきこと，穀物税は認めるが家畜税は認められないこと，隷属民の象徴である死亡税(農奴の死亡時に相続人が領主におさめる貢租)の廃止，共同の水・森林・牧草地利用の回復，賦役の軽減などを表明し，そのすべてを聖書によって根拠づけていた。

ヴァルター・フォン・デア・フォーゲルヴァイデ(ドイツ中世騎士出身の抒情詩人)。ヴァルトブルク城の歌合戦にも参加。1970年発行の旧西ドイツの切手。

マールブルク遠望。山上にはヘッセン方伯の居城が見える。宗教改革期、方伯フィリップは、新教勢力の政治的・軍事的リーダーの一人であった。1527年創設の大学は、新教神学の教育を初めから目的としたドイツ最初の大学。1529年、方伯はマールブルク会談を召集して新教諸派の一致をはかったが、聖餐論をめぐってルターとツヴィングリが合意できず失敗した。なおヴァルトブルクからこの地に移って厳しい禁欲と奉仕の生活を過ごしたハンガリー生まれのエリザベートの話もよく知られており、彼女の創建になる初期ゴシックのエリザベート教会はこの町のランドマーク。

　ルターは、初期の「12カ条」の段階では農民に同情も示し、諸侯にたいして農民たちの要求も考慮するように呼びかけていたが、彼らが、とりわけトーマス・ミュンツァー（1489/90〜1525）の影響下に福音を地上の目的達成の手段としていると見たとき、『盗み殺す農民暴徒にたいして』を著して農民戦争からその道徳的基盤を取り上げてしまったのであった。
　ミュンツァーは、おそらく1520〜21年頃から、内面的な悟りを神の啓示の典拠とし、「真の御言葉」は聖書の文字にではなく人間の心の中にあると考えるようになり、「聖書」の御言葉に力点をおくルターの教説とはニュアンスを異にしていたが、神の国はこの世でも実現されるべきだと主張するようになってルターと決定的に対立することになる。神の国とこの世の国が一致しうるというような考え方は、人間は罪を負い不完全な者とするキリスト教的ペシミズムの根本思想に立つルターにとってはとうてい容れられるものではなかった。二王国論に立つルタ

宗教改革と宗教戦争

農民団の修道院掠奪図。農民戦争の過程では修道院も攻撃の対象となった。襲われた修道院の多くは、後年、世俗化を経て、諸侯が没収する対象となった。図は1525年4月に掠奪されるヴァイセナウ修道院(『ヴァイセナウ年代記』より)。

ーは、この世の国は剣の支配する領域であり、剣によって平和と秩序が維持される場であるが、それなりに神の創造し給うた物であり、その支配者は神によって聖化された者、したがってその権威には服従しなければならない、と考えていたのである。

農民戦争は、1524年から25年にかけて南ドイツから中部ドイツを席巻し、スイスからオーストリアにまで波及して一時は支配階級を震駭させたが、最終的には、巧妙に鎮圧されて農民疎外、領邦諸侯主導の政治体制を招来することとなる。

戦争の真の勝利者は領邦諸侯であった。中小の領邦貴族は、戦争の過程で城砦を破壊され諸侯への依存度を増大した。破壊された修道院の多くは諸侯に没収された。皮肉にもそれは農民たちの実力行使の結果だったのである。その農民たちは、自治権を奪われ、以後幾世紀にもわたって国家の政治システムから排除されることとなる。農民の犠牲のうえに上からの近代化を押し進める領邦(国家)の意志の貫徹——これが農民戦争の結末であった。

マルティン・ルター著『盗み殺す農民暴徒にたいして』扉絵の版画。1525年。

宗教戦争の推移

動乱鎮圧ののちもドイツの諸勢力は、カトリック派(ハプスブルクの皇帝家、バイエルンのヴィッテルスバッハ家、ザクセン公ヴェッティン家のアルベルト系ゲオルク、聖界諸侯や司教たちの大部分など)と新教派(ザクセン侯ヴェッティン家のエルネスト系、ヘッ

セン方伯家など)に分かれて対立，抗争，妥協を繰り返しつつ，長期にわたる宗教戦争の時代を過ごすこととなる(年表参照)。1555年のアウクスブルクの宗教和議が一応の妥協的決着であった。

もっともカトリックとの同権を認められたのはルター派だけであって，再洗礼派はもちろん，当時すでに南ドイツや西ドイツに根をおろしかけていたツヴィングリ派やカルヴァン派はその埒外とされていた。さらに重要なのは，信仰決定の自由を認められたのは，もっぱら領邦君主ないし帝国都市当局なのであって，その臣下たる個々人ではなかった，ということである。「住民はその地の領主の信仰に従う」ことになったのであり，君主の信仰に従うことを欲しない者は，他に移住することが認められただけであった。

16世紀後半には，新教派が急速に進展し，世俗諸侯や帝国都市の過半数を獲得した。ドイツ人の9割がプロテスタントになってしまったという1560年頃のヴェネツィアの一使節の報告はもちろん誇張であるとしても，カトリック陣営にとっては大きな危機と感じられたに違いない。プロテスタンティズムの拡大は，70年頃その頂点に達した。

その後のドイツでは反宗教改革運動が強力になる。新教側の背後にフランス，イングランド，オランダが，旧教側の背後にはスペインとローマ教皇がひかえており，ドイツの内乱はただちにヨーロッパ列強の介入に連なる危機をはらんでいた。

1526	第1回シュパイアー帝国会議——ヴォルムス勅令実施を延期
1529	第2回シュパイアー帝国会議——ヴォルムス勅令実施を決議。新教徒は抗議(プロテスタントという呼称の由来)して福音同盟を結成
	マールブルク宗教会議——ルターとツヴィングリの聖餐論争決裂
1530	アウクスブルク帝国会議——メランヒトン起草の「アウクスブルクの信仰告白」を論駁。ヴォルムス勅令実施を再決定
1531	反皇派のシュマルカルデン同盟結成
1534〜35	再洗礼派の蜂起(ミュンスター千年王国)
1546〜47	シュマルカルデン戦争
1548	帝国会議，カトリック寄りの「仮信条協定」(インテリム)を採択
1552	パッサウ条約——「仮信条協定」を廃止
1555	アウクスブルクの宗教和議——領邦・都市による新・旧教の同権と平和共存原則の確認

1618年から48年まで断続して戦われた「三十年戦争」の詳細は割愛しなければならない。戦争の経緯や惨状についてはシラーの『三十年戦争史』や『ワレンシュタイン』、グリンメルスハウゼンの『阿呆物語』などをお勧めすることにとどめ、ここでは、戦争の性格と結末を概括しておきたい。

三十年戦争の性格と帰結

　戦争の性格は、戦局の推移につれて少しずつ変わってきているが、少なくとも当初は宗教戦争として始まった。ボヘミア王フェルディナント（2世、1619年以後皇帝）が同地で強引な改宗政策を開始し、新教派の貴族が反発したのがその発端（1618年、プラハの窓外放出事件）であり、少なくとも29年（復旧勅令）までは、宗教的特色が明白であった。宗教的性格は戦争の後段になっても完全に払拭することはなかったが、政治的性格がしだいにあらわになり、最後の段階になると、フランス対ハプスブルクの長期にわたる対決の一齣にすぎなくなってしまうのである。概括すれば、それはドイツにおける最終の、かつ最大の宗教戦争であり、ヨーロッパの列強、とりわけスウェーデンとフランスが、自分たちの政治目的に利用した「最初のヨーロッパ大戦」ともいえるものであった。

　1648年のヴェストファーレン（ウェストファリア）講和体制は、ドイツの領邦国家化を究極的に確認した。諸侯は完全な国家主権を保証され、外国との同盟締結権をも認められた。宗教問題にかんしては、「住民はその地の領主の信仰に従う」という原則が、今度はカルヴァン派をも含めて承認された。フランスは、メッツ、トゥール、ヴェルダン三司教領とエルザス（アルザス）の大部分の領有を認められて、ライン左岸地域への領土的進出を実現。スウェーデンは、西ポンメルンとブレーメン、フェールデン両司教領を領有。スイスとオランダは正式に独立を認められて帝国から最終的に離脱した。領邦主権の完成と皇帝権力の打破、加えて帝国の領土的喪失——これこそ「帝国の死亡証書」といわれるヴェストファーレン条約の内容であり、その保証人となったのは、外国勢力、とりわけてもハプスブルクの宿敵フランスであった。

ヴァレンシュタイン（1583〜1634）。ボヘミア出身の傭兵隊長。三十年戦争で皇帝軍に荷担して波瀾万丈の生涯を送った。スウェーデン王グスタフ・アドルフと対決したリュッツェンの戦いは有名。最後は疑惑のなかで皇帝側の部将の手で暗殺された（アントン・ヴァン・ダイク画。ベルリンの美術・歴史文書館蔵）。

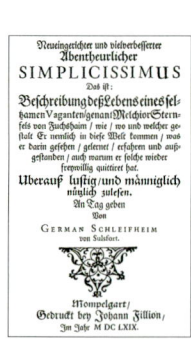

J.Chn.v.グリンメルスハウゼン『シンプリツィシムス（阿呆物語）』の扉。1669年（ベルリンの美術・歴史文書館蔵）。

領邦諸国家の競合

帝国の空洞化

　1648年から1806年にいたるドイツ史を一つの中心を軸に描くことは難しい。ヴェストファーレン体制以降のドイツ史を皇帝や帝国を中心にまとめることは，ほとんど意味をなさなくなってしまったといってよいであろう。皇帝は，以前からハプスブルクの王朝権力とイコールになっていたが，その後ますますはっきりした形でドイツの利害関心とは異なるまとまり——ボヘミアやハンガリーの相続領を含む——をつくりあげてゆくこととなる。帝国会議も1663年を境に，往時のような諸侯の会合ではなく，レーゲンスブルク（→p130）に常置の各領邦国家の使節の会議にきりかえられた。ヴォルテールも喝破したといわれるように，17〜18世紀の「神聖ローマ帝国」は，神聖でもなく，ローマでもなく，帝国でもない何ものかになってしまったのであり，その中で主役を演じたのは領邦諸国家であった。フランス王ルイ

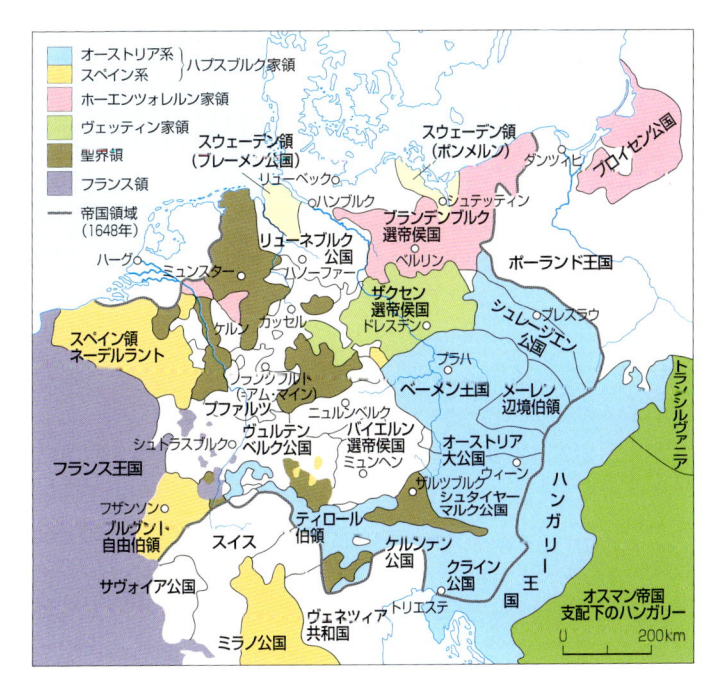

ヴェストファーレン条約以降のドイツ

14世(在位1643〜1715)の攻撃にたいして真剣に帝国の防衛を考えたのも皇帝ではなく,西南ドイツの中・小諸侯たちであった。

ホーエンツォレルン城。プロイセン王家のルーツ(→p202)。

領邦の並立

　ハプスブルク家のオーストリアを別とすれば,この時期のドイツ史を担(にな)った有力諸領邦は,ザクセン,バイエルン,ブランデンブルクなどであった。ザクセンは,シュマルカルデン戦争にさいして選帝侯位を獲得したモーリッツ公のアルベルト系ヴェッティン家のもとに領邦的発展を進め,ラウジッツを加えるなど領域的にも拡大したが,宗教的には,ルター派とカルヴァン派の間で動揺するなど,三十年戦争でも一貫した政策をとりえず,宗教改革時代ほどの重みは失っていた。17世紀末から18世紀初頭の頃,選帝侯フリードリヒ・アウグストはポーランド王をかね,ドレスデンを中心に同国の盛時を築いた。
(→p183)

　ヴィッテルスバッハ家のバイエルンは,宗教改革以来一貫してカトリック側の有力領邦として戦ってきたが,三十年戦争の結果選帝侯位を得,オーストリアと並ぶ南ドイツ最大の領邦国家となった。ライン・プファルツでは,さきに追われた(新教派)ウニオンの指導者選帝侯フリードリヒ5世の息子カール・ルートヴィヒが帰還して破壊された国土の再建に努めていた。聖界諸侯の中では,マインツとヴュルツブルクを支配したヨーハ
(→p107)　(→p158)

↑ドレスデンのツヴィンガー宮殿。ザクセン王家の傑作。内庭の広場で祝典のパレード，馬術競技などのパフォーマンスがおこなわれた(→p184)。

→侯たちの行列(フュルステンツーク)。干城(修復中)の外壁に残るマイセン焼きの陶板(縦1.02m×横9.57m)の一部。ヴェッティン家のすべての侯たちが描かれている。中央はフリードリヒ・アウグスト強王(→p184)。

ン・フィリップ・フォン・シェーンボルン(在位1647～73)(→p108)などがめだっていた。

　ブランデンブルクは，ホーエンツォレルン家の選帝侯ヨーハン・ジギスムントが1618年にプロイセンを相続したことによってブランデンブルク=プロイセン国家の基礎ができ，ヴェストファーレン条約によって東ポンメルン，マクデブルクなどを獲得して膨張，1701年フリードリヒ1世のときには，王号も獲得，以後プロイセン王国として発展した。その間このフリードリヒの父大選帝侯フリードリヒ・ヴィルヘルムの治世にユグノー(フ

領邦諸国家の競合

↑ヴァイカースハイム城。ヴュルテンベルクの東北端。12世紀末以来，この地方の名門ホーエンローエ伯家の居城であった。ドイツでもっとも美しいとされるバロックの庭園は1709年の造営。12〜18世紀にかけて建築されてきた城館は，一部に中世的なところも残しているが，主要部分はルネサンス様式で，バロックやロココを付け加えてもいる。外観よりは内部が素晴らしく，その中心が「騎士の間」（写真）。狩猟に熱中した建築主ヴォルフガング・フォン・ホーエンローエ伯の趣味の反映であることは一目でわかるであろう。狩猟の場面を描いた独特の天井格間に注意していただきたい。

バイエルン・ロココの最高傑作とされる，広野に建ったヴィース巡礼教会（→p141）。

近世バロックの宮殿と聖堂

ヴェルサイユ宮殿を倣（なら）うバロック宮殿は大小の君侯たちを刺激し，17，18世紀の大流行となった。

↑ヴュルテンベルク公エーベルト・ルートヴィヒも，宮殿と庭園に熱中した。このルートヴィヒスブルク宮殿は，恐らくドイツ最大のバロック建築である。1704年に着工，1793年，臨終の年にようやく完工した。今日も陶磁器，絵画などのコレクションを含むバロックの宮廷芸術品ともども，訪れる人を楽しませてくれる歴史的遺産である。

↓メッテン修道院の図書館。修道院（東バイエルン）はベネディクト派。古くはカール大帝の創建とされるが，現在の建物は1712年に着工，1720年に完成した。この修道院は，素晴らしいが，いささかきらびやか過ぎるバイエルン・バロック様式の図書館で知られる。大理石の飾り縁と丸天井を支えるがっしりとした大きな人像，所蔵の書物のテーマを描いたという色鮮やかな壁画が目に飛び込んでくる感じがする。蔵書のほとんどは，ミュンヘンの移されてしまったが，バロック装飾の内装自体が見学の目玉になっている。

ランスの新教徒)を受け入れていることは注目しておいてよい。

すでに1664年に、フランスの太陽王ルイ14世の新教徒虐待に抗議していた大選帝侯は、85年10月29日、ナントの勅令(新教徒に礼拝の自由、公職就任などを認めたアンリ4世の勅令。1598年)廃止のわずか3週間後にドイツ、フランス両語による「ポツダム勅令」を発布してユグノーの受入れを宣言した。全部で25万から30万人といわれるフランス人難民のうちドイツにきたのは約3万人、そのうち2万人がカルヴァン派の侯家をもつブランデンブルク=プロイセンに移住した。

領邦の絶対主義

スペイン、イングランド、フランスなどの諸王権が、絶対主義国家の形成を成しとげていったのにたいし、ドイツにおいては、王権にその力はなく、したがって絶対主義を語りうるのも領邦国家の次元においてであり、時期もはるかに遅い17世紀末から18世紀にかけてであった。

その中では、ハプスブルク家のオーストリアと新興のブランデンブルク=プロイセン国家がもっとも重要で、つぎの19世紀にはドイツ統一の主導権を競うライバルとなる。そのいずれについても個々の展開過程を詳述する余裕はないので、それぞれの代表的君主の点描を試みることにとどめる。

啓蒙専制君主フリードリヒ大王

1740年5月、若き王太子フリードリヒ(2世、大王、在位1740～86)がプロイセンの王位を継いだとき、ドイツとヨーロッパの君主たちは、固唾(かたず)をのみ、あやぶみつつその登場を見守っていた。新王がその軍人王とあだ名された剛直な父親とはまったく反対の、音楽を愛好し、フランス文学に心酔して(彼がドイツ語で話しかけるのは馭者(ぎょしゃ)だけだったというエピソードさえある)ヴォルテールに師事する文化人であり、錯綜(さくそう)する国際政局の中で列強に伍し、国家の舵取(かじと)りをする器ではないと思われていたからである。

だが、その後のフリードリヒが政治的・軍事的指導にみごとな才能を発揮してプロイセンの地位を引き上げ、フリードリヒ大王と呼ばれるほどの事績を残したことは、よく知られている。

晩年のフリードリヒ大王。アントン・グラッフ画。1781年頃。

ホーエンツォレルン城内部。現在の建物は1847年から20年の歳月をかけて再建されたもの。大王の柩も一時このお城に移された（→p202）。

　当時のプロイセンは，西ヨーロッパ諸国よりもはるかに遅れてではあったが，絶対主義国家の道を歩みつつあり，その国王は当然専制君主であった。フランス流啓蒙主義の洗礼を受けた知識人フリードリヒの場合は，しかし，たんなる専制君主にはなりきれない弱さをもっていた。「君主は国家第一の下僕」を標榜し，臣民の幸福を最大の課題とし，宗教上の寛容や学術の奨励など見るべき施策を含んだ，いわゆる啓蒙専制主義の典型とされている。

　啓蒙といっても，絶対主義的君主の本質に変わりがあるわけではなく，一般民衆の政治的権利は認められなかった。が，王領地の賦役を軽減して農民の保護を考えるなど，慈悲深い君主の側面も見せており，「老フリッツ」の呼び名で親しまれて人びとの人気を博したとも伝えられている。

　オーストリア継承戦争から七年戦争（1756〜63年）（→p70）にいたる20余年の長い困難な歳月を戦いぬいたこと。干拓による農業の振興。絹織物工業の育成。重商主義的経済政策の推進。官僚組織の整備。司法の改革や法典の編纂。これらにつくした治績の数々は歴史の教科書などにまかせ，ここでは，輝ける啓蒙専制君主の孤独な苦悩——普段はあまり語られない晩年の大王の一

領邦諸国家の競合

大王と楽聖の出会い

　異なる関心領域に登場する歴史の著名人たちが，もしどこかで出会っていたら，と想像してみることも楽しいかもしれない。たとえば16世紀の宗教改革者ルターとルネサンスの巨匠ラファエロは同じ年の生まれであり，ルターが1510年11月から翌年4月にかけて修道院の公用でローマに滞在してサン・ピエトロをはじめとする諸聖堂を遍歴し，ラテラーノ宮殿北側のピラトの聖階段を手と膝で這い上がりながら，一段ごとに主の祈りを繰り返し，一段ごとに口づけしていたちょうど同じ時期に，ラファエロはヴァチカン宮殿「署名の間」の壁画や天井画の製作に没頭していたのである。両人の邂逅はなかった。ルターは，ルネサンスの芸術にも古代の遺跡にも興味をもたなかったのである。

　フリードリヒ大王や女帝マリア・テレジアの活躍した18世紀半ばは，ドイツの美術や音楽ではバロック時代の後半ないし末期にあたっていた。自らもフルートを奏し，作曲もする音楽好きのフリードリヒ大王は，対位法の大家で鍵盤楽器即興演奏の名手としても知られていたヨハン・セバスティアン・バッハ（大バッハ）を招きたいとかねてから願っており，その願いは当時大王の宮廷チェンバリストであったバッハの次男カール・フィリップ・エマヌエルを介して実現した。1747年，老バッハ62歳のときであった。

　ライプツィヒを馬車で旅立ったバッハは，途中ハレに寄って長男ヴィルヘルム・フリーデマンをともない，5月7日ポツダムの次男宅に到着した。

　フォルケルの『バッハ伝』（1802年）は，フルートの演奏を始めようとしていた矢先に届けられた城下町到着者名簿を一瞥した大王が，昂奮気味にいあわせた宮廷楽士たちに大バッハの到来を告げ，即座に宮殿に召致，バッハは着いたばかりの旅装のまま伺候したと伝えている。

　ちょっとした異説もある。当時の新聞によると，大王の受けた報告は，バッハが到着し次の間にひかえて大王の音楽会

サン・スーシ宮殿の音楽会。毎晩7〜9時には室内楽演奏会が開かれ、王はいつもフルートを奏した。アドルフ・メンツェル画。1850年。

を傾聴したいと願い出ている、ということであった。王はすぐに招きいれるように命じた。

バッハは、大王の与えた主題によるフーガの即興演奏をおこなってなみいる廷臣（ていしん）、楽士たちを驚嘆させた。ライプツィヒに帰って2カ月ののち、バッハは王の主題による一連の作品を書き、『音楽の捧げ物』と題して出版し、大王に献呈した。作品は、『フーガの技法』(1749年)と並んで、対位法技術の集大成であり、最高峰と評価されている。楽聖の逝去（せいきょ）はその3年後の1750年であった。

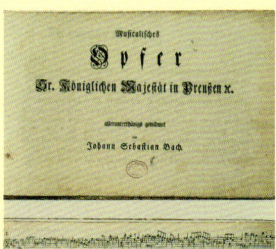

『音楽の捧げ物』BWV.1079の初版(1714年，ライプツィヒ音楽図書館蔵) 冒頭におかれた「三声のリチェルカーレ」が大王の御前でおこなった即興演奏の楽譜化と推定されている。

領邦諸国家の競合 | 67

面にふれておきたい。

大王の晩年

　1763年，フベルトゥスブルクの和約で，この小さな王国プロイセンは，ハプスブルク家のオーストリアと対等なドイツの雄邦に上昇，ヨーロッパ列強の一つとなった。

　だが，その王国の支配者がそれで幸福になったようすはなかった。何十万の人びとを殺した戦闘と劫掠の歳月のうちに，人間の地獄を，悲惨の極みを見てしまったゆえであろうか。王の性格は，頑に，恐ろしいほど頑になっていた。宿命の歳月は，彼が若年の頃にももっていた人間嫌いの気持ちを強化しただけであった。

　人間を「呪われた種族」とみなしたフリードリヒにとっては，選びぬかれたわずかの人びとだけが共に生きるに価したのである。その人たちの書物や作品だけを，またその人たちの仲間だけをポツダムのサン・スーシ，すなわち「憂いなき宮殿」に集めたのだとする厳しい批評もある。彼は孤独で疑い深い老人になってしまったのである。

　名声を求める気持ちも，戦功を誇る若い名誉心もなくしてしまった王に残されたものはただ一つ，荒れ果てた国土を再建し，民草によりよい生活を与えようとする，すさまじいほどの意欲であった。彼の思いのすべては国家であり，国家が偶像であった。国家に仕えることが自己目的となったのである。

　王は憑かれたように働いた。自己自身にたいしても，他人にたいしても，厳しく仮借なき献身が要求されることとなる。痛風で右手が駄目になると左手でペンをもとうと試みた。1786年，これが最後の年となるのであるが，身体がますます衰弱し睡眠時間も短くなると，枢密顧問官たちは朝の4時から呼び出され，一人が心臓麻痺で倒れると，別の一人を呼ばせて仕事を続けたという。この年の8月15日，王はいつものように執務にあたっていたが，翌16日には苦痛が烈しくなり，それでも仕事を続けようとしたが声が出なくなり，夜半に入って息を引き取った。

　大王の生き方をどう見るかはさまざまであろう。同時代に生きた啓蒙詩人レッシングは，プロイセンを「ヨーロッパでもっとも奴隷的な国家」と指摘した。18世紀後半の絶対主義国家プ

サン・スーシ宮殿。正面の庭から見上げる（→p219）。

ロイセンは，ともあれこの大王のもとにその興隆の頂点に立っていた。大王の命によって編纂されたプロイセン国法典は，その後1794年になって公布され，ドイツの法制に大きな影響を残した。

女帝マリア・テレジア

　プロイセン王フリードリヒ2世の登位の少しあと，同じ1740年の秋には，ウィーンでも皇帝カール6世の急逝にともなう帝

位の交替がおこなわれ,皇女マリア・テレジアがオーストリア系ハプスブルク家を相続することとなる。神聖ローマ帝国に空前絶後の女帝の誕生が実現しようとする瞬間であった。

だが,この相続は簡単には進まなかった。男子に恵まれなかった前帝カールが生前に発布した国事詔書では,長女の相続権が認められていたが,バイエルン,ザクセン,スペインなどの異議にあって事態は紛糾し,プロイセンもシュレジエンに侵入して介入(1740年),以後8年にわたるオーストリア継承戦争に突入していったのである。

一時期は,フランスの後援を得たバイエルン大公カール・アルブレヒトがカール7世として帝位に即いたこともある(在位1742～45)。が,最後には,植民地争奪戦などの国際情勢の絡みもあり,48年,アーヘンの和約が成立した。その間,マリア・テレジアの夫,ロートリンゲン＝トスカナ大公フランツ・シュテファンが帝位に即いてフランツ1世(在位1745～65)となる。その死後は,彼らの長男ヨーゼフ(2世,在位1765～90)に継がせるという形で継承問題は落着するのである。

その間の難局に対処し,内政面では,ハプスブルク朝多民族国家の改革に着手して,絶対主義体制の強化に奮闘した中心人物が,事実上の女帝マリア・テレジアであったことはいうまでもない。だが,彼女とてもはじめから男まさりの政治的指導者であったわけではなかった。

彼女は,国事詔書によって,かなり早くからハプスブルク家の後継者と目されてはいたが,特別の政治教育を受けていたわけではなかった。バイエルンのマクシミリアン3世ヨーゼフとの政略結婚を勧める将軍オイゲン公の助言にさからって,1736年,ウィーン宮廷で育ち互いによく知っていたトスカナ大公フランツ・シュテファンと結婚。おそらく非常に幸福な結婚生活を過ごし,16人の子供を生んで,そのうち10人が成長している。

父親の突然の死去によってハプスブルク家を相続したマリア・テレジアは,財政難で劣悪な軍備のまま継承戦争に立ち向かわなければならなかった。当初国務についての知識が乏しかった彼女は,さしあたっては顧問官たちや夫の援けを得て,そしてなによりも大変な努力と活動で補いつつ奮戦し,しだいに偉大な政治的指導者へと成長していったのである。

マリア・テレジア。15歳大公妃時代。J.フォン・シュッペン画。1732年(ベルリンの美術・歴史文書館蔵)。

オーストリアの啓蒙専制主義

　マリア・テレジアとヨーゼフ2世帝の治世は，オーストリア絶対主義の歩みがその頂点に達する時期であった。かつその絶対主義は，歴史家が啓蒙専制主義と呼ぶ段階で，国民の幸福をはかることを重要な課題と君主自身も思い，かつ民衆からもそのように期待されたものであった。この点は，女帝のライバルたるフリードリヒ大王のおかれた立場と同じであり，少し遅れて絶対主義の時期に入った国々の支配者が共通に負った宿命であった。

　母子の間には多少の軋轢はあったが，国内産業の育成，農民賦役の軽減を軸とする農奴制の緩和，修道院領の没収・解放，農民の保護育成などの改革が徐々に進められてゆく。アカデミーを創設して学問研究の中心とするとともに，普通教育の確立(義務教育制の採用)をはかるなど教育制度の改革もおこなわれた。女帝自身は敬虔なカトリック信徒であったが寛容令を出して信教の自由を容認するなど，啓蒙君主の姿勢も打ち出されている。もちろん多くの限界もあり，農奴制も緩和であって廃止ではないなど，将来に残された課題も多かった。

　女帝は民衆の敬愛の的となったが，何よりもその豊かで幸福な結婚と家庭生活は，人びとの模範として賛嘆されていた。息子たちのうちヨーゼフ(2世)とレオポルト(2世)は，それぞれ後継者として後年帝位に即いている。フェルディナントは，モデナの公女と結婚して公国を継ぎ，マクシミリアン・フランツはドイツ騎士修道会長をへてケルンとミュンスターの司教補佐となった。娘たちのうちマリー・カロリーヌはナポリ＝シチリア王妃となり，後年悲劇の最後をとげるフランス王妃マリー・アントワネットは末娘であった。

　あまりにも強烈な個性と影響力のゆえか，女帝の存在が問題をはらまなかったわけではない。彼女の死(1780年)は，悼まれると同時に，人びとにちょっとした開放感を与えた，とされる側面もないわけではなかったという。

　18世紀ドイツ史を代表した女帝と大王が踵を接して逝去した(大王は1786年)あといくばくもない1789年，隣国フランスに革命が勃発，ドイツの諸邦も対応に苦慮することとなる。

分立と統合
——新しいヨーロッパへの道

フランス革命時代のドイツ

　革命フランスにたいしては，大王を継いだ甥のプロイセン王フリードリヒ・ヴィルヘルム2世(在位1786〜97)とオーストリアのレオポルト2世(ヨーゼフ2世帝の弟)が共同でピルニッツの宣言(1791年8月)を発してフランス国家の旧秩序回復を呼びかけ，列国の君主たちの共同行動を要請。この宣言に反発したジロンド党のフランスが翌92年4月オーストリアに宣戦すると，プロイセンも対仏干渉戦争に突入した。初戦の一時的勝利はあったものの，その後のドイツ諸邦の足並みはかならずしも一致せず，プロイセンも含めて一貫性を欠いていた。プロイセンは，早くも95年には単独講和を結んで，フランスのライン左岸併合を容認。オーストリアは96年，イタリアでナポレオン(在位1804〜14, 15)の遠征軍に敗れて，フランスの優位が確立した。軍事的独裁者となったナポレオンは，1804年共和制を廃してフランスの皇帝となり，教皇をパリに招いてノートルダムで戴冠式を挙行した。

　ドイツ領邦諸国家の政治地図は，フランスの外圧のもとで大きくぬり変えられる。300余の領域群が整理されて約40の独立単位となり，300万人にのぼる人びとがその国籍を変えた。決定にいたる過程は，いわば領邦的エゴイズムの衝突，画策，陰謀の連続であり，諸侯たちは競ってナポレオンにとりいってドイツも帝国もかえりみなかった。南ドイツでは，そのうえ，中規模諸国家——すなわち西側の大国に依存することによってのみその生存を保証され，したがってその忠実な扈従たらざるをえない程度の中規模諸国家をつくりだすというフランスの要望が満たされた。フランスの伝統的政策，アンシャン・レジームの王朝以来，一貫して変わらなかったフランスのドイツ政策がみごとに実現したといってよいであろう。

　いま一度最後の抵抗を試みたオーストリアにたいし，皇帝ナ

ポレオンは，1805年9月8日にふたたび宣戦を布告，10月13日には，革命軍をウィーンに進駐させていた。ナポレオンは，同じ年の12月2日，自身の戴冠1周年の記念日にアウステルリッツで輝かしい勝利をおさめ，連合軍にたいする戦いに終止符を打ったのであった。12月26日，プレスブルクの和約で，オーストリアはナポレオンを国王とするイタリアにヴェネツィア，イストリアなどを，ナポレオンの影響下に入った西南ドイツの諸国にも南ドイツの所領を割譲。ナポレオンはドイツの事実上の支配者となった。

神聖ローマ帝国の終焉

　その数カ月後，1806年7月，バイエルン，ヴュルテンベルク，バーデンなど16の西南ドイツ諸侯国からなるライン連邦が結成された。連邦は(神聖ローマ)帝国から分離し，外見的独立性をもつ諸国家の国家連合という形をとったが，フランス皇帝の保護下にフランスと攻守同盟を結び，その全軍隊をナポレオンの指揮下に委ねていた。ライン連邦結成の2週間後，連邦所属の諸侯たちが正式に帝国から離脱した日に皇帝フランツ2世は退位を宣告し，神聖ローマ帝国は名実ともに解体した。1806年8月6日のことであった。ハプスブルク家は，以後世襲のオーストリア皇帝としてのみ存続することとなる。

　プロイセンもこの年の10月に再度の対仏宣戦。イエナとアウエルシュテットでみじめな敗北を喫し，翌1807年のティルジット条約でその領域をエルベ川の東に限られた。エルベ以西は，ヴェストファーレン王国としてナポレオン皇帝の弟ジェロームの支配下に置かれたのである。ナポレオンは，その間の1806年10月27日ブランデンブルク門をとおってベルリンに入城し，11月には同地で大陸封鎖(ふうさ)(「ベルリン勅令」による対英経済制裁)を命令するなどヨーロッパの覇者として君臨，09年には皇后ジョセフィーヌを離婚してハプスブルクの皇女マリー・ルイーズと結婚した。覇者ナポレオンの最盛期であった。支配下のドイツ諸邦は，フランス革命理念の影響を受けつつ，旧制度の改革を試みるとともに，国民意識にも目覚めて反ナポレオン解放戦争の契機をうかがうこととなる。

対ナポレオン解放戦争とウィーン体制

　1812年夏，モスクワに迫ったナポレオンの大軍は，その年の冬には周知の大敗走をよぎなくされ，翌13年にはドイツ諸邦の反撃，解放戦争が始まった。同年10月ライプツィヒ近郊の戦いでナポレオンの完敗。翌14年3月には連合軍のパリ占領，ナポレオンの退位，エルバ島への流刑，ウィーン会議（14年9月〜15年6月），その間にナポレオンのエルバ島脱出，百日天下，ワーテルローの会戦，セント・ヘレナ島配流と舞台は急転した。

　オーストリア外相（のちに宰相）メッテルニヒの牛耳るウィーン会議は「正統主義」を標榜してフランス革命以前の状態への復帰を建前としたが，実際には，列強（英，露，墺，普と復古王政の仏）の勢力均衡と終戦時の現状維持という線で収束。ドイツでは，ナポレオン時代の領土再編がほぼ継承され，旧ライン連邦傘下の国々は，オーストリア帝国，プロイセン王国などとともに「主権をもつ諸侯と自由都市の恒久的連邦」という形でドイツ

ナポレオン皇帝のベルリン入城。1806年10月27日の午後，ナポレオンはブランデンブルク門をとおってベルリンに入った。シャルル・メニエ画（ヴェルサイユ宮殿博物館蔵）。

現在のブランデンブルク門，ベルリン(→p208, 209)。

連邦を構成，オーストリアが議長国となった(1815年5月)。

三月革命と統一の道筋

　メッテルニヒ(1773〜1859)はウィーン体制を脅かす自由主義とナショナリズムの抑圧に腐心するが，ナポレオン時代に始まった社会の変化と民衆の政治的自覚は簡単にあと戻りすることはなく，いわゆる三月前期から革命期(1817年ブルシェンシャフトの学生運動，48年フランクフルト国民議会など)に突入，ウィーンやベルリンでも民衆の蜂起が勃発，メッテルニヒは失脚してイギリスに亡命した。

　革命勢力の側でも市民層，労働者層の利害の不一致，民族的対立などがからんで亀裂があり，その間隙をついた反革命勢力——君主，貴族や軍を中心とする——が蜂起を鎮圧。復活した支配体制は，革命の成果の一部を取り込んで上からの改革を少しずつ進めてゆく。プロイセンでは憲法と議会制が導入され，他の国々でも農民解放が推進されている。

ウィーン——革命の収束。1848年の三月革命はウィーンにも波及し，メッテルニヒ体制は崩壊した。しかし革命の穏健派と急進派の軋轢や保守派政府の画策がせめぎ合う中で不透明な状況が続いていた。オーストリアの場合は，チェコ，ハンガリーなどの民族問題が事態をいっそう複雑にしていた。市内には革命急進派によるバリケードも築かれ，戦闘は10月末まで続いたが，最後はおきまりの軍事力の導入であった。図は10月28日政府の軍隊によるバリケード襲撃を描いた同時代の彩色石版画。C.ランツェデリ画（ベルリンの美術・歴史文書館蔵）。

　フランクフルト国民議会(1848〜49年)でも最大の課題の一つであったドイツ統一の方途をめぐる小ドイツ主義(プロイセン国王を元首として多民族国家オーストリアを排除する)と大ドイツ主義(オーストリアのドイツ人地域を含めた全ドイツ国家建設を主張)の対立が，結局前者に収斂し，ビスマルク(1815〜98)主導の第二帝政に帰結したことはよく知られている。後者をとる場合には，オーストリア国家がドイツ人地域と非ドイツ人地域に分割されることとなるために，オーストリア政府が難色を示した。それどころか復活したオーストリア反動政府は，小ドイツ的解決はもちろん，大ドイツ主義をも否定した。そんなことになれば連邦国家はもはやドイツ人の国ではなく，オーストリアを盟主とする多民族中部ヨーロッパ連邦にすぎなくなってしまうであろうという危惧から，フランクフルト国民議会の大ドイツ主義者たちも小ドイツ主義に転じたのであった。

ビスマルクの統一

　普墺戦争(1866年)と普仏戦争(1870〜71年)に大勝したビスマルクは，1871年1月18日ヴェルサイユ宮殿鏡の間に集まったドイツ諸侯の前で，プロイセン国王ヴィルヘルム1世(国王在位1861〜88，ドイツ皇帝在位1871〜88)をドイツ皇帝に推戴することに成功した。第二帝政の成立である。老王ヴィルヘルムは，最後の土壇場まで「プロイセン」に固執し，退位まで口にして渋ったあげくビスマルクに説き伏せられたとも伝えられる。ヴェ

19世紀ベルリンのウンター・デン・リンデン通り(→p209)。1810年以来，宮廷に勤務したシンケルは，19世紀ベルリンの最初の建築時代に大小の膨大なプロジェクトをこなして，ベルリンの中心部に大きな刻印を残した。1817，18年建造の新衛兵詰所(ノイエ・ヴァッヘ。図のなかほど，ちょっとひっこんだ建物)もその一つであった。W.ブリュッケ画。1842年(ハノーファーのニーダーザクセン州立美術館蔵)。

ルサイユの式典を欠席してせめてもの抵抗を示したバイエルンのルートヴィヒ2世王(在位1864～86)(→p137)が，莫大な築城資金の提供という密約に代えて，プロイセン王の皇帝推戴を進言するよう諸侯に要請する書簡に署名したというエピソードも語られている。

　ビスマルク主導の統一過程は，自由主義者たちの要求を部分的には取り入れながらも，基本的には君主中心体制を堅持し，新しい帝国はあくまでもドイツ諸国の君主の連合体という形で構想されており，国民の意思にもとづくものとはされていないことが眼目であった。

第一次世界大戦

　1888年3月，ヴィルヘルム1世が91歳の高齢で他界，フリードリヒ3世の短い治世(在位99日)をへて即位した29歳の新帝ヴィルヘルム2世(プロイセン王・ドイツ皇帝在位1888～1918)は，自己の親政を貫こうとしてことごとに宰相ビスマルクと対立し，ビスマルクは，90年，執心の社会主義者鎮圧法が議会で否決されたのを機に辞職した。新帝はドイツ大海軍の建設に乗り出し，近東政策にも意欲を見せるなど積極的な「世界政策」(第一次世界大戦前の列強が世界の政治的，軍事的，経済的制覇をめざしておこなった対外政策。第二次世界大戦後のアメリカで多用される「グローバル・ポリシー」に相当)を開始してイギリス・フランス・ロシアとの対立を招く。

分立と統合 | 77

ドイツはこの皇帝の治世に第一次世界大戦(1914～18年)に突入、オーストリアと結んで英・仏・露(少し遅れて日本、ついで伊、米)など当時のほとんどすべての強国と戦って敗れ(1918年)、皇帝はドイツ十一月革命によって退位、オランダに亡命した。

1871年、ヴェルサイユ宮殿で、ヴィルヘルム1世が皇帝に推戴された。段の下、中央の白い軍服の人物がビスマルク。

ヴァイマール共和制

第一次世界大戦の敗戦とドイツ革命にともなって成立した共和制は、翌1919年ヴァイマールで公布された憲法にちなんで「ヴァイマール共和国」と呼ばれる。新共和国は、後世理想的な民主主義の模範と讃えられる憲法を擁しながら、わずか14年という短い生命を終えてしまうことになる。

1929年の大恐慌で経済秩序が混乱し、失業者が急激に増大し、右翼勢力が全面的に復活するなかで、1933年、ナチス・ヒトラーが政権を掌握。共和国は崩壊した。

第三帝国と第二次世界大戦

ナチスの支配体制は通常第三帝国と呼ばれる。独裁政権のもとに国民は画一化され、地方分権は廃止、ナチス党の幹部が国家機構を独占した。もっとも党幹部と国家官僚、軍部と党の間には確執もあり、内訌と陰謀の種は絶えなかった。反ナチス派

↑→ポツダム会談 （写真上）前列左からソ連首相スターリン，アメリカ大統領トルーマン，イギリス首相チャーチル。（写真右）会談はツィツィリエンホーフ城(→p221)のこの部屋でおこなわれた。

は大量にとらえられて投獄か処刑。国外に亡命する者も続出した。

　ナチス政権のユダヤ人排斥は空前であり，公職からの排除，アーリア人との結婚禁止，財産没収などを実施，第二次世界大戦に入ると，ユダヤ人の強制収容と組織的殺戮を強行。数百万のユダヤ人を虐殺したことはあまりにもよく知られている。

　経済面では，まず土木事業(アウトバーン建設など)を起こして大量の失業者を救済し，農政では世襲農地法を発布して大農・中農の安泰をはかるとともに農産物価格の安定をはかるなど人心の収攬に努めている。

　対外政策では，1935年に軍備拡大を強行，36年ロカルノ(欧州安全保障)条約を破棄，38年にはオーストリアを併合，さらにポーランド進出に乗り出すなどつぎつぎと要求を拡大。39年9月には英仏と開戦して第二次世界大戦に突入，41年6月には対ソ戦争も開始した。同年12月には日米の太平洋戦争も始まり，戦争は日独伊枢軸対米英仏ソの連合という文字どおりの世界大戦に拡大した。

　当初枢軸側に有利に見えた戦線もまもなく逆転し，1942年9月にはイタリアが降伏，45年5月にドイツ，8月に日本が降伏して戦争は終結した。

分立と統合 | 79

↑→1961年8月13日，壁と鉄条網によってベルリンは東西に分断された（写真右，クロイツベルク地区）。そして89年11月9日，28年間続いた「壁」は開放された。何千人もの人びとがブランデンブルク門に押しかけた（写真上）。新しいドイツとヨーロッパの歴史が始まる瞬間であった。

戦後の分断と再統一

　敗戦後のドイツが米英仏ソ連合軍の占領時代をへて，1949年9月にドイツ連邦共和国（旧西ドイツ），10月にドイツ民主共和国（旧東ドイツ）が発足し，世界の冷戦時代の枠組みの中で40余年にわたる厳しい対立を経験，89年11月ベルリンの壁の開放，90年10月東ドイツの連邦共和国への吸収という形で統一にいたったのが10年前の帰結であった。

　分立から統一にいたる経緯を詳述することは割愛しなければならない。1990年10月3日，統一の式典がおこなわれた国会議事堂前の広場には，黒赤金の連邦共和国国旗とともにEC（ヨーロッパ共同体）の旗がゆらめいていたが，それは統一ドイツが，ヨーロッパの一員としての道を歩むという決意の表明であった。事実ECはまもなくEU（ヨーロッパ連合）という形で拡大強化され，通貨の統一まで実現して新しい歩みを始めたこと，そして統一ドイツがそのもっとも重要な一員としてその推進に寄与していることは，私たちが昨今の新聞やテレビの報道で体験したところである。

第Ⅱ部
ドイツの歴史散策

ライン遡行(そこう)

　ライン川の中・下流域（とくにコブレンツあたりから北）は、紀元1世紀前後以降、帝政ローマの支配領域ガリアと古ゲルマン社会の対峙(たいじ)する境界線であり、ドイツの歴史が古典古代と接し、まじわる格好の舞台であった。

　この川の下流地域から台頭したフランク族は、5世紀後半、（西）ローマ帝国滅亡の頃から勢力を拡大、メロヴィング朝クローヴィス王のもとに北フランスに重心を置く王国をラインの西側に形成した(→p15)。8世紀後半になるとカロリング朝カール大帝（シャルルマーニュ）の覇権がラインを越えてエルベの左岸におよび(→p17)、新しい西ヨーロッパ世界の枠組みをつくった。ドイツの地域を含む西ヨーロッパの歴史は、この頃から本格的な中世に入ってゆく。

　ライン川は、全長1320km、そのうちバーゼル（スイス）から河口ロッテルダム（オランダ）近郊にいたる800km（日本なら東京から岡山と広島の中間辺りまでの距離）は、現在では、2000t級（ケルンより下流は4000t級）の船舶が航行できる交通の大動脈である。バーゼルは、北海に通ずるスイスの港といわれるぐらいであり、ロッテルダムはヨーロッパ最大の港と呼ばれる。

　ラインの水運の重要性は、もちろん現代になって始まったことではない。すでに古代ローマの時代にも軍事的政治的に重要な交通路であったが、中世中期12・13世紀には、商業活動の隆盛にともなってその意義は飛躍的に増大した。鉄道もトラックもなかった前近代の水運の役割が、現在とは比べようもないほど大きかったことはいうまでもない。

　古代のローマ人たちは、早くも1世紀のうちにライン左岸にいくつもの都市(キヴィタス)——シュトラスブルク（ストラスブール）、シュパイアー、ヴォルムス、マインツ、コブレンツ、ボン、ケルン、ノイスなど——を建設していた。そのほとんどは、後年の中世の商人たちの本拠地、定住地となる「中世都市」として栄えるようになり、またマインツとケルン、さらに支流モーゼル河畔のトリーアなどは、ドイツの大司教都市として宗教的、政治的に大きな意義を獲得するようになる。

　ラインの流域には、おびただしい数の中世の城砦(ブルク)、城址が踵(きびす)を接し、数々の市内や僻地の聖堂、修道院も残っており、歴史を偲ぶ旅人を飽かすことはない。ライン、モ

ライン遡行 | 81

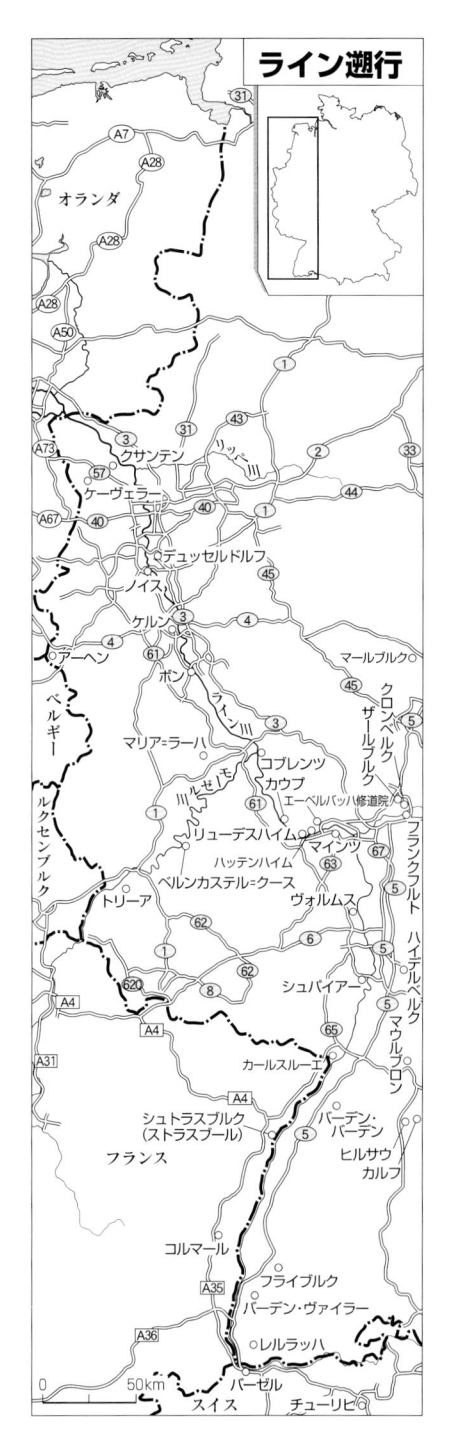

ーゼルのワインとともども楽しんでいただきたい。

クサンテン Xanten

　ライン川を遡り，ドイツに入って40km余り，デュッセルドルフからは60kmほど北のやや西寄りに，人口１万9000人ほどの小都クサンテンがある。郊外の古代ローマの遺跡がこのラインの旅の出発点となる。この地域には，すでに石器時代の人類の棲息もわかっている。

　ガリア総督カエサルの軍隊による占領とともに集中的な入植が始まり，帝政初期アウグストゥス治下の西暦前15年頃，ライン右岸のゲルマーニアにたいする作戦基地となる軍営が設置される。ライン川を見おろし，リッペ川の合流点からの船の往来も展望できる戦略上有利な台地であった。紀元９年，ここから出撃してライン川を越えたヴァルス麾下のローマ軍団は，トイトブルクの森でケルスキ族の首長ヘルマン（ローマ名アルミニウス）の率いるゲルマン部隊に惨敗。ローマ側は15,16年に再度攻撃を試みたが失敗し，以後ラインを境界とする守勢に転ずることになる。軍営はその後，何度も構築されたが，最後の段階のものは石造りで，その遺構がもっともよく残っている。

　軍営の近くには，手工業者や小商人，さらに退役兵士たちの集落が形成されて，軍営を支える機能を果たすようになる。軍営台地の北側に紀元１世紀頃のものらしき港と集落の跡が発見されている。

　紀元100年頃，皇帝トラヤヌスがこの都市集落に植民市の地位とコロニア・ウルピア・トラヤーナという名前を与えた。都市は，この地方の行政，商取引，交通上の中

[地図: クサンテン]
クレーン / 古代遺跡公園 / 闘技場 / 中世クサンテンの市壁跡 / ローマ時代の市壁跡 / 観光案内所 / ハーフェン門 / ヴィクトル像 / ハーフェン・テンペル（神殿）/ 聖ヴィクトル大聖堂 / クリムヒルト通り / 博物館 / ギュンター通り / ブルンヒルト通り / ジークフリート通り

心地となった。当時植民市の地位をもつローマ都市は，下ゲルマニアではほかにコロニア・アグリピナ（現在のケルン）（→p88）だけであった。

　市壁内の面積は約73ha，多いときは1万5000人ほどが住んでいた。住民はローマ化されたガリア人とゲルマン人で，ローマ軍団の退役兵士たちが加わっていた。新しい都市は，水道，運河網，道路などの基本的設備を備え，神殿，広場（フォールム），闘技場（アムフィテアーター）や市壁，門がつくられており，郊外に通ずる幹線道路には墓地があった。3世紀後半から4世紀中葉にいたるフランク人の侵攻によってローマ都市は消滅した。

　遺跡は，近年の発掘調査のあと，考古学公園として整備されている。発掘場所は，保護のためにふたたび埋められた場合もある。出土品の一部は，敷地内の小博物館に展示されており，また市壁や建造物も所々復原されているので，それらをながめながら散策を楽しんでいただきたい。

〈クサンテンの見どころ〉

　ハーフェン（港）門を通って市内に入る。この門は都市の東側にあった三つの門のうちの一つで，この門を通る通路が港を直接都市中心部に結びつけていた。市内に入り，少し歩くと神殿（部分的復原），闘技場，大きな木製のクレーンなどがすぐ目につく

●一部復元されたローマの神殿

であろう。

　古代の**遺跡公園**からは，その外側の南方向少し西寄りの丘上に建つ教会（**聖ヴィクトル大聖堂**）の塔を望見できる（公園南東の隅，闘技場の東側あたりからがよく見える）。この教会を中心とする集落が中世からの，そして現在に続く都市クサンテンである。一見してわかるように，古代ローマ都市とは直接には連続しない位置である。

　ローマ人の撤退にともない都市が荒廃消滅したあとも，南側郊外の墓地は残っており，紀元500年以降になると，フランク人の死者も葬られるようになる。752ないし768年頃，4世紀中葉に迫害され，惨殺されたと伝えられる2人のキリスト教徒の墓の上の小さな礼拝堂が改装されたとき，殉教者たちの石棺が見つかった。盛りあがった雰囲気のなかで，小教会堂の建設は原案以上に拡充され，800年以前には完成，そ

●聖ヴィクトル大聖堂

●聖ヴィクトル大聖堂内部身廊

の北西に接して修道院も設置された。

　教会の守護聖人ヴィクトルはテーベ（古代エジプトの都市）の出身，ローマ皇帝ディオクレティアヌス（在位284～305）の時代にクサンテンの近くで殺害されたと伝えられる。「クサンテン年代記」によると，863年，ノルマン人（ヴァイキング）の侵略に際してクサンテン聖堂の司祭長がその遺骨を守ってケルンに逃げたということで，少なくとも9世紀後半のこの時期にもこの聖人の遺体が非常に崇められていたことを示す記述である。**聖ヴィクトルの立像**は，今も大聖堂の入り口で私たちを見守っている。

　教会，修道院の周辺に形成された集落が後年の中世都市クサンテンのルーツとなった。クサンテン（ad Sanctus 聖者たちの場所）という地名が史料に登場するのは864年のこととされる。

863年のヴァイキングの攻撃は形成途上のクサンテンを大きく破壊するが，集落は徐々に復興，969年には三身廊の聖堂も完成し，ケルン大司教ブルーノ（オットー大

●ケーヴェラーの聖母巡礼

　クサンテンの西やや南寄り20km足らず，ケーヴェラーという小さい町に立ち寄ってみたい。現在でも年間50万とも80万ともいわれる巡礼者の訪れる所──巡礼の季節は毎年5月1日から11月1日までで，うまくすれば大行列に行き逢えるかもしれない。

　三十年戦争末期からその戦後の頃，「ケーヴェラーの聖母」（→p58）という銅版画を祀る聖なる小堂，ついで「恵みのチャペル（グナーデンカペレ）」と呼ばれる礼拝所を目あてにやってくる巡礼者の群れがめだつようになっていた。巡礼の発端は，1642年6月1日，ヘンドリック・ブスマンという行商人が神のお告げに従って聖画を祀る小さなお堂を建てたことに遡る。

　「縁起(えんぎ)」の語るところでは，ブスマンはその前年，1641年の降誕節の頃，ケーヴェラーという小集落近くの十字路で雨曝(あまざ)しの十字架に額(ぬか)ずいていたとき，3度にわたる神秘な，かつ切実な呼びかけを聞いた──この場所に私のために小さなチャペルをつくりなさい，と。1642年に入って妻のメッヘルも聖母マリアの幻に促された形で，移動中の軍団の1少尉から1枚の銅版画を請い

クサンテン周辺

84

帝の弟）が黄金のアンテペンディウム（祭壇の前面を飾る装飾）を寄贈している。

現在の**大聖堂**は、1190年に建築開始、1530年に完成したもので、ライン下流域でもっとも美しいゴシック教会堂とされる。西側正面のファサードが印象的。聖母マリアの主祭壇、1240年に遡る内陣の座席や修道院の回廊（1543～46年）、（旧）聖堂参事会受けていた。聖画はルクセンブルクの町を背景に「悲しみ嘆く者たちの慰め主」を描いた銅版画であり、アントワープで製作されたものであった。

じつは、妻メッヘルは最初2人の兵士たちが持っていた2枚の版画を、あるいはその1枚を譲り受けようとしたのだが、値段が折りあわずあきらめて帰宅したところ、信心を優先させたヘンドリックが出費を承知で妻をもう一度兵士たちの所に行かせた。兵士たちはその間に聖画をその少尉に譲渡してしまっていたので、メッヘルは少尉の所に行って2枚のうち1枚を貰い受けた、という話もある。この話からもわかるように、この種の版画は人気があって売買の対象にもなっていたのである。

ブスマンの小堂は、1654年には六角形の円蓋（えんがい）をもつチャペルに改築されて、今日私たちが見る姿になっている。それより前の1643～45年には、小堂から目と鼻の所に最初の巡礼者教会（聖マリア教会、ヴァルファールトキルヘ、燭（ケルツェンカペレ）チャペルとして有名）が建立されて、内外の巡礼行列を引きつけた。近隣の地はもちろん、アーヘン、トリーアなどからも、さらにネーデルラント、フランドルなどからも訪れている。プロイセン国王フリードリヒ・ヴィルヘルム1世は、1714年、福音派信徒（→p76）としてはおそらくはじめてこの地を訪れた。1728年には50ポンドの大燭と盾形紋章を運ばせ、38年には再度クーヴェラーに足を運んでいる。

●恵みのチャペル

●現代の巡礼者たち

聖マリア教会は、その後1858～64年にかけて大きく改築され、ネオゴシック・バジリカ式の会堂に5000人を集める巡礼者礼拝を続けている。集まったすべての民が、いわば聖母とともに祈り合うという「使徒行伝（しとぎょうでん）」が伝えるような体験を共有する礼拝であり、その情景や意図は、天井や内陣の壁画——迷える信徒たちも聖人たちも、生ける者も死せる者も同じように小羊の周りに集められている——にはっきりと描かれているという。

ライン遡行 | 85

室(現在は聖堂博物館)などが見どころである。

近接する**博物館**では，先史時代，古代ローマ都市の発展，大聖堂の建築史的発掘の状況，中世以降の都市の盛衰を今日にいたるまでたどることができる。

なお，中世のクサンテンは，主要な交易ルートのまじわる位置にあったことで繁栄したが，16世紀，ライン川の流路が変わったために直接の水路をなくして衰退した。

もう一つのエピソード。クサンテンは13世紀の叙事詩『ニーベルンゲンの歌』の英雄の１人ジークフリートの生誕地とされている。ニーベルンゲンの宝を奪ってクリムヒルトと結ばれたジークフリートは，ハゲンに謀殺され，宝はライン川に投棄される。妃クリムヒルトはフン族の王エッツェルと再婚して，その力で前夫の復讐を果たすという筋書きだが，ヴァーグナーの楽劇『ニーベルングの指環』で知っている読者が多いであろう。クリムヒルト通り，グンター通り，ブルンヒルト通り，ジークフリート通りなどを散策して中世文学のロマンに想いを寄せていただきたい。

デュッセルドルフ　Düsseldorf

クサンテンから60kmほど遡ったラインの右岸，デュッセルドルフは，200を超す日本企業が進出し，6000人近い日本人が居住する商都であり，また文化と芸術の町。詩人ハインリヒ・ハイネ(1797～1856)の生地として知られる。ラインの魅力を備えたモダンで優雅な雰囲気をもつ。

デュッセル川がラインにそそぐ河口にできた集落が，12世紀中葉に「デュッセルドルプ」という名前で言及されたのが史料初出とされ，1189年にはベルク伯領となり，1288年ヴォリンゲンの戦いのあと，同家から都市法(特権)を得て正式な都市に昇格した。(→p93) 1511～1609年までベルク公の宮廷所在地，一時期バイエルン領となったが，1806年以降，ナポレオン支配下でベルク大公領

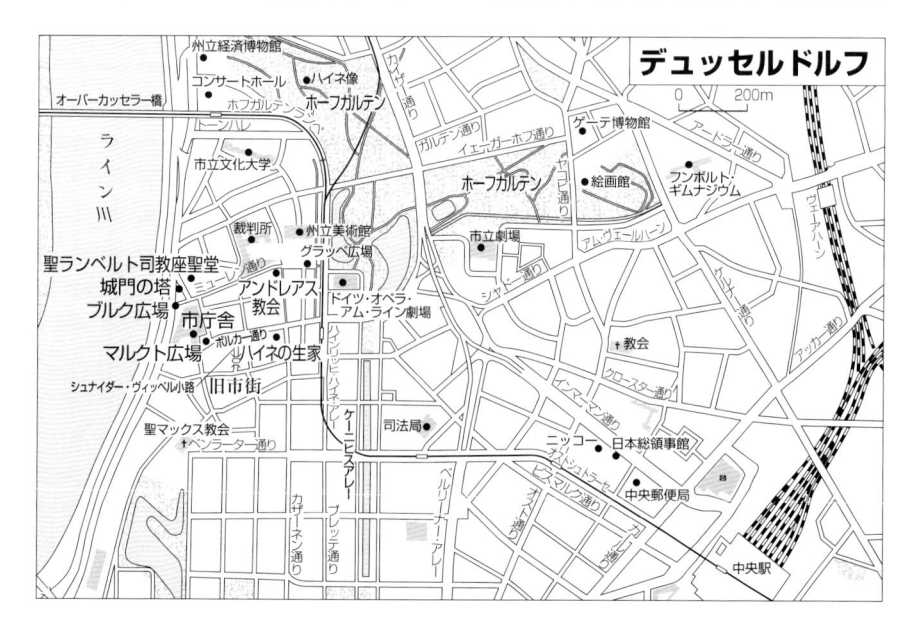

の首都，1814・15年のウィーン体制でプロイセンに帰属した。第二次世界大戦後は，アメリカついでイギリスの軍政下にあったが，1949年連邦共和国（旧西ドイツ）の成立によってノルトライン・ヴェストファーレン州の州都となった。

〈デュッセルドルフの見どころ〉

歴史散歩の中心は，中央駅から西，やや北寄り1.5kmほどの旧市街である。途中**ケーニヒスアレー**（通称ケー）という大通りを横切ってもう少し歩くと，地図を見ながらでも30分もあれば**マルクト広場**に出る。なおケーニヒスアレーの真ん中の堀は，旧市街の外郭にあたっていた。

広場に面してルネサンス様式の**市庁舎**(ラートハウス)（1573年竣工），その前の騎馬像は選帝侯ヨーハン・ヴィルヘルム2世（在位1690～1716，通称ヤン・ヴェレム）。開明的な経済政策（手工業組合制度(ツンフト)の改革など）を推進し，また芸術家たちのパトロンとして文化面でも貢献を残した選帝侯である。作曲家のヘンデルも1710年に侯をたずねている。侯が設立した**絵画館**の多数のルーベンス・コレクションは，後年（1805年）ミュンヘンに移され，同市のアルテ・ピナコテークの最重要部分を構成することとなった。

騎馬像から東に延びる小路ボルカー通り53番地（広場を背にして右側）に**ハイネの生家**がある。階下は店になっているが，階上外壁の詩人のレリーフを注意して見つけていただきたい。ボルカー通りから南に入り込むシュナイダー・ヴィッペル小路(ガッセ)という狭い横町には，昔の伝説の仕立屋ヴィッペルの家とされるものも残っており，楽しい散策の一角となっている。

マルクト広場の北，市庁舎背後のブルク広場には，**城門の塔**(シュロスリム)（現在は船舶博物館）が，選帝侯家の過ぎし日の栄光の名残をとどめる。そのすぐ後ろ，シュティフト広場には，ゴシックの**聖ランベルト司教座聖堂**(シュティフトキルヘ)がある。この教会は1288～1394年にかけて建立され，1629年まで侯家の墓所であった。教会は，72mの西塔によって都市デュッセルドルフの象徴，ランドマークの一つとなった。

ブルク広場からミューレン通りを200mほど，ノルトライン・ヴェストファーレン州立美術館の手前の**アンドレアス教会**は，イエズス会の修道院教会兼侯家宮廷教会として1629年に建立され，侯家の墓所となった。内陣の霊廟(マウソレウム)にはヨーハン・ヴィルヘルム2世が葬られている。教会堂の建築様式はルネサンスからバロックへの過渡期と説明されている。

現代都市の優雅な雰囲気を味わうには，**ケーニヒスアレー**のそぞろ歩きが最適であろう。堀と並木道の繁華街で，西側は銀行，オフィスなどのビル，東側には流行の先端をゆく高級ブティックやカフェが軒を連ねている。日本の商社，銀行，日本料理店が集中するインマーマン通り（通称日本人通り）を10分ほどで中央駅にもどる。

1856年に「ネアンデルタール人」の骨が発見されたネアンデルタール渓谷は，デュッセルドルフから直線距離で10kmほど東の郊外，車なら15～20分くらいであろうか。中央駅からバスも出ている。小さい先史博物館があって骨の複製を展示している（本物はボンの博物館に収蔵）。

ノイス　Neuss

ラインの左岸，デュッセルドルフのほぼ対岸に位置するノイスは，古代ローマの軍団駐屯地ノーヴァエシウムが淵源。中世に

はハンザ同盟にも属した都市であった。
（→p46）

アウグストゥス帝，ティベリウス帝（在位14～37）の時代，ライン右岸への攻撃基地として，エルフト川がラインにそそぐ河口近くに5度にわたる駐屯地の造営がおこなわれたが，1世紀前半の終わり頃につくられたのが最後となった。当初は木造で，のちに石造りになったもので，ほぼ発掘調査を終えている。

軍団駐屯地には，商工業者の集落が接しており，製陶，鉄や銅の精錬，織布業などを備えて軍団の補給機能を果たしていた。古代ローマの公共浴場（テルメン），神々の神殿があり，4世紀初期については，キュベレ（大地の神）の地下礼拝所なども見つかっている。

4世紀中葉には，上記の集落とは別に，現在の聖クヴィリン大聖堂（ミュンスター）のあたりに彼らの墓地があったらしい。ノーヴァェシウムはローマの滅亡後も存在していたらしいが，881年ノルマン人に破壊された。そして，10世紀には，現在の聖クヴィリン大聖堂の場所にベネディクト派の修道院ができ，12世紀に女子修道院に転用された。中世の都市ノイスはおそらくこのあたりに連なったと考えられている。中世の大聖堂建立の契機は，11世紀中葉，聖クヴィリンの聖遺骨が女子修道院長ゲーパによってボンから移葬されたことであった。大聖堂の地下聖堂（クリュプタ）の由来はこの時代に始まっており，聖人の墓への巡礼も大聖堂建立の理由となった。

現在の**聖クヴィリン大聖堂**は，13世紀初頭の建立。ライン沿岸地方の一連のロマネスク教会の中では最末期に属するもので，たとえば西側の塔にはすでに初期ゴシックの様相がはっきり認められる。会堂内の博物館では，ローマ時代の出土品や都市史関係のコレクションを参観できる。

ケルン Köln

ケルンは後述のトリーアなどとともに，「古代から中世」への旅を考えるルートのハイライトといってよいであろう。

現在のケルンは人口90万人ほどの大都会だが，中世都市は一般に狭小で，中世ドイツで最大のこの都市でも南北せいぜい3km弱，東西が1.5kmぐらいの半円形にすぎなかった。
（→p35）

ケルンの歴史は古代ローマ人と接するところから始まっている。カエサルが紀元前50年頃ローマの支配地をライン河畔まで押し進め，親ローマ派のゲルマン系ウビー族を同盟者として獲得したところから，ケルンは史料にあらわれる。ウビー族は，将軍マルクス・ヴィプサニウス・アグリッパ（前63頃～前12，アウグストゥス帝の娘婿）のもと，ゲルマン圏のライン右岸からローマの支配する左岸に移住した。前38年頃オピドゥム・ウビオールム（ウビー人の集落）が形成され，ほどなくアーラ・ウビオールム（ウビー人の祭壇）の名でこの地方の宗教的中心となった。1965年建設作業中に発見された「ウビー・モニュメント」と呼ばれる四角の塔は，紀元後1世紀初期のものと確定され，アルプス以北では最古のものとされている。
（→p14）

紀元48年，ローマ皇帝クラウディウス1世（在位41～54）は，この地方で生まれたユーリア・アグリピナ（15～59，将軍ゲルマニクスの娘）と結婚した。皇妃は生地に自分の名前を冠した都市がほしいと願っていた。帝は紀元50年頃，この地に最初の防壁を建設してローマの退役兵士を住み込ませ，商人や職人も住む都市集落が形成された。

帝は皇妃の願いを容れてこの集落をローマの植民市(コロニア)に昇格させるとともに，妃の名前も入れてコロニア・クラウディア・アーラ・アグリピネンシウム（碑文などではCCAAと略称）と名づけた。その後しだいに簡略化されてコロニア・アグリピナなどとも呼

● **母子の相剋**
――アグリピナとネロ皇帝

　ケルンの形成に大きくかかわった皇妃アグリピナは，当時のローマの政治世界では日常茶飯事の一齣(ひとこま)であったとはいえ，あまりにもすさまじい波瀾に満ちた生涯を生き，悲劇の最後をとげた女性であった。クラウディウス帝の妃となる経緯(いきさつ)もすさまじかったが，皇妃となるやさっそく権勢をふるい，かつての競争者を追いつめ追い落とした。生地に自分の名前を冠した都市をと望んだのも，その強い自己顕示欲の発露であった。

　クラウディウス帝には，すでに以前の妃との間にできたブリタニクスという皇子がいたが，アグリピナは，自分の連れ子であるドミニテウスを何としても，そして1日も早く皇帝にしたいと考えた。元老院に働きかけ，帝に迫り，ドミニテウスと帝の娘オクタヴィアとの婚姻を成立させ，さらに帝の養子とさせることで，帝位の後継者たる地位の確保に成功した。つぎのステップは，夫たる皇帝の殺害である。

　タキトゥス『年代記』を抜粋(ばっすい)しよう。「周到な毒殺計画が立てられた。奸策(かんさく)の暴露を恐れて即効性の劇薬は避ける。しかしじわじわと衰弱させる軽い毒を選ぶと帝が死期の迫った頃，罠(わな)に気づいて実の息子への愛情にかたむく恐れがある。そこで精神を錯乱(さくらん)させながら死期を遅らせる薬を使うことが決まった。毒物は美味な茸(きのこ)に盛られて運ばれた。クラウディウスが嘔吐(おうと)しはじめたので，あわてたアグリピナは，あらかじめ共犯を約束していた侍医を呼ぶ。彼は帝が食物を吐くのを手伝うと見せて効力の早い毒物を塗った羽毛を喉の奥に突っ込んだ……」

　ドミニテウスが即位，有名な皇帝ネロである。新帝ネロと皇母の確執を詳述する紙幅はないが，ネロが解放奴隷の女と恋仲になったことに母親が癇癪(かんしゃく)を起こしたり，自分の意のままにならなくなった息子にいらだつ母親が，今度は継子にあたる先帝の息子ブリタニクスを皇帝にしようと画策したことが露見してネロがその義弟を毒殺したり，ついにアグリピナのほうが子殺しを企てるにおよんでネロが逆襲することとなる……。そのうえ両者は母子相姦関係にあったという噂もあって事態はいま一つややこしい。

　『年代記』はつぎのように記している。別荘の寝室に乱入した刺客の1人が棍棒でアグリピナの頭を一撃，もう1人が剣をぬくと，彼女は下腹を出して「お腹(なか)を突いてくれ」と叫び，傷だらけになって息を引き取った。別伝では「ここを突いておくれ。ここからネロが生まれたのだから」と叫んだという。遺体はささやかな野辺送りのあと，荼毘(だび)に付された。

　かつてネロについて占いを頼まれた占い師が「ネロは皇帝になるであろう。そして母親を殺すであろう」と答えたのにたいし「ネロが皇帝になるのなら，私は殺されてもよい」と言ったとも伝えられるが，真偽のほどはわからない。

ばれたが，5世紀になるとコロニアだけになり，それが今日のケルンの語源となった。

植民市は，ローマ属州下ゲルマーニアの軍事的中心として栄え，2〜3世紀には，人口3万人に達したといわれる。

古代の市壁は，すでに1世紀の70年代には完成し，9つの市門と21の塔をもち，高さ8m，1辺がおよそ1km，ほぼ正方形に都市を囲んでいた（地図参照）。ツォイクハウス通りの**ローマの市壁**，中央駅前広場の**ローマの北門**，ツォイクハウス通りと聖アペルン通り角の**ローマの塔**などが見どころであろう。

アイフェル山地を水源とする80kmにおよぶ水道橋も設置され，地下水路（下水道）もあって地下排水システムまで配慮されていた。**新市庁舎**の地下に行くと古代下水道の一部と，それが現在の下水道にもうまく利用されているようすを垣間見ることができる。

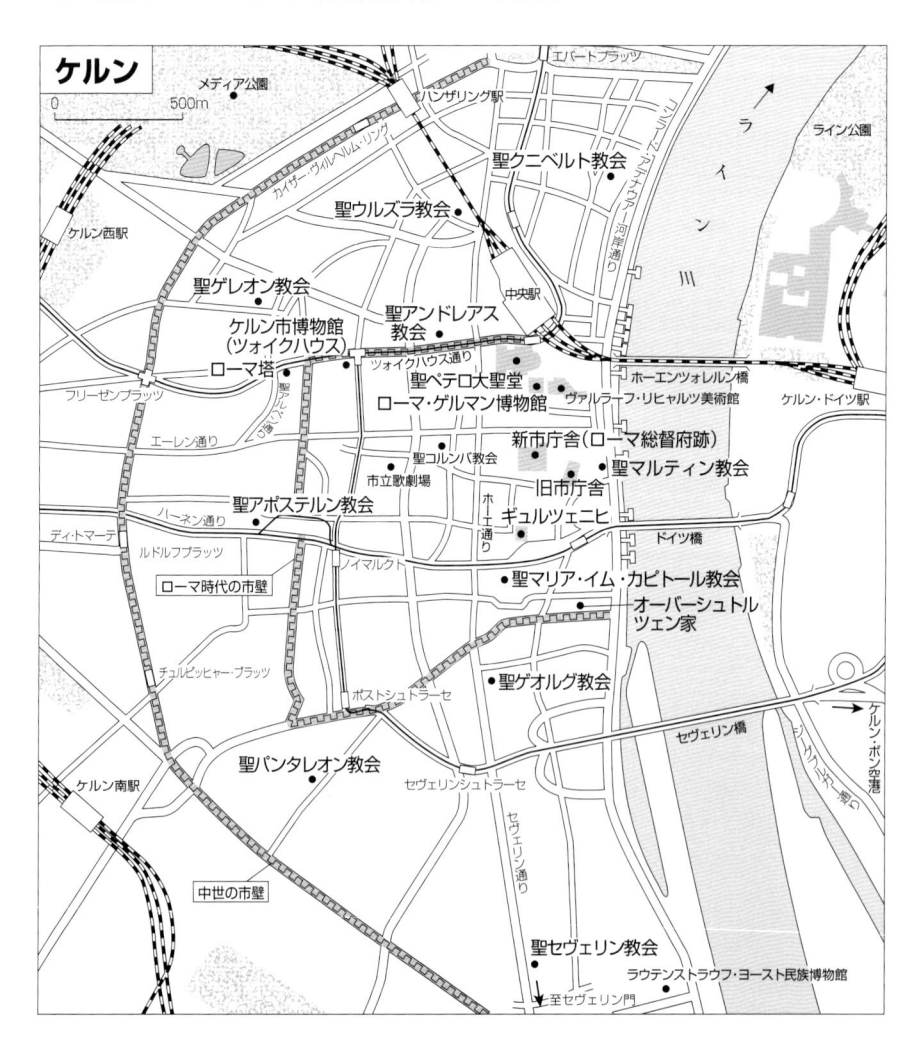

●メルカトールのケルン市街図　メルカトール図法で名高い地理学者ゲルハルドゥス・メルカトールの息子アルノルトが，市参事会の委嘱で1517年につくったケルン最初の市街図。ラインの川岸に蝟集する商船や工事中断中の大聖堂なども克明に描き込まれている（ケルン市立文書館蔵）。

道路建設については，いうまでもなくローマ人らしい成果が残されている。当時のケルンは，帝国の遠隔地道路網に直接結びつけられていた。都市の主軸は，当時も今と同じ，**ホーエ通り**（シュトラーセ）であった。現在もケルンの代表的ショッピング通りでオーデコロンの本舗もある。この大通りは，古代以来ほとんどその道筋を変えていない。**セヴェリン門**を通って南下する街道は最終的にはローマに通ずる軍道の一環であった。

　下水道が見られる同じ新市庁舎の地下では**ローマ総督府**（プラエトリウム）の遺構も見ることができる。属州ゲルマーニア統治の中心であった。コンスタンティヌス大帝（在位306〜337）もここで統治をしたことがあった。この時期に帝は，ライン右岸，現在のドイツ（Deutz）の地に**城砦**（カストルム）を建設し（310年），ラインをまたぐケルン最初の橋をつくっている。

　1941年，第二次世界大戦のさなか，防空壕を掘る作業中に発見された**ディオニソス・モザイク**にはぜひとも言及しなければならない。広さ7.5×10m，何百万枚もの小さな石とガラス片を組み合わせた床面で，古代の上流階層のステイタスシンボルとして富裕な市民の邸宅食堂を飾ったもの，真ん中にギリシア神話のディオニソス（酒神バッカス）を描き，当時のローマ貴族や市民の華美な生活を謳歌する構図になっている。2世紀頃の作というこのモザイクは，アルプス以北ではもっともよく保存されたものの一つとされる。

　このローマ市民の家の床をうまく組み込んで建てた**ローマ・ゲルマン博物館**では，数々の展示をとおして，1700〜2000年昔の人びとの生活をよく理解できるように工夫している。中央駅の真ん前にそびえる大聖堂のすぐ南隣という近さでもあり，ぜひともたずねていただきたい。

　博物館の展示品からもわかるように，古代のケルンでは独自のローマ・ガラスも製造されて，帝国の全域に，また域外にまで輸出されていた。（→p13）

　ローマ都市の市門から郊外に通ずる幹線道路沿いにはローマ人の墓地があったが，この関連で耳目を引いたのが一つの独特な**柱石墓碑**（プファイラーグラープ）の発見であった。**ポブリキウスの墓碑**と称するローマ第5軍団の一将校の墓碑記念像で，この種のものでは帝国の北部で最良質と評価されている。ローマ・ゲルマン博物館のディオニソス・モザイクの上あたり，入場者がすぐに気づく所に復原展示されている。

　墓地といえば，博物館から南へ2kmほど，**聖セヴェリン教会**の下にはローマ人，フランク人混合の墓地が見出されている。ローマ人墓地の上に，初期のキリスト教徒たちが仲間の死者たちを埋葬し，その場所にいくつかの小さな殉教者記念礼拝堂を設立した。これらの礼拝堂がルーツとなって，後年聖セヴェリン，**聖ウルズラ**，**聖ゲレオン**の諸教会が形成されることとなる。なお司教座が設置され司教の名前が史料にあらわれるのは313年以降であった。

　4世紀になるとフランク勢力がローマ系先住民を圧迫するようになり，後者の多くが市内から撤退しはじめていた。残留者の中心は，キリスト教の聖職者とその生活を支える召使いや職人たちであったらしい。

　5世紀末，メロヴィング朝のクローヴィス王がフランク族を統一する頃にはケルンもその支配下に入る。グレゴリウス司教の記述によれば，クローヴィスはこの地の**聖ゲレオン教会**で統一フランク国家の王に（→p15）

選出された。トゥール・ポワティエの戦いで侵入したイスラム軍を破ったことで歴史に名を残した宮宰カール・マルテル（→p16）もこの地に住んだことがあると伝えられる。

カロリング朝のカール大帝（シャルルマーニュ）（→p17）はケルンを大司教区に昇進させた。その頃最初の大聖堂の建造が始まり870年に落成したとされる。オットー大帝の弟，大司教ブルーノ（在位953〜965）（→p23）は，10世紀に皇帝の教会**聖パンタレオン**を建てた。現在に残る数少ないオットー朝期の教会堂の一つである。

11世紀は，とりわけても大司教アンノ2世（在位1056〜75）の主導で，空前の教会堂建築・改築ラッシュの時代となった。**聖マリア・イム・カピトール**，**聖ゲオルグ**，**聖アポステルン**，**聖ゲレオン**などケルンのロマネスク教会のほとんどは，この数十年のうちに着工されている。もちろん長期にわたる工事期間の間に様式の混合も起こった。明確な事例は**聖アンドレアス教会**で，ここでは，ロマネスクの本体部分にゴシックの内陣が接続する。**(大)聖マルティン教会**の力強くそびえる四角の塔（身廊と翼堂の交差部フィーリング，1220年完成）は，ゴシックへの接近を予告している。1247年竣工の**聖クニベルト教会**が最後のロマネスクとなる。典型的なゴシックの大聖堂ドームの礎石が置かれる1年前であった。

ところでケルンの大司教は，10世紀中葉のブルーノ以来，世俗の支配者，それも帝国の国政にまで関与する強力な支配者でもあった。この時期にライン河畔（マルティン地区）（→p24）に定住しはじめた商人集団は，当初は大司教の庇護を恃んで活動した。しかし富裕な商人層を中心とする**市民**たちは，その富の増加とともに，政治的自立を志向

●聖マルティン教会

しはじめ，都市領主である大司教に反抗するようになる。1074年の市民蜂起は大司教アンノーが市内の商人の持ち船を恣意的に収用しようとしたことにたいする市民の反乱であったが，鎮圧された。

大司教と市民の対決は，その後も叙任権闘争の過程ともからみながら進行し，12世紀（→p25）に入ると，軍事的に組織された有力市民を中心とする市民の共同体が形成され，まず国王の，ついで都市領主たる大司教の承認を獲得して，大幅な自治権を掌握，市民の力による防御市壁を構築するまでになり（市壁の拡大）（→p35），1200年頃には6kmにおよぶ半円の新市壁を完成させていた。12の市門をもつ市壁で当時最大の防御施設とされ，約4万の市民を守っていた。

1288年ヴォリンゲンの戦いで大司教ジークフリート（在位1275〜97）がベルク伯アドルフに敗れてケルンを去ったのち，都市ケルンは大司教の支配を脱し，事実上，帝国にのみ服する自由都市の地位を獲得した。**旧市庁舎**内のホールにかかっている**市民の凱旋図**（複写）は忘れないで見ておいてほしい。現在にいたるまでケルン市民の誇りである。

14世紀の後半になると手工業者たちの勢

ライン遡行 | 93

●中世期のセヴェリン門。この道を南（手前）方向に行けば、ローマに通ずることになる。

●旧マルティン地区の商家。多くの商人たちが川に近くもっとも便利なこの地区に競って螺集して居を構えたため，1軒1軒の間口が非常に狭くなっていることに注意。京都の町屋を想い出す。

●ケルン旧市庁舎の正面。現在でも主として市の迎賓館として使われている。婚姻の宣誓・登録もここでおこなわれる。

力が増大し，1396年には彼らを主勢力とする「ガッフェル体制」という組織が成立して，市参事会員の選出に大きく関与するなど，市政の民主化に寄与している。

市内には往事の市民たちの支配や活動の名残も復原を含めていくつも残されている。素晴らしいルネサンス様式のホールを備えたゴシックの**旧市庁舎**（前出）をはじめ，市参議会が皇帝や国王たちを接待した**ギュルツェニヒ**（市の公館）やライン河畔**マルティン地区**に並ぶ商人の家々など，散策の目当てはつきないであろう。ケルンで唯一残る13世紀以来の上層市民**オーバーシュトルツェン家の旧居館**は修復中で，博物館ないし展示場になる計画と聞いた。

ドイツ最大の教会建築（現在塔の高さではウルムが最高）としてあまりにも有名な現在の**聖ペテロ大聖堂**（→p39）は，1248年大司教コンラート・フォン・ホッホシュターデンのときに着工，完成までに数百年を要した。皇帝バルバロッサ（赤髭王）（→p30）の贈り物として，1164年ミラノから移送された東方三博士の聖遺骨の聖所として，焼失した旧聖堂にかわる新しい大会堂をと考えたのが建築の契機であった。ちなみにこの場所には，非キリスト教時代のローマの神殿の痕跡や，初期キリスト教の教会施設の跡も確認されている。

新しい聖堂は，すでに20年余り前に完成していたパリ，アミアン，ランスなどフランスのお手本にならって巨大な司教座大聖堂（カテドラル）となる計画であった。1320年に内陣が完成，22年に献堂式がおこなわれたがそのあと工事は遅滞し，未完成部分は仮の壁でふさがれたまま半世紀以上も放置されていた。1500年頃には七つの丸屋根をもつ北側廊だけが完成していたが，まもなく工事は資金不足もあって再度完全にストップ，300余年にわたって，先端に建築クレーンをつけた巨大なトルソが都市ケルンの景観の一部となっていた。16世紀のメルカトール（息子）のケルン市街図にもその様相がはっ

きり描きこまれている。

19世紀になると中世フィーバー。新ゴシック様式の流行する世相の中で、未完の大聖堂がみなおされ、プロイセン政府の財政援助も得て1842年に工事を再開した。工事は、その間にダルムシュタットやパリで偶然見つかった13世紀の企画書を厳密に踏襲し、柱もアーチも飾り切妻(ヴィムペルク)も彫像群もすべてがゴシックの規範に従ってつくられた。1880年に完工、献堂式には皇帝ヴィルヘルム1世も臨席した。
(→p76)

奥行144m、幅45ないし86m、高さ156mの塔をもつ巨大な会堂の内部を丁寧に見学すれば1日中かかっても足りないであろう。詳細は美術史・建築史関係のガイドブックにゆずって、ここでは二、三の見どころだけを示唆しておきたい。

東方三博士の遺骨をおさめた**聖遺物箱**は主祭壇の後ろ、黄金の大きな箱なのですぐ見つかる。主祭壇に向かって左側、内陣の北側にはいくつかの小チャペルがあるが、まず手前の通称十字架(クロイツ)チャペルには**ゲロの十字架**と呼ばれる「磔刑(たっけい)のキリスト」がかかっている。970年大司教ゲロの寄進したもので——10世紀という早い時期にはめずらしい——死体となったイエスをリアルに表現した彫像である。その後方、秘蹟(サクラメント)のチャペル(カペレ)の**ミラノのマドンナ**を訪れる人も多い。主祭壇の右手（南側）、マリアのチャペル(カペレ)では、16世紀ケルン派の巨匠シュテファン・ロホナーの**賛美礼拝する三博士たち**が、そしてチャペルの西にはその博士たちの聖遺骨をミラノから持ち帰ったライナルト・フォン・ダッセル大司教の墓碑がある。

健脚な読者には、大聖堂南の塔、509段の階段を登ることをぜひともお勧めした

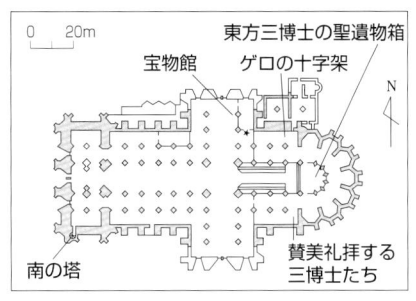

●ケルン大聖堂平面図

い。途中九つの鐘をもつ鐘楼を通り過ぎるが、この聖ペテロの鐘は振り動かすタイプのものでは世界最大という。最上階から市内を見おろす景観は素晴らしいが、とくに見てほしいのは、中世都市発祥の場所旧マルティン地区の鳥瞰(ちょうかん)（塔から東側ライン川のほうを見おろす）である。私自身はこれを見たくて老骨に鞭打って昇ったことを想い出す。

中世ドイツ最大の都市ケルンも、近世に入ると大航海時代に始まる商業流通路の重心移動で往年の活気をなくし、18世紀末には自由帝国都市の地位を喪失した。19世紀の工業化による新しい工業化の波の中で急速に拡大し、現在では人口90万人余り、商工業・交通・文化の中心として、またカーニバルの町として活気を取り戻している。

アーヘン　Aachen

ラインをさらに遡る前にちょっと寄り道をしてアーヘンをのぞくことも、古代から中世、とくに初期中世に興味をもつ旅人にとっては欠かすことのできない魅力であろう。ケルンからほぼ西へ70km余り、特急列車なら40分ほどのアーヘンは、カール大帝(→p17)が好んで晩年を過ごした地であった。一言つけ加えておくと、「フランク王国の首都」ということではない。この時代のドイツで

ライン遡行 | 95

アーヘンの地図

- カロリング博物館
- マルクト広場
- 市庁舎
- 宝物館
- 大聖堂
- ミュンスター広場
- ヤーコプ通り
- ベンデル通り
- クラインマルシェ通り
- 中世の市壁
- テルメン通り
- 中央駅

は，近代国家のような「首都」という概念はまだなく，国王の移動する所にいくつもの王宮所在地があったことにも留意しておきたい。

アーヘンは古いケルト人の定住地であった。今日の**ミュンスター広場**のあたりに温泉が見つかっており，ケルトの守護神グラヌスの聖所があったと推定されている。ローマ軍団の駐屯により温泉はローマ特有の公共浴場(テルメン)となり，「アクヴァエ・グラニ(グラヌスの泉)」と呼ばれるようになった。

フランク時代に入ると，しばしば国王たちの居住地となり，中でもカール大帝はこの地を愛好し，814年彼自身が建てた同地の王宮(現在市庁舎の建つ場所)で息を引き取った。王宮礼拝所(プファルツカペレ)(今日の大聖堂(ドーム))に埋葬

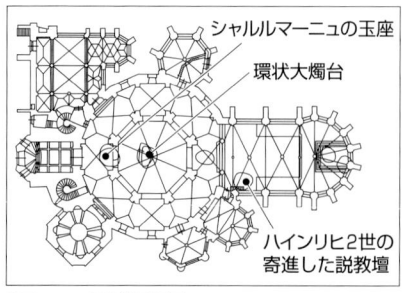

●アーヘン大聖堂平面図
- シャルルマーニュの玉座
- 環状大燭台
- ハインリヒ2世の寄進した説教壇

されている。**大聖堂**には後年のオットー3世帝の墓もある。(→p19)

この大帝の大聖堂では，936年(オットー1世)から1531年(フェルディナント1世)にいたる間に30人のドイツ国王・皇帝が即位戴冠の儀式をおこなっており，この行為は，中世をとおし王位(ないし皇位)継承の重要な，時には必須の要件と考えられていた。

オットー大帝の事績にかんするもっとも貴重な史料を残したコルヴァイの修道士ヴィドゥキント(→p23)は，936年，王位に即いた大帝が，司教たちに導かれてシャルルマーニュの玉座(→p22)に着座すべく螺旋(らせん)階段を登るようすを，「王は大理石の石の柱の間にすべての人びとを見ることができ，またすべての人びとが王を見ることができた」と報じている。私たちは，18本のがっしりした柱に支えられた大聖堂の八角形の半球天井の下に立って中世の歴史の数々に想いを寄せることとなる。

頭上の豪華な環状大燭台は1160～70年の頃，フリードリヒ1世赤髭王の寄進になるものという。宝物館(シャッツカマー)(→p30)には有名なロタールの十字架(10世紀末)や教会堂の形をした聖遺物箱(1220～40年)，カール大帝の胸像聖遺物箱(1349年にカール4世帝が自身の戴冠記念に寄進。カール大帝の頭蓋骨(ずがいこつ)が入っているという)などが収蔵されている。

市庁舎(ラートハウス)は大聖堂の北200m，マルクト広場を見おろすように建っている。もともとカール大帝の王宮のあった場所で，14世紀以降ゴシック様式に改築された。東塔グラタス塔はかつての王宮の一部であった。階上の帝国の間(ライヒスザール)が見どころで，歴代国王の戴冠記念宴会場として使用された。広間に残る一連の壁画(19世紀)の中でも「オットー3世帝，シャルルマーニュの霊廟を開く」

と題するものが有名。

　市庁舎の向かって右背後に「カロリング時代の植物」と記した小さな坪庭のあったのが，「万葉の庭」などを想わせる趣向で興味深かった。

　都市アーヘンは，もともとカール大帝の王宮の周辺に発達し，フリードリヒ1世赤髭王のもとで都市特権を獲得，1166年帝国都市となり，12世紀末と14世紀の2度にわたって市壁を完成した。中世期の経済的繁栄を支えたのは，商業と毛織物業で，市の周辺では牧羊もおこなわれた。

　1530年頃，宗教改革を導入して皇帝と対立，16〜17世紀の宗教戦争，三十年戦争の戦禍で没落，そのうえ1656年の大火で町の90％を焼失した。フランス革命軍に占領されたあと，ウィーン会議の決定でプロイセン領となった。第二次世界大戦でも65％におよぶ戦災をこうむっている。

ボン　Bonn

　人口31万2000人足らずの中都市。分立時代の連邦共和国（西ドイツ）の暫定首都であった。1949年に首都と決まった頃にはもっと小さい控え目な大学都市（人口11万人ほど）で，連邦村_{ブンデスドルフ}とか首都村_{ハウプトドルフ}などと揶揄され

● トゥルネー
　　　——クローヴィス王の生誕地？

　アーヘンでカロリング時代を堪能した旅人は，前王朝メロヴィングの地のことも気になるであろう。ライン沿岸からは少しはずれるが，アーヘンからでもそれほど遠くないので，ベルギー南西部，フランスとの国境に近いトゥルネー（フラマン語ドールニク）にも足を延ばしてみたい。スヘルド川に臨む人口3万5000人(1978年)の小都。

　この町もまたローマ人の創設でトゥルナクムと呼ばれた。5世紀には一時期メロヴィング朝諸王の宮廷があり，クローヴィス王もこの地で生まれたと伝えられるが確証（→p15）はなく，誕生の場所も特定できない。ただトゥールのグレゴリウスの記述を信用すれば，父王キルデリクは，482年トゥルネーで死に，この地に埋葬されている。

　一番の見どころは**大聖堂ノートル・ダム**_{カテドラール}。ベルギーでもっとも重要かつ美しい教会堂とされる。四つの塔が特徴的で遠くからでもすぐわかる。12〜13世紀の建立で，身廊は重厚なロマネスク，後方の内陣は優美なゴシック様式，正面薔薇窓のステンドグラスが美しい。

　時間があったら三角のマルクト広場に建つ高さ72m，ベルギー最古の**鐘楼**_{ベルグタード}(12〜14世紀)や**織物会館**(1610年のルネサンス建築)，**聖クヴェンタン教会**(12世紀頃)，13世紀の名残をとどめる**トゥル橋**_{ポン・デ・トゥール}などに立ち寄りながら散策を楽しんでいただきたい。ちなみにこのスヘルド川を境に，その東側まではかつて神聖ローマ帝国の版図とされた時期もあったことを付言しておこう。

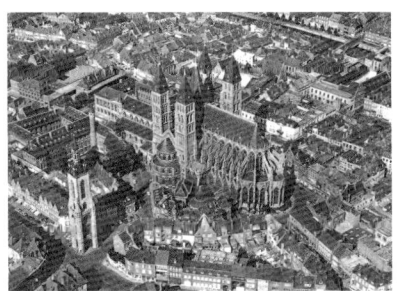

● トゥルネーの町の鳥瞰

ライン遡行 | 97

たが，1969年以降，南接するバート・ゴーデスベルクなどを合併して首都機能を整備拡充してきた。ケルンから急行列車で20分，なによりもベートーヴェンの生誕地として知られる。

この地域は，もともとケルト人の定住地（地名ボナ）であったが，紀元1世紀のローマ帝政期にはローマ軍団の駐屯地となり，ボナ城砦（カストルム）と呼ばれた。前12年に将軍ドルスス（前38～前9，ティベリウス帝の弟）がライン川沿いに設置した50ほどの軍団駐屯地の一つであった。城砦は一辺500mの正方形で，現在の旧市街北側から北500mほどの位置にあった。城砦の南西隅には，紀元8世紀末以前に聖ペテロ教会（通称ディエト教会）が建てられ，城砦がさびれたあとも，教会のかたわらに発生した都市は，中世をとおして存続した。

この城砦の南1㎞，現在のマルクト広場の東，ライン川の近くに通称酒場（カナバエ）と呼ばれる商人，手工業者，原住民などの住む集落もできていた。

フランク族の侵攻，ローマ軍団の撤退という経緯の中で，城砦部分は徐々に衰退するが，その間，8世紀かそれよりずっと前から，カナバエの南西部，現在の**大聖堂**（ミュンスター）の位置に，聖カシウス・フロレンティウムと呼ばれる修道院教会ができていた。カシウス教会の前には教区教会聖マルティンも建立され，それらが後年の大聖堂に連なることになる。大聖堂のすぐ近く今日の**レミギウス通り**に並んで遠隔地商人たちの小さな居留地が形成され，そこから中世の都市へと発展してゆくが，その経済活動はケルンなどのそれと比べれば，はるかに控え目なままにとどまった。

ボンが政治的にも重要になるのは，1265年に（ケルン）大司教座の所在地となった頃からであった。フリードリヒ3世（美王，対立皇帝在位1314～30）は1314年に，カール4世は1346年にボンの大聖堂で戴冠式をおこなっている。（→p42）

近世になると歴代ケルン大司教（選帝侯）の居住地として発展，1601年フェルディナント侯はボンを選帝侯領政庁の所在地に定めた。18世紀には建築好きなヴィッテルスバッハ家出身の選帝侯たちのもとで**選帝侯宮殿**（レジデンツ）（1697～1725年，今日の大学本部），**市庁舎**（ラートハウス）（1738年）などが建ち，町のバロック化が推進された。

1794年，ボンはフランス革命軍に占領され，1815年のウィーン体制ではプロイセンに帰属した。

見どころの第一は，上述の**大聖堂**。ライン地方でももっとも重要なロマネスク建築（とくに東側の内陣部分と塔）の代表事例であり，北方ヨーロッパでも第一級に属するという。さらにほかには，**ベートーヴェンの生家**にも行ってみたい。1770年に生まれ22歳まで住んだ住居は，1889年以来博物館として楽聖関連の貴重なコレクションを収蔵している。

コブレンツ Koblenz

ボンからラインを遡行すること70km余り，モーゼル川がラインにそそぐ合流点にもローマ軍団の大事な拠点があった。前9年頃モーゼル川の渡河点に設けられた城砦(カストルム・アド・コンフルエンテス，「合流点の城砦」の意)が今日のコブレンツのルーツである。

城砦に連接して発達した商人集落は，民族大移動時代(4世紀後半〜5世紀初め)に破壊された。聖母教会(リーブフラウエンキルヘ)牧師館の中，聖フローリン教会内陣の下あたりなどに，集落の名残が残されているという。ローマ軍団城砦のあった場所には，1276〜89年頃，中世の城砦(ブルク)が建設され，後年拡充されてトリーア選帝侯の城館(シュロス)(現在市立図書館(シュタットビブリオテーク))となった。

コブレンツは，6世紀には完全にフランク人の支配下にあり，王宮も設置されていた。1018年，ハインリヒ2世帝(→p25)が王宮とともに市場開設特権をトリーア大司教ポポ(→p102)に与え，その後トリーア大司教領(選帝侯領)の中心都市として発展，13世紀になると歴代の選帝侯がたびたび市内の城館に，あるいは対岸**エーレンブライトシュタイン城**(のちのプロイセンの要塞)に滞在している。

最後の選帝侯クレメンス・ヴェンツェスラウス(在位1768〜1812)がフランス革命期の亡命貴族を援助したため，1794年革命軍の進攻にあたって厳しい処断を経験。1815年のウィーン体制ではプロイセン領に編入された。

〈コブレンツの見どころ〉

市内散策の見どころは，いくつかの教会堂と選帝侯の宮殿などであろう。往時の**修道院教会聖フローリン**(現在新教の教区教会)は，1100年頃ロマネスク様式で建立，1356年にゴシックの内陣を拡充した。**聖母教会**は中世以来都市コブレンツの中心的教区教会で，ローマ期，カロリング期の土台の上に1180年頃から13世紀初頭にかけて建立，その後の増改築の過程で，当初のロマネスクにゴシック(内陣など)が加えられ，17世紀末期には2つの塔にバロックの屋根を冠するなど，いくつもの建築様式を識別できる。

時間が許せば，**ドイチェス・エック**と呼ばれるライン，モーゼル両河にはさまれた三角州の突端にも行ってみたい。中世の昔(1216年)ドイツ騎士修道会(ドイツ騎士団)(→p46)がこのあたりに居館を構えた。建物は1944年に破壊されたが，収蔵中の9万点にのぼる羊皮紙文書，2万9000点の地図類，1万9000巻の書籍などは，エーレンブライトシュタイン要塞に移されていて難をまぬがれた。

1897年同所に建立された皇帝ヴィルヘルム(→p76)の騎馬像も第二次大戦末期(1945年3月)，粉砕(ふんさい)された。戦後の1953年，時の連邦共和国大統領ホイスが，残された台座にドイツ全州の紋章を刻むことでにじませた統一ド

●マリア=ラーハ修道院

●マリア=ラーハ修道院内に捧げられた燭燭

イツの願望は37年の歳月を要して実現した。

マリア=ラーハ Maria Lach

　コブレンツの西北西，直線距離にして25kmほどの所にラーハー湖(ゼー)というちょっとめずらしい湖がある。かつての火山活動の結果噴火口にできたほぼ円形の湖で，長径2.4km，最大幅1.9kmと比較的大きいが，水の流れ出る川が一つもない。森の中の湖畔の眺望も美しいが，ぜひとも案内したいのが湖の南西岸側に建つ素晴らしいロマネスクの教会堂，ベネディクト派の**マリア=ラーハ修道院**(アプタイ)である。

　1093年，ライン宮中伯ハインリヒ2世フォン・ラーハが修道院と付属する教会堂の建築を開始し，1230年頃に完成した。教会堂は二つの内陣と翼廊をもつバジリカ様式で生粋のドイツ・ロマネスク建築の一つといってよいであろう。外観はほとんど往時のまま保存されており，周囲を睥睨(へいげい)するかにも見える堂々たるたたずまいはちょっとお城のようでもある。

　内部では12世紀の丸天井がよく残されている。後期ゴシックのフレスコ画のめだつ西側内陣には，寄進者ハインリヒ宮中伯の初期ゴシック風の墓碑が，彩色された木彫，等身大の横臥像ともども保存されている。もう一つの見ものは，東内陣の祭壇を飾る**天　蓋**(バルダヒーン)——13世紀第3四半期に由来する独特な六角形の天蓋である。

　修道院は，1802年フランス革命の余波でいったん廃棄されるが，92年ベネディクト派の修道士たちがこの地に再入植し，1930年には，修道制度や典礼の研究，教授を目的とする国際的な研究所としてベネディクト・アカデミーを開設し，今日にいたっている。

トリーア Trier

　ライン川を遡る前に，もう一つ寄り道をしておかなければならない。コブレンツからモーゼル川を遡ること100km余り，フランスとの国境も近い古都トリーアは，アルプス以北では古代ローマの遺跡をもっとも豊かに残す町であり，中世にもトリーア大司教(選帝侯)領の中心都市として重要な役割をはたした歴史的観光地。1986年ユネスコ世界遺産に指定されている。

　この地方にはローマ人の到来する以前に，ケルト系とゲルマン系のまざったトレヴェラーという部族の住んでいたことは，近時の発掘でも裏づけられている。

　ローマ都市アウグスタ・トレヴェロール

ムは，前16〜前13年の頃，アウグストゥス帝によってライン戦線ローマ軍団の兵站基地として建設された。モーゼル河畔に位置し，ケルンやマインツに向かう街道に接するという交通の要地であったために，種々の商品の積替え地として急速な経済的発展をとげ，織物，武器，陶器などの生産地ともなった。紀元1世紀中葉クラウディウス帝のときに植民市に昇格して政治的重要性もまし，2世紀中葉には属州第2ベルギー州統治の中心地となった。

3世紀には，キリスト教の教会と司教の存在も証明されており，326〜348年には司教座聖堂も市域内に移された。4世紀には，この地に生まれた神学者アンブロシウス（333〜397）はもちろん，アタナシウス（295?〜373）も一時期居住したことがわかっている。

4世紀の最盛期には，市域285ha（同時期のケルンの3倍），推定6〜7万人の人口を擁し，当時の世界都市ローマ，コンスタンティノープルなどと並ぶアルプス以北最大の都市となった。皇帝マクシミリアヌス（在位286〜305），コンスタンティウス1世クロルス（在位305〜306），コンスタンティヌス1世（大帝，在位306〜337）などが滞在したことも記録されている。

4世紀末には，フランク族の侵攻にさらされて，人口も激減（5世紀半ばで2000〜3000人という推定もある），450年最終的にフランクの手に陥ちた。

882年，ヴァイキングの襲撃で潰滅的打撃を受けて凋落，以後ローマ時代の広い市域を維持することはできなくなる。大司教ハインリヒは，958年頃司教座聖堂を中心とする8haほどの狭い地域を囲む**囲　壁**を構築して都市生活の命脈を保った。囲壁の中には，司教たちのほか，彼らの生活を支える下僕や手工業者たちを含め一定数の人びとが住みつづけることとなる。

11世紀の頃，モーゼル川の岸辺付近を起点とする遍歴商人たちの定住が始まり，さしあたり司教座権力の保護を受けつつ，しだいに市民の共同体をつくるという方向で発展，12世紀には，すでに廃墟と化していたローマ時代の施設の材料なども使用して自分たちの集落を防衛する市壁をつくり，その中に**大聖堂**を中心とする教会領主権力も含まれることになる。中世都市機能の中心となる**市場広場**は，大聖堂のすぐ近くで，現在**ハウプトマルクト**と呼ばれる広場である。

12世紀末葉には，都市領主たる大司教との緊張関係をはらみながらも，有力市民を中心とする自治権も強化され，13世紀になるとトリーア選帝侯領の中心として，またワイン，家畜，木材，穀物，魚などの積替え地として新しい繁栄を経験した。

14世紀になると，自治を求める市民たちは，選帝侯領の整備発展を進める有能な都

●トリーア市場広場。奥が聖ガンゴルフ教会　　　●トリーアの大聖堂

市領主，大司教バルドドウィン・フォン・ルクセンブルク（在位1307～54）と対決，15世紀には帝国自由都市となったが，1580年には，帝国への直属資格を喪失し，選帝侯の領邦都市と宣告された。
(→p45)
17世紀には，三十年戦争やルイ14世のフランス軍の蹂躙（じゅうりん）を受けて，経済生活も沈滞し，人口も激減した。1798年には，フランス革命軍の占領政策によって，中世（1473年）以来の大学も廃止（第二次大戦後の1970・75年再設置），1801年には選帝侯領も解体され，1814年には新しい司教区となり，1815年のウィーン講和体制とともにプロイセンに帰属した。
(→p74)

〈トリーアの見どころ〉

以上の略史を頭の隅において歩き廻っていただきたい。町中が古代と中世の遺跡の宝庫である。ここではおもだったものだけを点描しておきたい。

ポルタ・ニグラはローマ時代の北門。ドイツ語でも「**黒い門**（シュヴァルツトア）」という。(→p13) 本来白い砂岩でつくられたものが，何百年も放置されている間に薄汚れて黒くなってしまったもので，すでに中世の時代に「黒い門」と呼ばれていた。高さ30m，幅36m，奥行22m。11世紀中葉，東方からきたシメオンという隠者が門内の1室に7年ほど住んで生涯を終えたとき，その親しき友となっていた時の大司教ポポ（在位1016～47）がその遺徳を偲んでこの部屋の部分をチャペルに改造（1035年）したために，中世の間もほかの古代遺跡と較べてよく保存された，という。ナポレオン軍の進駐後，門はふたたび古代の姿に復元された。なおローマの市門をチャペルに改造した際，その西隣にシメオンの名を冠して設置された**福祉施設**（シメオンスシュティフト）は，現在では一部が**市立博物館**や市の交通局，一部がレストランとして利用されている。

ポルタ・ニグラをくぐりぬけ，シメオン通りを10分も歩くと，現在**ハウプトマルクト**と呼ばれる市場広場に出る。多様な建物群に囲まれたドイツでももっとも美しい市場広場の一つとされる。中央の柱は，大司教ハインリヒが，958年市場権の授与の印に建てたと伝えられるもので，**マルクトクロイツ**（市場の十字架の意）と呼ばれている。中世都市の平和のシンボルともいえる。広場の西側に建つ**シュタイペ**（柱の意）と呼ばれる建物は，往時の建物を支え，初期には市場法廷の場となったホールを区切る役をもはたした柱にちなんで名づけられた。現在の建物は，1944年の空爆で壊された中世以来の建物を1969・70年に再建したもの。広場の南側，一群の家々の後ろにそびえるのが**市場教会聖ガンゴルフ**（マルクトキルヘ）の塔。この教会は，都市領主たる大司教の**大聖堂**（ドーム）に対抗す

●バジリカ　　　　　　　　　　　　●バジリカ内部

る、いわば市民の教会とされ、都市の自治組織の象徴というべき存在であった。

　市場広場を左折して東に向かうとロマネスクの司教座聖堂(**大聖堂**(ドーム))に突きあたる。南に連なるゴシックの聖母教会(リープフラウエンキルヘ)と一緒になって複合的な建築群を形成している。昔ローマのコンスタンティヌス大帝の母親ヘレーナの宮殿のあった位置に、大帝が326年に教会施設を建造させたのが前身となる。今日の大聖堂は、1035年から200年ほどかかって完成されたもので基本的には全体がロマネスクであるが、後年の修復ないし付加によるゴシック部分(南塔の最上階、鐘楼の部分)も見られる。

　聖母教会の建造は1235年に始まり70年に竣工。マールブルクのエリザベート教会とともにドイツ最古のゴシック教会堂とされている。ほかの多くの教会堂とやや異なり、ほぼ円形の建造物の中の交差部(フィーリング)(身廊と袖廊の交差する方形部分)だけがすべての中心点であるかのごとくでんと構えている。1773年まではこの交差部の真ん中に大祭壇が設置されていたという。

　聖母教会を背に小路をぬけるとコンスタンティン広場に出る。広場の反対側に建つ大きな火瓦造りの建物は、今日通称**バジリカ**と呼ばれ、19世紀半ばに再建されて以後はルター派プロテスタントの礼拝堂として使用されている。もともとはローマ総督の居住地であり、4世紀にはコンスタンティヌス大帝らローマ皇帝の宮殿にはフランク国王や方伯(ガウクラーフ)たちの宮殿、ついで大司教の宮殿をへて、その後大司教が選帝侯になると、選帝侯の居城の一部となった。単純素朴な、そのくせ巨大な建物、とくにその内部の様相は、一度でも訪れた人びとに強烈で忘れがたい印象となって残るであろう。

　バジリカに寄りそって、もともとは二つの内庭を囲む正方形に配置されていた17世紀の選帝侯宮殿施設の主要部分は今でも残っており、一部が公庁に、一部が博物館の展示室となっている。現在の建物は17・18世紀のものである。

　現在はきれいな公園になっている宮殿の庭園を歩いて小さい門をくぐると、**中世の市門と市壁**の一部が残っているのが見える。大司教ブルーノー(在位1102〜24)やアルベロ(在位1131〜52)のもとで12世紀につくられた中世の市壁は、カイザーテルメン(ローマ皇帝の大浴場施設)を東南角の防壁に利用して、そこからローマ時代の東西に走る中軸の大通りデクマヌス・マクシムス(今日の南大通り(ジュートアレー))にそって西に向かい、**レーマー橋**(ローマ人の手になる橋)にいたる。他方は今日の東大通り(オストアレー)にそって北に向か

ライン溯行 | 103

い，ポルタ・ニグラの東方に延びたローマの市壁にぶつかっていた。中世の市域は，古代ローマの市域の北西部に位置し，面積にしてその3分の1程度を占めるにとどまった。

宮殿と並ぶローマ皇帝時代の大建築計画は，今日**カイザーテルメン**と呼ばれる大浴場施設の建設であった。4世紀の前半に推進されたこの企画は，熱湯，冷水，微温湯やサウナなどの施設のほか，マッサージ室やスポーツ室まで含む壮大なもので，ローマ帝国の中でも最大級の一つ，施設の規模は長さ260m，幅140mであった。(→p13)

中世都市壁の外，ローマ都市東端の**円形闘技場**（アンフィテアーター）は，ローマのコロセウムに相当する。ちなみに，この闘技場と前段で述べた大浴場と神々の神殿とは，ローマ人の進出する所ほとんどこにでもつくられた三種の神器のようなものであった。

トリーアの闘技場は，最初紀元100年頃造営，その後200～300年ほどの間に整備拡充されたもので，2万5000ないし3万の観客を収容できたということで，人口7万人の都市としても随分大きな施設であった。長径75m，短径50mの楕円形の闘技場で，それぞれ24段の見物席をもつ三つの斜面状桟敷が取り囲む形で，皇帝や高官たちの座席は西側に用意されていた。

中世には，ほかのローマの市壁ともども寂れ果てて採石場として利用されていた。

もう一度西にもどりカイザーテルメンの南にそって歩くと，モーゼル川の近く，南大通りの南側にもう一つローマ期の大浴場施設の遺跡バルバラテルメンに出会う。前述のカイザーテルメンよりも古く，紀元150年頃ないし2世紀後半のもの。発掘調査によって冷水，微温水，熱い湯それぞれの風呂場やサウナの装置なども確認されている。

レーマー橋は古代ローマ人の手になる橋梁で古代・中世をとおして唯一の橋であった。ローマ時代には，アイフェル山地から切り出された黒い玄武岩の橋柱の上に木製の橋がかかっていた。たびかさなる戦乱の中で破損したのち，1717年に2本の橋柱は取り替えられたが，ほかの5本はローマ時代のオリジナルが長く残っていた。

レーマー橋からモーゼル沿いに少し下ると二つの古いクレーンが見えてくる。一つはかつての税関所の所に1777年に建てられたもの，他はそこからもう少し下った所にあり，今でも何軒かの古い船乗りの家を残すクラーネン街に住んだある船頭が1413年に建てさせたものの復原と伝えられる。盛時にはこのあたりが商品の積替えの中心地であったこと，また中世都市トリーアの担い手となった商人たちの活動の場がこのあたりに発したことを想起させる。

市内めぐりの最後に一つだけ近・現代思想史の記念碑をお目にかけておきたい。この古い小さな都市で，19世紀の早い時期に，現在にまで巨大な影響をおよぼした大思想家カール・マルクス(1818～83)が生まれている。レーマー橋から市場広場に通ずる中世の幹線道路(現在のブリュッケン通り)の途中左側にある18世紀風の市民の家で，マルクスは1818年5月5日に生まれた。建物は現在**カール・マルクス博物館**として関係資料を展示している。

ベルンカステル＝クース
Bernkastel-Kues

トリーアからモーゼル川を70kmほどくだった所，川筋が大きく湾曲する地点に，川

をはさんでベルンカステル＝クースという町がある。人口数千人ほどの小都だが，ワインを愛し哲学と神学に興味をもつ読者にはぜひとも立ち寄っていただきたい。第一にここは素晴らしいモーゼルワインの大中心地である。そしてニコラウス・クザーヌス(1401〜64)枢機卿の生地である。彼は著名な哲学者，神学者で，地球が宇宙の中心でないことをドイツで最初に示唆した。

ベルンカステルとクースは，1905年に合併するまでは別々の集落であった。クザーヌスの生まれたのは後者であるが，両者ともそれぞれ魅力ある散策の場である。

ベルンカステル側の観光中心は，**市場広場**とその周辺である。ミハエルの噴水，美しく装飾された切妻木骨家屋のアンサンブル，可愛らしく優美なルネサンス様式の**市庁舎**（ラートハウス）。カトリックの**教区教会聖ミハエル**も忘れてはなるまい。どっしりと重々しい塔をつくる切り石は，かつての市壁の一部であった。17世紀に中廊を拡大し，同じ頃バロックの正面（ファサード）もつくられた(1968年復旧)。中世の市壁関係では**グラーヘル門**がまだ残っている。町のやや南にはかつての選帝侯の**ランツフート城砦**(1277年)**址**などもある。

クース地区では，クザーヌスが1447年に寄進した**聖ニコラウス養老院**（ホスピタール）が注目される。50歳を超えた貧しい老人33人を収容できる施設であった。礼拝堂（カペレ）には寄進者の心臓が埋葬されている（遺体はローマ）。後期ゴシックの回廊や礼拝堂の見物は可能である。付設の図書館は有名で，クザーヌスの天体観測器具類のほか300点を越える9〜15世紀の貴重な手書きの文書（クザーヌスのものも含む）が収蔵されている。クザーヌス自身についてもっと知りたい方は，彼の生家（ニコラウス川岸通り49番地）を訪れるとよい。

なお養老院施設には，ワイン文化センターが組み込まれており付設の**モーゼルワイン博物館**を訪れることができる。もっと大きい魅力は，隣接のヴィノテーク（膨大なワインを集めた地下酒蔵）であろう。多分10数ユーロほどで130種類もあるモーゼルその他のワインやシャンペンを好きなだけ飲めるはずである。

エーベルバッハ修道院
Kloster Eberbach

マインツに着く少し手前でもう一つだけ寄り道を試みておきたい。カウプから遡ること30km余り，途中リューデスハイムを過ぎてまもなく，左側の岸辺に**ハッテンハイム**という村落がある。人口2000人にも足りない小村で，ここにもカロリング朝に由来するチャペルや小城砦，半分廃墟の騎士館などちょっと寄ってみたくなるものもあるが，今回はそこから北に3kmほど登った森の高台に，現在も残る往年の**シトー派修道院エーベルバッハ**が目当てである。

同修道院は，もともとは1116年，叙任権闘争がまだ続いていた頃，マインツ大司教アダルベルト(在位1110〜37)によって同名の渓流エーベルバッハがラインにそそぐ合流点から4.5kmほど上った地点に，アウグスティヌス派聖堂参事会員のために建立された。その場所は，おそらくかつてカロリング期の外塁か領主館のあった位置である。1131年いったん廃止され，ベネディクト修道会に譲渡されたが，35年，ライン右岸最初のシトー派修道院となった。以後エーベルバッハは，有数なシトー派修道院として成長，アルンスブルクなどいくつもの娘

修道院を産み出していった。「祈れ。働け」を文字どおり実践したシトー会の修道士たちは、彼らの農場で、自ら生産活動に汗を流した。修道会は、ケルンを含む多くの都市に居館を設けて物資を動かし、とくにワインの販売によって経済的にも大きな発展をとげている。

12〜14世紀以来の建物は比較的よく保存されていて見物も可能。1186年落成の**ロマネスクの教会堂**も残っている。1803年、フランス進駐軍の外圧で修道院は廃止、若干の曲折をへて、現在は国有財産となっているが、ワイン醸造の伝統は続いていて、ラインガウ名産ワインの中心地といってよく、毎年ここでワインの競売もおこなわれる。私たち歴史の旅人もラインの美酒を楽しみ、車での訪問なら購入して帰りたいと考えるに違いない。

●ライン川に浮かぶ白亜の城塔

コブレンツからマインツまでの100km足らずが、おそらくライン川の上り下りで一番の観光名所であろう。船上から両岸をながめるだけでも数えきれないほどの城砦や城跡がつぎつぎにあらわれて、私たちを歴史の世界に誘いこんでくれる。ここでは一つだけ船中の旅人が否応なく目にし、何だろうと問いそうな川中に鎮座する白亜の城塔に言及して、中世史のありさまを想起することで先に進ませていただきたい。

ラインの中流、有名なローレライ(ラインの右岸、遡る場合は向かって左側。船着場はザンクト・ゴアールハウゼン)より7kmほど上手に**カウプ**という小さな町がある。人口3000人にも満たぬ小さな町である。

●プファルツグラーフェンシュタイン城

ところで13世紀末のライン川には、記録で確認されるだけでも、44ヵ所の税関があったといわれるが、このことは中世中・後期のドイツの群雄割拠の状況をよく示している。物流の大動脈であるラインでも、聖俗の有力諸侯や没落に瀕した小領主たちが領内各所に関所を設け、ラインを上り下りする商人たちからできるかぎりの利益を吸い取ろうと競っていたのである。

カウプの町にごく近い川中の島に、14世紀の初期、当時ライン宮中伯でもあったバイエルン・ヴィッテルスバッハ家出身の国王ルートヴィヒ4世(→p42)が一つの城塔を建てた。この場所は、ライン川の中でももっとも狭くなった所で、船舶の取締りには具合のいい地点であり、城塔の目的はいうまでもなく関税の徴収所とすることであった。

ところで、ルートヴィヒ4世が1314年に国王に選ばれた選挙は、教皇庁の意に反したもので、対立国王としてオーストリア・ハプスブルク家のフリードリヒ3世(→p98)も選ばれていたが、事態はルートヴィヒに有利に展開していた。当時アヴィニョンにあった教皇ヨハネス22世(在位1316〜34)は、1324年にルートヴィヒの破門を宣告、破門の理由付けの一つとしてこの島の城塔建設に

マインツ Mainz

ハッテンハイムからもう一息、20km余りでマインツに到着。マイン川がラインに合流する地点に近く、ライン左岸を中心に発達したライン川河畔最古のかつ重要な都市の一つである。ドイツ内部への入り口という位置にあるために、太古からさまざまの民族や商人たちのゆきかう交差点となった。マインツの名前は、ラテン語のローマ名モゴンティアークムからきているが、そのまたルーツはケルト語の「モゴ」(ないし「モゴン」、光の神の意)に由来する。

ローマ人の軍団駐屯地は、アグリッパが(→p88)前39～前37年頃、ガリア総督としてゲルマン人に対抗すべく設けた防御拠点に始まるとする伝えもあるが、前14～前9年の間に設置されたとするのが通説のようで、現在ケストリヒと名づけられる高台にあったとされる。

軍団駐屯地の周辺や川沿いの平地などに形成されて散在していた一般人の居住地は、3世紀末、ゲルマン人侵攻の脅威に逢って河畔の平地に集結、軍団駐屯地もケストリヒの高台から下に移動、周囲に市壁をめぐらせた都市が形成された。キヴィタス(→p11)という呼称がはじめてあらわれるのは297年、ディオクレティアヌス帝の治下であった。

ちなみにこのローマ末期の囲壁は、中世のそれと比べると、岸辺に向かって、そして川上の方向にほんのわずか拡大されただけで、中世中葉の市壁とおおむね合致しており、ラインの岸辺を一方の底辺とするほぼ台形の形で19世紀の後半にいたっている。面積は約105ha、古代ではケルンよりやや大きいか同じくらいであり、トリーアよりははるかに小さかった(3分の1強)。

西暦300年頃に新設されたローマの属州ゲルマーニア・プリマの首都となったモゴンティアークムは、ゲルマン民族大移動期の破局の中で衰退、5世紀末には南進するクローヴィス支配下のフランク王国に併合(→p15)された。しかし破局の中を生き残った住民も少なくはなく、メロヴィング時代のマインツは、司教たちの指導下に回復の兆しを

言及し、この「極メテヨク防備サレタル要塞ノ如キモノ」が呪われた関税徴収をいっそう厳しくするのに役立つだけだ、と非難している。教皇の抗議は徒労に終わったが、私たちはこの教皇の文書のおかげで、城塔が1327年より少し前にできたこと、最初は塔が一つだけであったことなどを知りえたのであった。ちなみに金印勅書で名高いカール4世は、このルートヴィヒ4世の強引な所領拡大を不満とする諸侯に擁立されて対立国王として登場したのであった。

島の名は、**プファルツグラーフェンシュタイン**(「宮中伯の岩」の意)といい、14世紀末ないし15世紀初頭に、五角形の塔の周りに六角形の城壁がめぐらされ、16世紀には、城壁の内側にそう通路がつくられたりしながら、17世紀初めに今日見るような姿になった。

17・18世紀の戦乱の波をくぐりながら1801年まで宮中伯家に属していたが、その後国有となり、現在は博物館として使用されている。第二次大戦の傷跡も完全に修復され、ライン地域でもっともよく昔のおもかげをとどめた城砦の一つとされている。

マインツ

ローマ・ゲルマン博物館
テオドール・ホイス橋
マインツ・カステル駅
州立博物館
中央郵便局
市庁舎
ライン川下り船着場
中央駅
マルクト広場
グーテンベルク博物館
大聖堂
聖アウクスティヌス教会
アウグスティナー修道院
聖ステファン教会
城塞の丘
南駅
市立公園
市電
400m

見せていた。

　フランク王国東部の布教に大きく貢献して「ドイツ人の使徒」といわれるボニファティウス（→p17）がメロヴィング朝最末期の746・747年，マインツの司教職を引き継ぐと，マインツはその影響下にドイツ地域の信徒全体を統べる首位大司教座（メトロポーレ）となり，新しい盛期を画することとなる。マインツの大司教は以後1000年にわたって，ドイツの教会的・政治的諸局面のすべてで先頭に立って大きな影響力をおよぼす勢力であった。大司教は多くの場合帝国宰相（ライヒスカンツラー）であり，1356年の金印勅書（→p43）以降は名実ともに筆頭選帝侯として国王選帝集会を主宰した。

　都市マインツは，すでに10世紀中葉オットー大帝の頃には富裕な商人を中心とする経済的繁栄を伝えられているが，ケルン，トリーア，ヴォルムスなどと同様，初期の都市支配権は大司教の手に握られていた。

　11世紀後半になると，自治意識に目覚めた市民たちは，都市領主である大司教と対立するようになり，司教叙任権闘争やその後の複雑な状況の中でしだいに自治権を獲得することになる。市民たちは1077年にはハインリヒ4世帝の側に立って，大司教ジークフリート2世と対立国王ルドルフ・フォン・シュヴァーベンの滞在する大聖堂（ドーム）を襲撃したり，1115年には，ハインリヒ5世帝に対抗し，皇帝が滞在した機会に蜂起して，皇帝側にとえられていた大司教アダルベルトを釈放させるといった経緯をたどり，このアダルベルトから，特許状――市民たちは市外の裁判に出頭する義務はなく，市壁内の固有の法に従ってのみ裁かれるなどという特権を含む――を賦与された。自治権獲得への第一歩となるこの法文は大聖堂北側の市場に面した入り口上部に刻み込まれているという。

　都市自治特権への決定的な画期は，1244年大司教ジークフリート3世（在位1230～49）が賦与した大特許状によって「市参事会」（市政全般を掌握することとなる機関）の選出が認められたときであったが，そこにいたる背景には，大司教と時の皇帝，シュタウフェル家のフリードリヒ2世（→p41）の対立という政局が大きくかかわっていた。

　13・14世紀には，都市マインツは最盛期をむかえ，「黄金のマインツ」などと呼ばれ，1254年結成のライン都市同盟（→p46）のリーダーになっている。1450年頃には，ヨーハン・グーテンベルクがマインツで活版印刷所（→p50）を創設した。

　16世紀の初頭，大司教アルブレヒト・フォン・ブランデンブルク（在位1514～45）（→p49）のもと，マインツは芸術文化の開花期を経験することになるが，つぎの世紀に入ると三十年戦争の脅威の中でその発展は頓挫した。

　三十年戦争の終結後，選帝侯ヨーハン・フィリップ・フォン・シェーンボルン（→p61）のもとに新しい上昇の動きが始まったのも束の間，1688・89年にはフランス軍の侵入によ

って中断された。真の発展が始まるのは，ロタール・フランツ・フォン・シェーンボルン（在位1695〜1729）の治下であり，この時期が選帝侯領マインツの最盛期とされている。豪華な貴族の居館やバロックの教会堂がたくさんできるのもこの時代であった。

〈マインツの見どころ〉

マインツの歴史散歩に，もし二つだけあげるのであれば，大聖堂とグーテンベルク博物館であろうか。**大聖堂**(ドーム)は赤褐色砂岩の巨大なロマネスク建築で，長年の様式変化を反映しながら意匠をこらした細部にも注目していただきたい。

978年，大司教ヴィリギス（在位975〜1011）が礎石を置いた会堂は1009年に竣工したが，文字どおり火の洗礼を受けて消滅した。同年8月20日献堂式を前にして焼失したのである。ヴィリギス自身の手で再開された新工事は，とりあえず1036年，大司教バルドーのもとで終結するが，ほどなく（多分1081年以降）増築され，その後も繰り返し改築されてきた。今日私たちが目にするのは，12・13世紀以降の姿である。

内部では，13〜18世紀にいたる代々の大司教や有力商人たちの60ほどの墓碑などもおもしろい見どころの一つとなる。真ん中の身廊を取り囲む大きな柱につけられたものもあり，墓碑群がみごとな肖像ギャラリーを構成することになる。ちなみに主祭壇に一番近い右側の柱は大司教アルブレヒト・フォン・ブランデンブルクの墓碑である。（→p108）頭上の壁画は，キリストの生涯の場面などで，中世的な表現をとっているが，19世紀のものである。

教会堂に言及したついでに，ここで一つだけシャガールの愛好家のために，あるいはステンドグラスに興味をもつ読者のために，**聖ステファン教会**に立ち寄ることをお勧めする。大聖堂から500mほど南にある。大聖堂とはまったく趣を異にするゴシックのこの教会堂で，マルク・シャガールがその生涯の最後の歳月に仕事をしたというステンドグラスの窓が見ものである。シャガールは，1985年97歳で死去している。あの圧倒的なブルーを，そしてキリスト教とユダヤ教の和解を象徴させることを願うかのごとき旧約聖書からの場面の神秘的雰囲気をにじませる窓の光を，味わっていただきたいと思う。

広場をはさんで大聖堂に隣接する**グーテンベルク博物館**について，とくに詳述する必要はないであろう。グーテンベルク自身の手になる活字印刷本としては最古の聖書をはじめとするめずらしい印刷物のコレクションが展示されているほか，グーテンベルクのそれと同じ型の機械を使った印刷作業の実演を見学するのも旅の想い出の一齣(ひとこま)となるであろう。

大聖堂の西方やや北寄り，直線距離で800mほどのグローセ・ブライヘ通りに面しく建つ**州立博物館**(ランデスムゼウム)は，旧選帝侯宮殿の厩舎であった建物を改造した。よく考えて取

●マインツ大聖堂

●マルクト広場に立つグーテンベルク像

考古学の庭(ヒストーリッシェルガルテン)（古代ローマと中世の発掘遺跡）や大聖堂(ドーム)をのぞくこともできる（中央駅からUバーンなら二つ目のレーマー駅下車。中央駅から5分とはかからない）。

〈フランクフルトの見どころ〉

　ヴェッテラウ平野の南端に位置し，温暖で肥沃なこの地方は，先史時代から人類の好んだ居住地であり，ライン流域地方とゲルマーニア内部を結ぶ通路でもあった。新石器時代初期の集落も見つかっており，ラ＝テーヌ期の鉄器文化を担ったケルト人が，紀元前の数世紀にわたって居住したのち，カッティー族などのゲルマン人に追われたことなどが確認されている。

　マインツ駐屯のローマ軍団は，紀元83〜86年にわたってカッティー族の攻略に乗り出し，マイン川右岸（北側），現在大聖堂のある丘上に前哨基地を設置した。100〜130人ほどの兵士が駐屯していたと推定されている。第二次大戦後の再開発にともなう発掘調査によって，ローマ時代の公共浴場(テルメン)の遺構も発見され，後述するフランク時代の王宮や礼拝堂の遺構ともども，「考古学の庭」として整備保存され，一般に公開されている。

　カッティー族攻略に成功したローマ軍団は，フランクフルトの東と北，それぞれ20km余りの最前線に土塁や木柵を，その背後にいくつかの小砦を築いて対ゲルマン防衛線とした。一連の工事は，全長548kmにわたるローマの境界防衛システム（リーメス，2世紀初期に完成）建設の一環となる。(→p14)

捨選択された多数の収集品をとおして，この地方の石器時代から今日にいたる歴史をくわしく勉強できるように編成されている。

フランクフルト・アム・マイン
Frankfurt am Main

　マインツでライン川からちょっと横道へマイン川を30km余り遡れば，ゲーテの町フランクフルト・アム・マイン（マイン河畔のフランクフルト。ちなみにドイツの東境オーデル川にはもう一つ同名の都市フランクフルト・アン・デア・オーデルがある）である。日本から空路ドイツに入る旅行者の多くは，このヨーロッパ有数の商都であり金融の中心地（EUの中央銀行の所在地）の国際空港におりたつであろう。当地に滞在する人びとはもちろん，乗り換えて目的地に向かう場合でも，もし何時間かの余裕があれば，ぜひこの都会に残る古い歴史もたずねてみていただきたい。

　空港からフランクフルト中央駅まで鉄道（Sバーン），地下鉄（Uバーン）などで20分足らず，中央駅からゲーテの生家まで徒歩で15分か20分ぐらい，そこから5分も歩けば中世の旧市庁舎(レーマー)，さらに2分か3分で(→p114)

　3世紀になるとゲルマン系アレマン人の新部族がローマ支配下のこの突出部分に攻撃を繰り返すようになり，同じ世紀の中葉にはリーメスを越えて侵入，ローマ軍団をライン左岸に押し戻した。大聖堂の丘はア

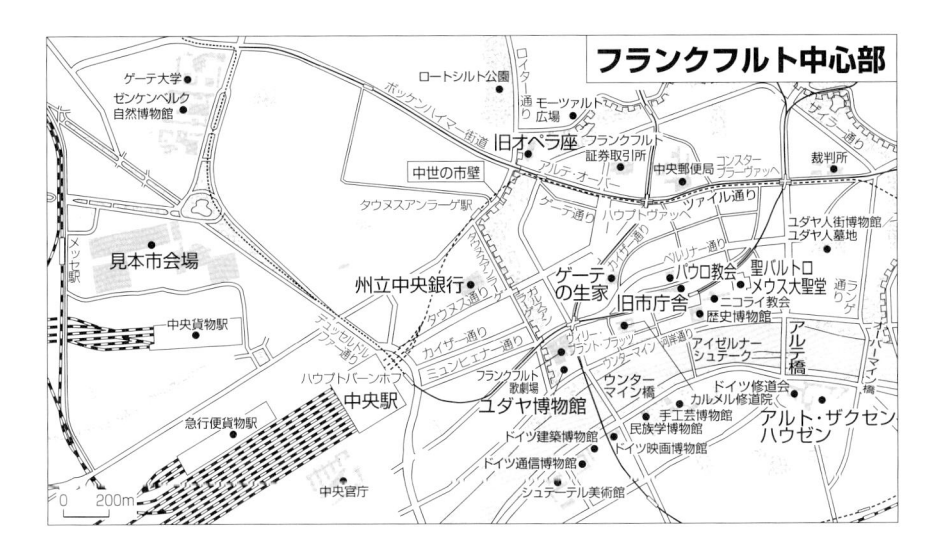

レマン人の居住地となる（ローマ帝国はその間に東西に分立，西ローマは476年に滅亡した）。

　紀元500年の頃，メロヴィング朝クローヴィスのフランク軍がマイン川を渡ってア
レマン族を駆逐，マイン下流域から中部ラインにかけてのこの地域は，以後フランク人のもっとも重要な支配地の一つとなった。フランクフルトという地名は，このときの「フランク人の渡渉点」（「フルト」は，歩いて渡れる浅瀬の意）に由来するといわれている。現在大聖堂のある丘上には王宮も造営され，王領管理と王国統治の拠点となった。

　カロリング朝フランクのカール大帝は，793年の降誕節のあと，この地に半年余り滞在し，その間の794年2月22日，聖エメラム修道院宛ての国王証書に署名した。このときの発行地名「フランコノフルト」が正確な日付までわかる地名の初出史料とされる。

　同じ年の6月，カールは，この地の王宮で教会会議を開き，ヨーロッパ各地から参集した聖俗の指導者たちとともに王国の宗教的・政治的諸問題（聖像崇拝問題など）に決着をつけているが，そのときの会議録も開催地「フランコノフルト」を「訪れる人多き活気ある所」と記している。王宮は，つぎのルートヴィヒ1世敬虔帝の代に拡充され，引き続き数十年にわたって東フランク諸王の宮廷であった。今日の大聖堂の西に位置したことも近時の発掘調査で確認されている。

　東フランク王ルートヴィヒ2世は，おそらく857年，王宮と並んで教会堂を建立，後年の大聖堂聖バルトロメウス設立に連なる端緒をつくった。カロリング以来の王宮はザクセン朝，ザリエル朝の時代には利用されることが少なくなり，最後には焼失した模様である。

　12世紀中葉，シュタウフェル朝フリードリヒ1世赤髭王の選出（1152年）がフランクフルトでおこなわれたが，古い王宮についての言及はない。マイン川の500mほど下流右岸にザールホーフと呼ばれたシュタウフェル家の王城がつくられており，その遺

構は，1961年の発掘で確認されている。今日では，その小さなロマネスクの付属礼拝堂が現在の歴史博物館(ヒストーリッシェスムゼウム)(→p115)に接して保存されている。

中世都市フランクフルトの淵源は，この王城周辺にできた集落であった。「オピドゥム」(城市)という言葉がはじめて登場するのは，1140年頃である。12世紀中葉には市壁をめぐらせた国王都市としてヴェテラウ平野地方の支配の中心となっていた。だが，すでにシュタウフェル朝末期から少しずつ国王にたいする隷属状態を脱しつつあった市民たちは，13世紀中葉，大空位時代(→p42)の混乱の中で自立性を強化し，都市は諸侯と同格の「帝国都市」を名乗るようになる。「市参事会」の名称が文書に出るのは1266年，「市長」の史料初出は1311年であった。

市壁で囲まれた都市域は，13世紀初頭には，後年レーマーベルクと呼ばれる丘陵地帯(現在の旧市庁舎を中心とした地区)の東西近接地におよんでいた。東側は当時唯一だった古マイン橋(アルテ ブリュッケ)に通ずる小路が，西側は(現在の)下マイン橋(ウンター (→p116) ブリュッケ)に向かう新マインツ通り(ノイ シュトラーセ)，北は(現在の)ツァイル通りあたりが境界となっている。

なお古マイン橋を渡った対岸ザクセンハウゼンには，ほぼこの時期にドイツ騎士修道会(ドイツ騎士団)(→p46)の居住地ができ，おそらく当地では最古の施療院(ホスピタール)も設置されている(ザクセンハウゼンという地名は，往時カール大帝によって故郷を追われ，この地に定住することになったザクセン人に由来すると説明されている)。

騎士修道会管区の周囲には，騎士たちの立派な館(やかた)があり，近接する小路には，園丁，ブドウ栽培業者，漁夫，船頭たちが住んでいた。他方，多くの手工業者や商人たちは，マイン右岸のもともとの市街区を主たる居住地としていた。

13世紀にマイン川の北側は，教会や修道院の建立ラッシュであった。ルートヴィヒ2世の手になるカロリングの教会堂は，バジリカ風ロマネスクの会堂になり，1215年頃からは聖バルトロメウスを守護聖人としていたが，この会堂の老朽化を機に，1239年国王選出の場にもふさわしい大きさと形態をもつ大聖堂の新築が企画されたのであった。

ドイツの国王選出制度にいたる背景については第Ⅰ部の解説(→p43)を参照していただきたいが，フランクフルトはその国王選挙の地であった。選出された国王は，ついでアーヘンで戴冠式をおこなうことになっていたが，マクシミリアン2世(在位1564～76)がローマ王(帝位継承者)に選出された1562年以降は戴冠式もフランクフルトでおこなわれ，以後この慣行が19世紀末最後の神聖ローマ皇帝フランツ2世(在位1792～1806)選出のときまで続いている。

毎年のフランクフルトを賑わせるさまざまの国際見本市(メッセ)のルーツは中世以来の大市である。フランクフルトの大市は，13世紀後半から14世紀にかけて大きく発展した。最初の明確な大市開催特権を獲得したのは，1240年，フリードリヒ2世帝(→p41)からであり，秋の大市を訪れる商人たちに広範な安全を保証するものであった。大市は順調に発展し，1330年には皇帝ルートヴィヒ4世から春期(四旬節)(→p42)にも開催を認める特許状を得た。ルートヴィヒは，1337年これらの両特権をさらに拡充し，以後彼自身も後継者たちも，フランクフルトに不利となる恐れのある大市をほかに設立しないことを保証した。遅くともこの時点で中世フランク

フルトの大市は最盛期に達していた。ちなみに現在の**見本市会場**は中央駅の西北方向２kmほど（Uバーンで５分）、さまざまの種類に分かれて毎年何回も開かれているが、中でも中世末に始まるブックフェアーは世界最大、９月末から10月初旬の会期には25万を越える出版業者、代理店、著作者たちが訪れるという。

〈フランクフルトの見どころ〉

歴史散策のいくつかの見どころをあげておこう。旧市街の中心**レーマーベルク**は、旧市庁舎を含む中世の建物群が復元されていて往時の美しい都市を想起させる格好の散策地である。市庁舎前の広場では、戴冠式のあとにパレードなどのパフォーマンスがおこなわれ、集まった市民たちにはワインや食肉が振る舞われた。

旧市庁舎（→p37）は、15世紀頃３軒の市民の家屋を一緒にして改造したもので、レーマーという呼び名は、そのうちの最古の切妻家屋が「ツーム・レーマー」と呼ばれていたことに由来するという。広場に面する階下は、もともとは売店ないし大市の売り場として開いていたらしい。建物は現在も登記所および市長執務室として機能しているが、階上の**皇帝の間**（カイザーザール）（かつては戴冠記念の公式宴会場でもあった）は見学できる。52人の皇帝たちの肖像がずらりと並んでいる。

旧市庁舎の東、**考古学の庭**（ヒストーリッシェルガルテン）のローマの発掘遺跡をながめながら300mも歩くと**聖バルトロメウス大聖堂**。カロリング時代には王宮付属の教会堂が建っていた場所である。現在の建物は、基本的には14・15世紀の建造で完成までに100年以上かかっている。歴史の旅としては、東端主祭壇前内陣の南側（主祭壇に向かって右側）聖職者席（コルゲンシュトゥール）の背後にある**国王選挙用小礼拝堂**（カペレ）は、ぜひ

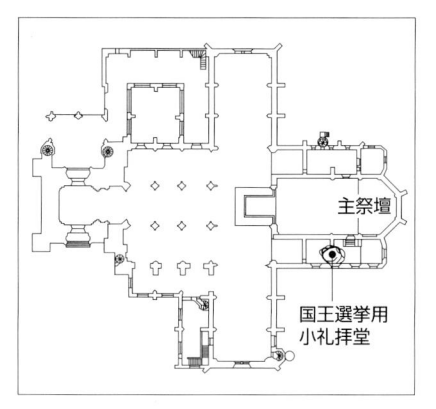

●大聖堂平面図

訪れておきたい見どころに違いない。国王候補者は、ここで選挙協約に署名して、新たな国王に選出され宣誓ののち、他の選帝侯たちとともに内陣にもどった。好天なら塔上の展望室（高さ40m＝180段と75m＝328段の２カ所ある）からの眺望も素晴らしい。

フランクフルト国民議会と結びついて有名な**パウロ教会**（→p75）は、旧市庁舎から道路１本へだてた北側。1789年の起工、途中フランス軍による占領期の中断もあって1833年、塔の工事を最後に完成した。当時、市民や門閥のゴシック様式の家屋が並ぶ旧市街の中で、そっけない擬古主義的、太っちょな樽を想わせる異物として評判が悪かったともいう。円形にしたのは、説教壇を中心とするプロテスタント教会として建てられたからであったが、たまたま1848・49年国民議会の会場として役立つことになる。最終的には挫折することになるが、ともあれドイツ最初の選挙によって選ばれた代表制議会──しかも国民的統一をめざす──の第一歩がこの会堂に刻印されたのであった。建物は第二次大戦で焼失、1948・49年に再建され、そのときには将来連邦共和国の国会議事堂とする構想もあったらしいが、現

在はフランクフルト市の代表的イベント（ゲーテ賞，ドイツ書籍協会平和賞の授与式など）の会場として使われている。2001年度書籍協会平和賞の受賞者は，社会学者ユルゲン・ハーバーマスであった。

ゲーテの生家については，多くのガイドブックが比較的くわしく書いているので，本書であらためて敷衍（ふえん）する必要もないであろう。日本語の案内書もおいてあるので参照しながら，18・19世紀フランクフルト上

●中世の大市風景

何百年も前の大市風景を縷々（るる）説明するかわりに，ここでは「フランクフルト1200年記念展」から二，三借用することで，往時の状況をいくらかでもお伝えできたらと思う。

下図は「フランクフルト大市に向かう商人たち」と題したジオラマ（立体模型）。大市の期間には普段以上に王権の保護があったにもかかわらず，彼らはキャラバンを組み，武装して（あるいは武装者を雇って）強盗，略奪に備えた。このようにして，たとえばニュルンベルクからだけでも200人にのぼる隊商が，春秋の季節になると人馬や車両を連ねてフランクフルトをめざした。ケルン，シュトラスブルク，アウクスブルクやウルムからも，それに近い人数が，またマールブルクのような中規模都市からは，織物業界あげて，時には50人を超える織物職人が訪れたという。

次頁上図は，大市の中心舞台レーマーベルクの光景を描いた17世紀末期の銅版画。家々の正面にそって，あるいは広場の真ん中にもたくさんのスタンド（売場），名だたる大市用折畳み式店舗が出て賑わっている。取引される商品は時代によって変遷はあるが，食肉，バター，川魚，塩漬や燻製（くんせい）の鯡（ニシン），干鱈（ほしだら），香辛料，ワインなどの食品関係，麻，亜麻（糸），羊毛，毛織物，バルヘント織（麻と綿の交織），絹織物，大青（藍（あい）染料の原料）などの衣料関係，さらに鉄，鉛，錫，ガラス製品，宝石類，建築用材など多岐にわたっていた。訪れる商人たちの本拠地や取引先もリューベック，レーゲンスブルク，バンベルク，ニュルンベルク，ウィーン，ヴェネツィア，ケルン，マーストリヒト，ブリュッセルなど広範囲におよんでいる。

最後に次頁下図は，大市用店舗の模型（18世紀の製作，58×90×50cm）。店舗の形や大きさはしだいに規格化されていったよ

●中世フランクフルトの郊外

流市民の生活の雰囲気を観察する散歩を楽しんでいただきたい。

　美術館，博物館の多くは，マイン川の両岸地域に集まっている。その中にユダヤ人の生活，社会，歴史を伝える博物館が二つ

●大市の光景

うすで，この玩具のような店舗が大市の間フランクフルト街頭の風物となった。1604年のある帳簿によると460ほどの店舗を数えた。大部分はレーマーベルクの丘上やマイン川の岸辺に設置されたが，時には，たびかさなる禁令にもかかわらず，教会境内までも取引の場となった。店舗は多くの場合，何年にもわたる契約で賃貸されており，使用料は売り台の長さによって決められていた。もっとも取引のかなりの部分は，広場や路上だけではなく，屋内，宿舎内でもおこなわれたらしい（3点ともフランクフルト歴史博物館所蔵）。

●大市用店舗の模型

もあることに注意していただきたい。この町のユダヤ人社会は，ヨーロッパでも一番大きなものの一つであったことの反映である。ユダヤ人社会にかんするドイツ歴史学界，とくにまず現代史家たちの関心が大きく重いものであったことはよく知られているが，近年では中世に遡って注目を引くテーマになっている。

　マイン川の北側，下マイン橋のほとりにある**ユダヤ博物館**は，旧ロスチャイルド（ユダヤ系の国際的金融資本家）邸の中にあって，フランクフルトのユダヤ人たちの生活を中世から現代——ナチス時代の迫害，殺戮，追放を含む——にいたるまで詳細かつなまなましく告げる巨大な展示場。もう一つの**ユダヤ人街博物館**は，大聖堂に近い旧市街北東隅市壁にそって建つ上記「ユダヤ博物館」の別館。破壊された旧ゲットー（ユダヤ人街）の遺物が展示の中心になっている。この博物館の背後に**ユダヤ人墓地**があり，西側壁の記念碑には，ホロコーストの犠牲となったフランクフルト生まれのユダヤ人の名前が克明に残されている。

　締めくくりに都市フランクフルトの変遷を概観させてくれる**歴史博物館**を訪れるのもよいであろう。レーマーベルクの真南，マインの北岸でアイゼルナーシュテーク

●市内のゲーテ像

（歩行者用鉄橋）のすぐ近く，往時シュタウフェルの王宮のあった場所である。精巧な模型で市史の諸相を満喫していただきたい。(→p111)

　時間が許せばアルテ橋（古マイン橋）を渡ってザクセンハウゼンの小路を逍遥し，庶民的な雰囲気と名物のリンゴ酒を楽しんで，この町の旅の最後の夜にするのも悪くないであろう。

クロンベルクとザールブルク
Kronberg／Saalburg

　私たちのつぎの目標ザールブルクは，フランクフルトの北やや西寄り20km余りの，バートホンブルクのすぐ北の森の中であるが，途中タウヌス丘陵地のクロンベルク（フランクフルトの北西12kmぐらい。Ｓバーンで20分）の城館ホテル（シュロス）で散策の足を休めて翌朝ザールブルクに向かうのも素晴らしい旅の想い出となるであろう。

　美しい自然に囲まれたこの町には，19世紀中葉，クロンベルク派と呼ばれる風景画家たちが定住して活躍した。この世紀の末期にはドイツ皇帝フリードリヒ３世（在位1888年の３カ月余り）の寡婦（かふ）となった皇妃ヴィクトリア（英ヴィクトリア女王の長女）が中世の城砦とは少し離れた森の中に城館「フリードリヒ城」を建立して余世を送っている。ヴィクトリア女王も訪れたことのある城館は，現在シュロスホテルとしてテューダー王朝風の雰囲気をそのまま残している。

　中世の城砦（ブルク）は「クローネンベルク」という名前で，1230年の文献にあらわれる。シュタウフェル王権の要請で帝国家人層に属する豪族が建設し，城主は以後クロンベルク家を名乗ったと推定されている。城下の小集落も，1330年には時の皇帝ルートヴィヒ４世から都市特権を得て発展し，14世紀後半には，城砦の騎士たちの指揮下に戦って帝国都市フランクフルトに苦渋をしいる(→p42)（1339年）こともあった。

　宗教改革時代には，ルターの改革に共鳴し，帝国騎士ジッキンゲンと組んで騎士戦争に巻き込まれ，領邦諸侯の鎮圧軍に占領(→p49)されたり，三十年戦争の渦中で翻弄された。1866年以降はプロイセン領となるが，城砦は一部廃屋となって現在も残っており，修復して博物館とする計画と聞いた。中世に興味をもつ読者にはぜひ訪れていただきたいと考えている。

〈ザールブルクの見どころ〉

　ライン川とドナウ川をゲルマン諸部族にたいする自然の境界線と考えたローマ帝国も，この二大河川の中間となる地域には人工の防御施設をつくらざるをえなかった。１世紀後半にネッカー上流からタウヌス山地に進出したローマ軍は，ライン中流とドナウ上流を結び全長548kmにおよぶリーメスと呼ばれる防衛システムを構築する。ヨーロッパ版万里の長城というところだが，(→p14)もちろん中国のそれのように立派なものではなかった。

　最初は所々に木製の物見櫓（ものみやぐら）をもつ林道のようなもので，重要な通過点に小さな砦がつくられ，それぞれ100〜200人の守備兵を配置する程度で，本格的な軍事機能は，境界の後方に，時には境界線に接して設置された正規の歩兵軍団駐屯地たる城砦（カステル）に委ねられていた。この種の軍団駐屯地の一つが，ザールブルクの城砦であった。

　城砦は，タウヌス山地の東北部，リーメスがやや突出した一画の少し西に１〜３世紀にかけて造営され，たびたび改築されている。1898〜1907年にかけて復元されて保

存され，現在でも愛好家や学童たちの訪れる格好の歴史遺跡であり博物館である。発掘された遺構は，長さ121m，奥行147m，二重の堀と高さ4.8mの城壁をもった，と推定された。現在の建物は3世紀初頭の最終改築時の形を示している。

もともとは，1世紀の末期ドミティアヌス帝(在位81〜96)がこの場所に現在の施設の4分の1ほどの土塀の砦をつくったのが始まりであった。この砦は，紀元120年頃まで存続したが，守備隊が常駐したかどうかはわかっていない。120年よりあとに大きな城砦が建造され，ラエティア方面(現在の南独，スイス地方)第二軍団が配属された。

堡塁は最初木と土の塀の簡単なものであったが，その後木材で補強した漆喰塀になり，3世紀になって強固な石造城壁に替えられたらしい。プリンキピアと呼ばれた軍団司令部，管理棟，聖なる軍旗の安置場など内部の詳細は省くが，訪れた折のお楽しみにしていただきたい。倉庫の跡は小さい歴史博物館になっており，興味深い遺品や発掘物で楽しい勉強ができるようになっている。正門前には小振りの浴場施設の跡も残っており，ローマ人がどこに行ってもつくる三種の神器——神々の神殿と闘技場(コロセウム)と大浴場というライフスタイルの一端をうかがわせる。城砦の裏手，ゲルマン側を見おろす斜面にそってリーメスの跡も確認されている。

ヴォルムス Worms

マインツから50km余り，ライン左岸に発達したヴォルムスは，今日では人口8万3000人ほどの中都市だが，ドイツ中・近世史の大事な局面で絶えず登場する地名である。地名のルーツは，先住ケルト人の地名「ボルビトマグス」ともゲルマン系の部族名「ヴァンギオネス」に由来するともいわれる。

アウグストゥス帝の時代にはローマ軍団の諸部隊がゆきかう境界地として重視された。リーメス(→p14)の時代になると軍団駐屯地としての意味は失われたが，一般市民の居住地となるキヴィタス・ヴァンキオーヌムは発展した。発掘調査によって明らかになったキヴィタスの市域は，現在の大聖堂の位置を中心として南北の長さ1.3km，東西の幅0.5kmほどの，やや南西にかたむいた楕円形であった。今日の大聖堂の場所には，市場取引や法廷に用いる会堂(バジリカ)が，さらに神神の神殿，劇場，市門の跡なども見つかっている。

5世紀の初めブルグント族の，ついでアレマン族の侵入が始まり，413年にはブルグント王国の中心地となったが，436年王国は，フン族と戦って殲滅(せんめつ)的敗北をこうむって滅亡した。短命ではあったが伝説上でも有名となったこの王国の興亡は，のちになってさまざまに潤色され，13世紀には，叙事詩『ニーベルンゲンの歌』の形で不死のものとなった。リヒャルト・ヴァーグナーの楽劇でご存じの方も多いと思う。

351年，カタラウヌムの戦いでフン族が敗退すると，ヴォルムスはアレマン族の支配するところとなり，その支配はメロヴィング朝フランクの勢力が上ラインにおよぶ500年頃まで継続した。

シャルルマーニュ治下のヴォルムスは，大帝の好んだカロリング王宮の一つであり，新しい発展の兆しを見せはじめていた。843年の王国分割(ヴェルダン条約)(→p20)で東王国に属したヴォルムスは，ノルマン人(ヴ

ヴォルムス

ァイキング)の劫掠(891年)など苦節の時をへながらも,ザクセン,ザリエル,シュタウフェル朝と続くドイツ史の歩みの中で,その時々の足跡を残している。叙任権闘争(→p25)の渦中では,ハインリヒ4世帝に味方したヴォルムス市民は,1073年都市領主たる司教アダルベルトを追放,この事件は翌年のケルン市民の反乱にも影響を与えた。「ヴォルムスの協約」(→p93)(1112年)が叙任権闘争の一応の収束となったことはよく知られている。

13世紀には帝国都市となり,数々の重要な帝国会議(ライヒスターク)の開催地となった。1495年の会議は,マクシミリアン1世帝の永久ラント平和令の発布で知られ,カール5世帝が召集した1521年の会議は,本来の課題であった戦費調達よりも,宗教改革者ルターの召喚,追放で有名になった。(→p53)

近世に入ると,打ち続く戦乱(三十年戦争期スウェーデン軍の進駐,18世紀末フランス革命軍の占領など)の中で衰退,帝国都市の地位も喪失,司教区も廃止された状態で19世紀にいたる。ヴォルムスが再度復調の兆しをつかむのは19世紀の中葉以降,工業化の進展をとおしてであった。

四つの塔が地平を見おろすロマネスクの**大聖堂**(ドーム)(聖ペテロ)は,繁栄の昔日を彷彿させるヴォルムスのランドマーク。11〜12世紀にかけて後期ロマネスク様式で建立された中世建築最大の成果の一つである。北側の皇帝用正面玄関(カイザーポルタル)には,ブルグント王妃クリムヒルトとブルンヒルトのすさまじい論争——これがきっかけとなって王国は滅亡する——の場面が描写されていた,とも伝えられる。今日私たちがくぐるゴシックの南正面玄関(1300年頃付加)タンパン(玄関上部半円形の壁部分)は,かつて「獅子の穴のダニエル」のレリーフであったが,聖堂内部に移された。現在この正面玄関を飾っているのは,福音書から選別された人物群である。

聖堂内部に入ると,まずその大きさ(長さ110m,幅27m,中廊の高さ26m)に圧倒され,東側内陣奥の絢爛華な主祭壇に目を奪われる。主祭壇は,1742年バロックの巨匠バルタザール・ノイマンの仕事である。地下聖堂(クリュプタ)には,ザリエル朝の皇帝たちの先祖の石棺がいくつか収容されている。

大聖堂の北側に連なる**司教館跡**のほとんどは現在庭園(小公園)になっているが,ルターが1521年に召喚された帝国会議は,この司教館の一室で開催されていた。4月17,18の両日,皇帝カール5世と帝国諸侯の前に立ったルターは,聖書か理性の根拠にもとづいて誤りであることが示されないかぎりは,と前置きしつつ,自説の撤回を拒絶した。「われ此処に立つ……」という有名な言葉が発せられた場所は此処です,という標(しるし)を庭内の路上で見つけたのは何年も前のことであったが,今でもあるかどうか?探してくださるのも歴史の旅のよき思い出となるに違いない。

旧市壁の縁に立つ**ルター記念碑**は,1868年彫刻家リーチェルの作。ルターと彼を取り巻く改革者たちの群像(ウィクリフ,メ

ランヒトンなど）を見ながら宗教改革時代を想い起こしていただきたい。

ヴォルムスも，フランクフルトや，今はドイツ圏ではないが，プラハなどとともに，中世の時代から多数のユダヤ人が定住した都市である。11世紀の初めからかなりの規模のユダヤ人社会が発達し，旧市街の北東部に定住した。1034年以来の最初の**シナゴーグ**（ユダヤ教の会堂）は，1938年ナチスの迫害の犠牲となって焼失したが，大戦後，原型を忠実に模して復元された。町を横切って旧市壁跡の外側に位置するいわゆる「聖なる砂地」（ハイリガーザント）は，2000以上の墓碑を擁するヨーロッパ最古のユダヤ人墓地と聞いた。

かつての修道院教会聖アンドレアスを利用した**市立博物館**（ムゼウム・デア・シュタット・ヴォルムス）はヴォルムスの都市史，地方史を中心とするが，ヴォルムス滞在期のルター関係の展示もあって興味深い。

シュパイアー　Speyer

ヴォルムスの南50km，同じくライン左岸のシュパイアーも素晴らしいロマネスクの大聖堂で知られる。現在は人口4万3000人ほどの小都だが，ヴォルムスと並んで中世から近世初期には繰り返し登場する地である。1294年に帝国都市（ライヒスシュタット）となり，1570年までの間に50回を越える帝国会議の開催地となった。

プトレマイオス（アレクサンドリアの天文・地理学者。2世紀前半に活躍）の言及によって，前1世紀にはケルト人の集落（オピドゥム）の存在が知られ，ゲルマン系ネメテル族の短期の支配をへて，前58年カエサルのローマ軍に征服され，3世紀にはローマのキヴィタス・ネメトゥムとなったが，同じ世紀の中頃にはアレマン族が侵入，406年以後はゲルマン民族大移動の嵐にもまれたあげく，496年アレマン族をくだしたフランク王国の版図となった。後年の名称のルーツとなる「シュピラ」があらわれるのは6世紀になってであった。

シュパイアーは，中世中期とりわけザリエル朝，ついでシュタウフェル朝の諸皇帝のもとで急速に重要性をまし，神聖ローマ帝国政局の要（かなめ）の一つとなる。ザリエル朝初代の皇帝コンラート2世（→p25）は，1030年頃，新しい大聖堂建設の礎石を築いたが，この聖堂がザリエル王家の墓所となり，王権とのつながりを強化する機縁となった。

教皇グレゴリウス7世による破門で窮地にあったハインリヒ4世帝は，1076年この町から発ってカノッサに向かった（カノッサの屈辱）。（→p25）

1146年の降誕節，シュタウフェル家のコンラート3世帝が，この大聖堂でなされたベルナール・ド・クレルヴォー（シトー派の修道院長）の激しい説教に促され，翌年第3次十字軍に参加した話はよく知られている。後年カール5世帝がこの町に召集した1526年と29年の帝国会議の決定が宗教改革の帰趨（きすう）を大きく左右したことも想起しておこう。（→p57）

シュパイアーの重要性に翳（かげ）りが見えはじめるのは，1689年プファルツ継承戦争の過程で，フランス王ルイ14世の軍隊に破壊されたあとであった。1792〜1815年まではフランスの支配下にあり，その後1945年までバイエルンに帰属，第二次大戦のあとラインラント・プファルツ州に編入された。

シュパイアーのラントマークは，もちろんロマネスクの**大聖堂**（カイザードーム）。皇帝大聖堂と呼ばれるトリオ（ほかはマインツとヴォルムス）の中でも最大，1981年以来ユネスコ世界遺

シュパイアー

ザリエル・初期シュタウフェル朝期の市壁
11世紀初期の商人定住地
10世紀の防塁
*1821年の地図による。

産の一つである。7世紀までたどることのできる先行の建築物は存在したが，現存の聖堂建築はコンラート2世帝の定礎（1030年）で始まった。次帝ハインリヒ3世のときに，まず地下聖堂(クリュプタ)が完成し，その息子ハインリヒ4世になってようやく大聖堂全体の献堂（落成）式にこぎつけた。着工から優に30年は経っていた。

大聖堂は，その後，その時々の趣向に合わせた改修を経験した。早くもハインリヒ4世のときには，それまで平らな天井だった中身廊に丸天井がつけられた。ドイツ建築史上画期的な仕事であったとされる。

1957年に始まった修復工事では，後世の改造の多くを除去し，草創期の皇帝たちの描いたイメージに近い形で復元された。会堂内部の規模の大きさ（長さ133m），恐ろしく徹底した対称性，飾り気ぬきの壁面——それらのすべてがかもしだす厳粛な，かつ威厳に満ちた雰囲気は衝撃的ですらある。翼廊の階段を昇っていま一度その巨大さを実感してみていただきたい。

側廊東端の階段をおりると「世界でもっとも美しい」と評判の地下聖堂に出る。上階内陣主祭壇の下に位置し，8人の皇帝，国王と3人の皇妃たち（コンラート2世，ハインリヒ3，4，5世，フリードリヒ1世妃ベアトリクスなど）の霊廟である。それぞれの石棺をのぞくことができる。

大聖堂の西，かつて皇帝たちがパレードしたであろう大通りを少し歩くと**アルトペルテル**——中世都市シュパイアーの表玄関であり，ほとんど唯一残存する市門・市壁として中世を想起できる遺跡である。階上から市街を望見できるし，往時の市壁・防御システム関連の展示物を観るのもよいであろう。

ハイデルベルク　Heidelberg

シュパイアーの東北東，直線距離なら20km余り，ラインの支流ネッカー川に臨むハイデルベルク（人口約14万人の中都市）は，古城と大学で知られるドイツ有数の観光地。あまりにも有名で景観やエピソードなどくわしいガイドブックも多いのでここではその歴史的背景の骨格を中心に，簡単にふれる程度にとどめたい。

50万年前の最古の居住者「ハイデルベルク人」（1907年ハイデルベルクの10km南東で下顎と歯が発見された）のことは別としても，紀元前1世紀にはケルト人の聖所（のちにローマ人の礼拝所となる）がハイリゲンベルク丘上（ネッカーの右岸，現在屋外舞台のある場所）に存在したことはわかっている。

ハイデルベルクの地名が文献にあらわれるのは1196年。この文書によれば，皇帝フリードリヒ1世（赤髭王）の異母弟プファルツ伯コンラートが，丘陵中腹の城砦（11世紀には存在していたらしい）とその**城砦**(ブルク)に属する小村をヴォルムス司教領から入手したのが1170年より以前であった。帝国の中央

政局では，赤髭王が宿命のライバル，ヴェルフェン家のハインリヒ獅子公の処遇に腐心していた時期である。
(→p30)

以後城砦は，その下に建設される都市ハイデルベルクとともにプファルツ伯領支配の中心となる。「プファルツ伯の城」と呼ばれた城館は，13世紀以降もプファルツ伯（のちに選帝侯）の居城としてしだいに拡張され，その時々の流行に従って，ゴシック，ルネサンス，バロックなどの様式を加えたが，全体としてはルネサンスの印象を一番強く残している。

丘の中腹200mほどの古城を訪れる登山電車もあるが，歩いても10分か15分程度，1893年フランス軍に破壊されたままという**火薬塔**（プルファートゥルム）を横目でみながら中庭に入ると，正面が16世紀建造の**フリードリヒ館**。堂々たるルネサンス様式で一番の見どころであろうか。城内の散歩を終えたら，北側のテラスから市内を俯瞰して市街の様相をつか

●ネッカーの対岸。中央の館にマックス・ウェーバーが住んでいた。家並の後方が哲学者の道。

んでほしい。聖霊教会などが比較的早く見つかるであろうから，その右が市庁舎，教会の斜め手前あたりに「騎士の家」があるはず，などという具合に地図と照合してみるといい。

最後に地下にあるワインの大樽も忘れないように！ 18世紀末に城兵たちのためにつくったワインの大樽の20万リットル入りという巨大さに感嘆し，宮廷道化師ペルケーオの人形に挨拶し，試飲の白ワインをいただいて山をおりよう。

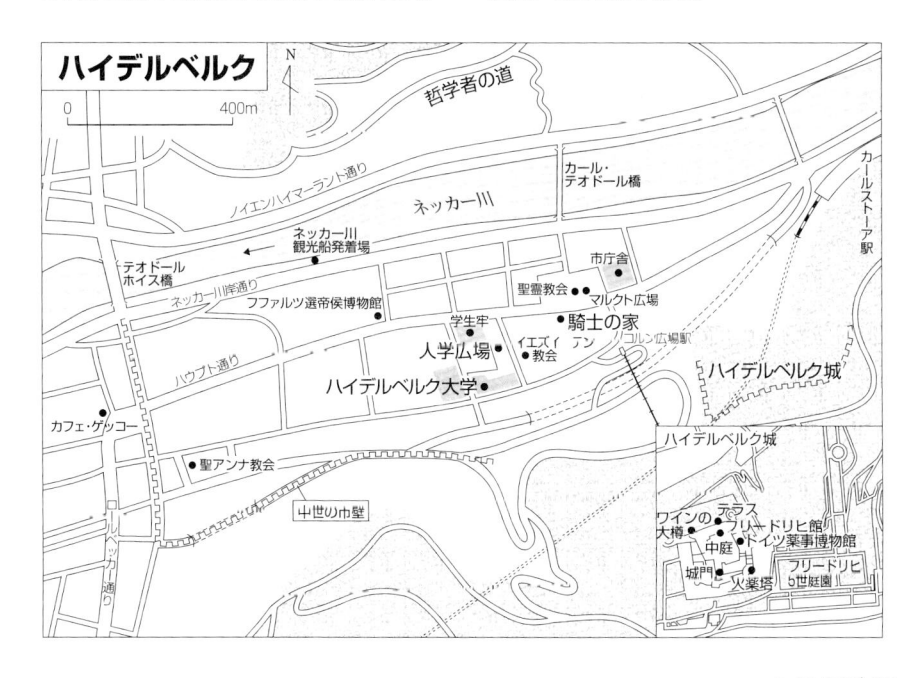

●騎士の家、入口の看板

市庁舎(ラートハウス)は、1701年以来繰り返し増築されて今日にいたったもので、現在も市役所として使われている。15世紀前半建立の**聖霊教会**(ハイリゲガイストキルヘ)は、17世紀末まで代々のプファルツ選帝侯の墓所であった。**騎士の家**(ハウスツームリッター)というのは、16世紀の末Ch.ベリエというフランスの織物商が建てたもので、呼称はルネサンス様式の正面玄関の騎士像にちなんだもの。上流門閥市民の邸宅であったが、現在は泊まることも、比較的落ち着いて食事もできるホテルになっている。

伯領は、短いヴェルフェン家の時代をへて、1214年、ヴィッテルスバッハ家の領有となり、1300年頃には、丘陵山上に第2の城砦をもつまでになる。この第2の城砦は、そののち火薬庫として使用されていたが、1537年落雷に逢って消滅した。

1386年プファルツ伯(選帝侯)ルプレヒト1世が大学を設立──正式の名称を**ルプレヒト・カール大学**といい、現在のドイツでは最古(ドイツ語圏としては、プラハ、ウィーンにつぐ3番目)の大学となる。昔からの大学の建物は、旧市街の真ん中**大学広場**(ウニヴェルシテートプラッツ)あたりに集中しており、貴重な原本を含む(4半世紀前ですでに)100万巻を越す蔵書を誇る大学図書館や観光でも有名になった**学生牢**(カルツァー)などすべてこの近くにある。校舎はドイツの古い大学の多くがそうであるように、市内の各所に散在しており、現在では中心キャンパスはネッカーの反対(北)側、町の西方に移されている。

ネッカーの対岸は、静かな高級住宅地になっており、歴史家や社会科学者にはあまりにも有名なマックス・ウェーバーも川岸の通りに住んでいた。その1本北のやや細い道が**哲学者の道**(フィロゾーフェンヴェーク)で、昔からゲーテをはじめ多くの詩人や哲学者たちが思索にふけりつつ歩いた散歩道。所々で旧市街や古城のたたずまいに眼を向けながら歴史の旅の散策を楽しんでいただきたい。

15世紀、プファルツ伯ルートヴィヒ3世は、ジギスムント帝(在位1410〜37)の公会議政策の熱心な推進者であり、1415年コンスタンツの公会議で改革者フスを火刑に追いやる役割をはたす。それから100年余り(→p48)

●学生牢(カルツァー)

中世の時代には、すべての人びとがその身分に従って、裁かれる法廷も適用される法も異なっており、学生の裁判権は教会に属していた。この慣行は近世になっても残っていて、学生たちの犯したトラブルに都市の警察は介入できず、市民たちの苦情も多かった。その対策として大学当局が設置したのがこの「学生牢」で、学生たちは罪状に応じて1日から30日の期間、水とパンのみで監禁された。もっとも講義には出席させたので、彼らはその機会に食糧や酒類を調達して夜は牢内で騒いだという。牢は1778年から130年余り使用されたのち1914年第一次世界大戦勃発の年に閉鎖された。

たった1518年，ルターがハイデルベルクにやってきてドミニコ派と対決することになるが，同時にこの地でブッツァー，ブレンツ（それぞれ後年のシュトラスブルク，シュヴェービッシュ・ハルの改革指導者）などという同調者を得て宗教改革を大きく前進させる基礎をつくったことは記しておきたい。ハイデルベルク自身も1556年ルター派に改宗した。その後カルヴァン派に転じ，ドイツにおける同派の中心となったこともあった。

　三十年戦争は，その第1期をプファルツ戦争（→p58）と呼ぶように，ボヘミア王となって同地の新教徒のために戦った選帝侯フリードリヒ5世（在位1614～32）にたいする旧教連盟軍の追撃という形で展開，ハイデルベルク城は，1622年バイエルンのティリー将軍（1559～1632）の猛攻の前に屈服，以後一時スウェーデン軍に占領される時期を除き，ヴェストファーレン条約（1648年）にいたるまでバイエルン公の手中にあった。

　17世紀後半は，先に追われたフリードリヒ5世の息子カール・ルートヴィヒが国土の再建につくしたのも束の間，その娘がフランスのオルレアン公に嫁いだことから生じた相続問題を口実に，太陽王ルイ14世（→p59）のフランス軍が侵入すると（プファルツ継承戦争，1688～89年）町はふたたび廃墟となり，城も大きく壊された。現在も残る破壊の跡は，主としてこのときの名残である。1720年，選帝侯の宮廷がマンハイムに移転すると都市の政治的機能も喪失し，1803年，新設のバーデン大公国に帰属した。

　ハイデルベルクは，第二次大戦の破壊をまぬがれた。ドイツ軍の退却に際して，二，三の橋がお定まりのように爆破されただけである。

フライブルク・イム・ブライスガウ
Freiburg im Breisgau

　シュパイアーから遡ること200km足らずか，ラインの右から20kmほど離れ，シュヴァルツヴァルト（黒い森）の西南端近くに位置する人口20万人ほどの中都市。大聖堂（ミュンスター）と大学で有名だが，近年環境（保護対策）先進都市としても世界的に有名になった。

　中世フライブルクは典型的な建設都市（自然発生的に都市化が進んだものと対比して，計画的に造成された都市），1120年西南ドイツの有力豪族ツェーリング家のコンラート（1世，大公位1122～52）のイニシアチブによるとするのが定説である。ちなみに同じツェーリング家の手になる中世ベルン（1191年，現在スイス）の都市プランと比べると驚くほど似ていることに気づくであろう。

　1218年ツェーリング家が断絶，都市の支配権はウーラハ伯家（以後フライブルク伯を名乗る）に移った。フライブルクはこの頃門閥（もんばつ）市民を中心とする市参事会（シュタットラート）を維持していたが，その世紀の末にはツンフト（手工業者の同業組合を中心とする政治組織）も台頭，参事会にも代表を送るようになる。14世紀末葉には門閥政治は完全に挫折，ツンフトの優位はさらに増大した。

　その間ウーラハ伯家の支配はすこぶる不評で，市民たちは1368年，伯家との戦闘で一進一退したあげく，銀1万5000マルクの償金で支配権を買い取ることに成功，ハプスブルクの主権下に保護を求めていた。ツンフト支配に終止符が打たれるのは，はるか後年，1651年，前部オーストリア（フォルダー）（ドイツ西南部のハプスブルク領）のハプスブルク政府がエルザス（アルザス）からフライブル

●エルザス(アルザス)回遊
シュトラスブルク(ストラスブール)とコルマール

　シュパイアーから40kmほど遡行，カールスルーエを少し過ぎたあたりから南は，ライン川がほとんどドイツとフランスの国境となる。この間はフランス側，ライン左岸のエルザス(アルザス)に入ってシュトラスブルクとコルマールに立ち寄ることをお勧めしたい。

　シュトラスブルク(フランス語はストラスブール)の歴史は，古代ローマ軍団の駐屯地として始まった(当時の呼称はアルゲントラトゥム〈白銀の町〉)。ライン川に近い交通の要衝であったので，他民族の進攻，移動の通過点ともなりやすく5世紀の中葉にはフン族の侵攻も経験した(アッティラ王のフン族は，451年カタラウヌムでフランク人を含むローマ軍と西ゴートの連合軍に敗れて敗退した)。5世紀末頃からストラーテブルク(街道の町)とも呼ばれるようになる。

　アルザス地方は，アレマン族の時代をへてフランクの支配下に入り，9世紀半ばカロリング朝フランクの分立によって東フランクの版図に入った。この時期に属する「シュトラスブルクの宣誓」のエピソードは第Ⅰ部で記した。(→p20)

　シュトラスブルクは中世をとおして神聖ローマ帝国の枠内にあり，ケルン，マインツと並ぶライン3大都市の一つに数えられていた。1261年には帝国自由都市ともなって繁栄し，16世紀にはブッツァーらの指導下に宗教改革の導入に成功，カルヴァンもジュネーヴを追われた一時期(1538～41年)，この町でフランス人教会の牧師としてプロテスタンティズムの布教を指導した。ヴェストファーレン講和体制でも，フランス領となった地域からは独立の自由都市でありつづけたが，1681年ルイ14世の軍門にくだってフランスの都市となった。

　普仏戦争の結果1871年からドイツ帝国領となり，1918年第一次世界大戦の敗戦によってふたたびフランス領となって現在にいたっている。現在は人口25万人余りの中都市だが，1949年以来ヨーロッパ議会の所在地として統合ヨーロッパEUの推進に大事な役割をはたしている。

　見どころの第一はゴシックの**大聖堂**(カテドラル)(ノートル=ダム・ド・ストラスブール)。エルザス平野にそそりたつ尖塔は，シュトラスブルクのランドマーク。留学中のゲーテがこの大聖堂を見てゴシックの美しさに開眼(かいげん)したというエピソードもある。1015年建立のロマネスクの会堂が1176年に焼失したのを機に再建された。最初にできた内陣と袖廊はロマネスク様式に属するが，13世紀建立の三身廊バジリカと142mの尖塔がフランス・ゴシックの強い影響を受けたドイツ・ゴシック建築の好例の一つとされている。(→p38)

　大聖堂の近くを歩くだけで立ち寄りたくなりそうな見どころは選択に困るほど並んでいる。**ルーヴル・ノートル=ダム博物館**(古いステンド・グラス，大聖堂の彫像のオリジナル，尖塔など，尖塔とファサードの設計図の原本など)，**ロアン家の城館**(シャトー)(シュ

トラスブルク司教たちの宮殿であった。1732～42年の建造，フランス古典主義様式の傑作とされる），**装飾美術館**(ミュゼ・デ・ザール・デコラティフ)(シュトラスブルクの手工業品，陶器コレクションなど)，**考古学博物館**(ミュゼ・アルケオロジック)(先史時代の発掘品のほかとくにローマ時代とメロヴィング朝期のコレクション)など興味と時間に合わせてのぞいていただきたい。この地域にはアルザスの伝統を思わせる家屋もぽつぽつ残っていて歴史散歩の目を楽しませてくれる(「雄鹿薬局」(ファルマシー・デュ・セルフ)，カメルゼル館のフレスコ画や木彫など)。

古い街並をもっともよく保っているのは**小**(プティト)**フランス**と呼ばれる一画。昔，漁師，革鞣(なめ)し職人，製粉業者などが住んだ所。少し足を延ばして散歩を楽しむ価値は十分にあると思う。

シュトラルブルクから50km余り南の**コルマール**は，人口6万人余りの小都だが，すでに13世紀からワインの交易などで栄えていた。13・14世紀に遡る**聖マルタン教会**や多数のルネサンス建築が今日も残っている。神聖ローマ帝国の枠内にあって1226年に帝国自由都市になったが，1697年フランスに併合され，1071～1910年ドイツ帝国領。その後ふたたびフランスに復帰という経緯はシュトラルブルクと同じである。

私たちの今回の目標は，当地の**ウンターリンデン美術館**。この美術館自身が昔の修道院を改装したもので，館内のそぞろ歩きも楽しいが，主目的は館内礼拝堂に移転展示されている有名なグリューネヴァルト(ドイツの画家，1455/60～1528)の**イッセンハイムの祭壇画**をたずねることである。グリューネヴァルトは，コルマールから20kmほど，南イッセンハイム(イセネム)のアントニウス会修道院の要請で1512～16年，その礼拝堂の装飾を担当した。中心となる祭壇(画)は，もともとは開閉式の翼を含む10枚で構成され，苦難のキリストを中心とする一貫したテーマを追ったものであるが，現在の展示では，全部を見せるためにばらばらにされている。

中央部分の真ん中「磔刑(たっけい)のキリスト」の下にひざまずくマグダラのマリアが，一気にキリストに近づこうとするはやる思いと，主の断末魔から目をそらそうとする思いの交錯するようすを描いている，という説明に耳をかたむけながら，巨匠のみごとな表現力に感嘆していたことを思い出す。グリューネヴァルトは，その後，ルターの影響で改宗して農民戦争に身を投じ，仕えていたブランデンブルクの枢機卿のもとを離れ(1526年)，その2年後ハレで没した。

余談だが，ニューヨークの自由の女神を製作したフレデリック・バルトルディは，1834年にこの町で生まれた。

コルマールから南東方向20km余り，ブライザッハでラインを越えて東に20kmほどでフライブルクに着く。

クに移転したあとのことであった。

近世のフライブルクは蜂起した農民団に占拠されたり(1515年)，三十年戦争ではスウェーデン(1632，1638年)(→p58)やバイエルン(1644年)に占拠され，さらにフランスの侵入(1677，1713，1744年)を経験しながらも，市街の建物の多くは維持しつづけた。1944年の爆撃の被害もほとんど復旧し，古き美しい時代のたたずまいを観ることができるようになっている。

ハプスブルク家の支配は1805年で終わり，フライブルクはバーデン大公国の一部となった。

〈フライブルクの見どころ〉

歴史散歩の開始は，旧市内の賑やかな市場広場(大聖堂広場ミュンスタープラッツ)にそびえるゴシックの大聖堂ミュンスターからであろう。都市建設と同時に教区の建設も進行していた模様で，現在大聖堂のある場所に教区教会プファルキルヘが建設され，さらに1200年の前後，まだツェーリング時代最後の当主ベルトールド5世(1218年没)のもとで教区教会の新築が始まっていた。さしあたり翼廊クヴェアシフを含むロマネスクの東部分が建立され，ついで13世紀中葉に長堂ラングハウス(中廊ミッテルシフと側廊ザイテンシフの部分)が続く頃には，ゴシック様式になっていた。

ところでもともとツェーリング公家の墓所教会にも擬されていた会堂の建設費は，1218年の公家の滅亡後は，すべて市民たちの肩にかかることとなり，それもあってか，やや長い中断もあったが，それでも1350年までに長堂と西塔が完成した。14世紀後半にてがけた後期ゴシックの内陣拡充計画は，16世紀初期になってようやく賑々しく完成した。会堂内部では，主祭壇トリプティーク(三枚折祭壇画)の聖母マリア戴冠の図(16世紀，ハンス・バルドゥング画)，万華鏡のようにきらめくステンドグラスの窓などが見ものである。塔上からながめる景観もよし――天気がよければラインの向こうのヴォージュ山地まで一望できる。大聖堂には14・15世紀になると，ほとんどの場合，貴族門閥や富裕な市民から100にもおよぶ祭壇(維持)教会禄アルターベネフィツィウムが寄進されており，中世末期の信心と心性のありようを伝えるよすがを残している。

会堂は1827年まで通常の教区教会であったが，この年フライブルクが上ライン司教区の司教座所在地となったことで大聖堂の地位を許された。

大聖堂のすぐ南，大聖堂広場に面してすぐわかる，階下がアーケードになった赤褐色の建物が，往時の商館カウフハウス(1530年)。階下のアーケード部分を商品の展示，売買取引に，階上を宴会場として使っていた。正面バルコニー上の4体の彫像は，ハプスブルク家の支配者たちであり，同家の保護にたいするフライブルクの忠誠と尊敬，親近感をあらわしていると聞いた。

商館の東隣(向かって左)はバロックの**旧市庁舎**(別名ヴェンツィンガーハウス)。1761年の建築。内部では鍛鉄の手摺りをつけたみごとな階段や天井の精巧なフレスコ画に目を奪われるであろう。現在は都市史

博物館となっており，18世紀にいたる市史を学ぶことができる。

　大学の創設は，1457年，大公アルブレヒトによってであった。創設の当初から人気が高く，後年有名となる多数の人文主義者，宗教改革者たちが学んだり教えたりしている。ヨーハン・ロイヒリン（1455～1522，ヘブライ語研究で著名な人文主義者）は1470年頃学生であった。ついでながらエラスムス（1469?～1536）はその晩年（1529～35年）をフライブルクで過ごしていた。

　中世都市の防御施設については，**マルティン門**と**シュヴァーベン門**の所で13世紀の市壁の残址を見ることができる。マルティン門は1230年頃完成，ただし今日の形になったのは1900年頃の改築以降。シュヴァーベン門は1953年の復元である。

——— * ——— * ——— * ——— * ———

　フライブルクで「ライン遡行」の章を終える。このあとはバーゼルまで列車で1時間とはかからないので，そこからスイスをぬけるなどして旅を続ける方も多いであろう。もう一つお勧めしておきたいのは，せっかくここまできたのだから，**シュヴァルツヴァルト**（黒い森）のどこかで（フロイデンシュタット，バイアースブロンなど保養地の小ホテルや民宿などがいい）緑を満喫されること。

　車の旅なら，むしろここに泊まってフライブルクなどを訪ねるほうがよいと思う。シュヴァルツヴァルトの東北端，ナゴルド川の渓谷に**ヒルサウ修道院**の跡を見学し，(→p26)森をちょっと出た所の小都ヘルマン・ヘッセの生まれた**カルフ**まで足を延ばすのもよい。ヘッセの生まれたカルフまで足を延ばすのもよい。カルフから北へ3km余りドライヴすれば，**マウルブロン修道院**，逆に(→p27)

●バーデン・ヴァイラー。ローマ人の公共浴場（テルメン）跡と復元模型。

南下すれば森の東端ドナウエッシンゲン辺りでドナウ川の源流を覗くこともできるであろう。

　森の西端の保護地バーデン・バーデンは余りにも有名だが，歴史の旅としてはむしろ**バーデン・ヴァイラー**（フライブルクの南30kmほど）に中世の城址（1678年に廃墟）と，近年みごとに整備されたローマの公共浴場を訪ねることをお勧めしたい。

　もう一つ最後にドイツの最南西隅の小都レルラッハとレッテルン城址を紹介しておきたい。**レルラッハ**は，黒い森から流れ出てライン川に注ぐヴェーゼという可愛らしい川のほとりに発達した小都。1083年に初めて文献に登場，1403年国王ルプレヒトから，市場権を得て発展した。北隣の城砦**レッテルン**は，バーデン辺境伯の居城であったが，同じく1678年に破壊されて今日にいたっている。両者ともにバーゼルから8～9km，フランスとの境からはもっと近い。両国の民衆にとって厳しい歴史の現実であったが，この辺境の地が，現在ヨーロッパを結ぶ絆となったことを実感しながらの散策は，ドイツ史を学ぶ私にとっても忘れ得ぬ想い出であった。

ドナウ下りと南ドイツの史跡

ドナウ川はドイツ南西部シュヴァルツヴァルト(黒い森)に源を発し，ドイツ，オーストリア，ハンガリー，ブルガリア，ルーマニアなどヨーロッパを東西に貫流して黒海にそそぐ全長2860kmにおよぶ大河。古代・中世には軍事的境界線(ローマ帝国の防衛線)として，また商業流通や文化的交流のうえで大きな役割を果たしていた。11世紀末から12世紀，第1，第2，第3次十字軍では遠征軍の通路であり，後方支援の重要な兵站路線であった。13世紀以降ヴェネツィア商人の活動につれて交易の中心は地中海に移り，近世に入るとオスマン帝国支配の影響でレーゲンスブルク以東のドナウ川交通は困難となった。19世紀，とくにその後半以降になると，協定によるドナウの国際河川化が実現，河川の整備工事の進捗とともに水運の規模も拡大して今日にいたっている。

私たちはドナウ上流ドイツ地域のウルムからパッサウまでの四つの古都を訪れたのち，支流イーザル川(パッサウの手前40kmあたりでドナウにそそぐ)を遡行，文化と芸術の町，バイエルンの国都ミュンヘンをへてドイツの南端フュッセンに向かう。夢のお城ノイシュヴァンシュタインを訪れたのち，昨今あまりにも喧伝されて有名になったロマンチック街道にそってヴュルツブルクまでの道をたどることにしたい。

ロマンチック街道は1950年頃に開発されたドイツの観光ルートの元祖みたいなものだが，もともとはレヒ川(フュッセン近郊に発し，アウクスブルクを通ってドナウヴェルトの少し東でドナウに入る)にそってアウクスブルクにいたる古代ローマの商業路であった。ローテンブルク，ニュルンベルク，ヴュルツブルクを含む一帯は，ザクセン朝，ザリエル朝，シュタウフェル朝など中世ドイツの諸王権がライバルとなった諸侯，豪族に対抗するための政治的軍事的拠点を求めた重要な舞台でもあった。

ウルム Ulm

人口10万人足らずの中都市。往時ドナウ左岸(北側)の帝国都市であった。8世紀後半，渡河地点に設けられた軍事基地がルーツと考えられ，854年には王宮所在地として文献に登場する。11世紀には，しばしば

宮廷会議が開催され，シュタウフェル朝時代には，シュヴァーベン地方の中心都市となった。1163〜81年の間に都市法も獲得，14〜15世紀には，経済的文化的最盛期を経験，とくに麻織物の生産，取引では南ドイツの中心地であった。ドナウ川は，このあたりから下流が，やや小さめの船舶の往来が可能であった。都市ウルムは，この時期，シュヴァーベン都市同盟や宗教改革期のシュヴァーベン同盟の中で指導的役割を果たしている。1802年バイエルンに占領され，10年以降はヴュルテンベルクに属する領邦都市となった。
（→p45）

ウルムといえば，何といっても**大聖堂**（ミュンスター）が特段の観光目標であろう。ケルン大聖堂につぐドイツ最大のゴシック教会堂であり，161.6mの尖塔は，ケルンよりも4m高く世界一とされる。1377年に起工，西正面の大尖塔は，15世紀に追加着工された。工事は16世紀中葉から300年ほど中断されていたが，1890年にすべてが完成した。

尖塔143mの所にある展望台（768段を昇る甲斐は十分ある）からの眺望は素晴らしい。シュヴァルツヴァルト（黒い森）やシュヴァーベン・ジュラ山地を一望におさめ，好天なら，はるかアルプス山脈まで見渡せる。もちろん足下の旧市街を俯瞰し，地図を片手に，たとえば南側ドナウ川方向（川より手前）に**市庁舎**（ラートハウス）を見つけるなどというのも楽しいであろう。

聖堂内陣の素晴らしいステンドグラスの窓（14・15世紀）は，第二次世界大戦中は疎開されていた。この窓のあたりが会堂の最古の部分といわれる。西側扉の上方「イスラエルの窓（フェンスター）」と呼ばれるステンドグラスはナチスのホロコーストの犠牲となったユダヤ人を記念すべくつくられた。

○ウルム大聖堂

市庁舎は1419年まで商館であった。東側ルネサンス風正面（ファサード）の**天文時計**（1520年）が見もの。その上部にはアラビア数字の標準時計も設置されており，15分ごとに時刻を告げるようになっている。

時間が許せば，ドナウ北岸に部分的に残る市壁にそって散歩したり，往時の**漁師地区**（フィッシャーフィアテル）（漁民や船大工たちの住んだ街区）にたたずみ古都の往年を偲ぶのもよいであろう。

最後に，このウルムは大物理学者アルバート・アインシュタイン（1879〜1955）の生地であることも付言しておこう。中央駅近くには彼の記念碑が建っている。

インゴールシュタット
Ingolstadt

現在は人口9万人弱，ドナウ左岸に位置する地方都市。8世紀に文献に登場，1180年にヴィッテルスバッハ領となり，13〜15世紀バイエルン大公たちの王宮所在地であった。この時期，塩，ワイン，穀物の集散地としても発達した。

1472年ルートヴィヒ9世富裕公（バイエルン大公在位1450〜79）の創設した大学（ミュンヘン大学の前身。19世紀前半ランツフートをへてミュンヘンに移転）は，1549年以
（→p139）

ドナウ下りと南ドイツの史跡 | 129

エック博士、聖母教会北側側廊の碑銘(→p174)

降イエズス会の組織をとおしてカトリシズムの保護者となった。改革者ルターの強力な論敵となったエック（ライプツィヒ論争）はこの大学の教授であった。当市の**聖母教会**（リーブフラウエンミュンスター）北側廊の壁面にはエック教授のブロンズ製碑銘がはめこまれている。聖母教会は、切妻壁（ギーベル）に張り出し窓（エルカー）を設けた往時の市民たちの家並みの残る大通り（テレジエン通り（シュトラーセ））の西端にそびえる大きな後期ゴシックの煉瓦造り。1425年に起工、16世紀の初期に完成した。

ビール党の読者のために付言すると、ドイツの「ビール純粋令」（麦とホップと水以外のなにも使ってはならないとする禁令）は、1516年この町で発布された。

レーゲンスブルク　Regensburg

ドナウ右岸（南側）に発達した古都。古代から中世、近世が重層的に残る歴史の町である。現在は人口13万人ほどのバイエルン州の中都市。レーゲンスブルクという名称については、この地点でドナウにそそぐ支流レーゲンとの関連を考えるものと、ここにあったと思われるケルト人集落ラダスボナ（フランス語では今日でもラディスボンヌ）を示唆するものがあるが、いずれにせよローマ軍団辺境の駐屯地「カストロ・レギーナ」が直接のルーツであった。

紀元77年、ローマ皇帝ウェスパシアヌスのときに歩兵部隊（コホルテン）の駐屯地がおかれ、179年マルクス・アウレリウス帝がこれを拡充して6000の兵士を擁する大きな軍団（レギオン）駐屯地を建設したのが歴史に記録される端緒となった。長さ8mにおよぶ石板に刻まれた碑文によって、24haほぼ正方形の城砦（カストルム）がこの年（179年）に完成したこと、そしてこの石板自体は四つの城門のいずれかの上部にとりつけられていたことがわかったのであった。レーゲンスブルクの出生証明ともいえるこの碑文は現在市の歴史博物館（レーゲンスブルク市立博物館）に収蔵されている。

紀元300年頃再度強化されたローマの囲壁の跡は、都市の見取図に促してほぼ正確にたどることができる。城砦の北門、ポルタ・プラエトリア（近衛門）(→p132)のアーチや東南角あたりのローマ囲壁の一部は今でも見物可能である。

4・5世紀にはゲルマン系の諸部族が順次進出、530年頃からはバユヴァール（バイエルン）族が居住するようになり、7世紀後半以後バイエルンの部族大公アギロルフィング家の宮廷所在地となった。787か788年バイエルン大公タシロ3世はカール大帝に最終的に屈伏し、レーゲンスブルクもフランク王国の支配下に入った。大帝はここで王国の集会を開いたり、ここを基地としてボヘミア方面への布教、出撃を試みた。(→p17)

レーゲンスブルクは、その間739年には、ボニファティウスの創設した新司教区の司教所在地として宗教的中心ともなっていた。740年頃、旧ローマ囲壁東南部に接して外側に建造された聖エメラム修道院は、(→p133) 920年頃バイエルン大公アルヌルフによる市域拡張で、市壁の内側に入った。同修道

院はバイエルン全域に散在する所領をもち，市の内外の所有地に住む隷属手工業者を擁して，その後のレーゲンスブルクの経済にも大きな影響を与えた。ちなみにこの修道院は，おびただしい寄進文書，土地台帳などを含む大量の史料を残していることで中世史家たちの注目を引いている。

中世初期以後のレーゲンスブルクでは，このようにして大公，国王，宗教諸勢力が継起的，重層的に領主権を主張する状況が続いたために，ほかの多くの都市のような単一の都市領主の出現にはいたらず，住民はそれぞれ居住地の領主に服属していたが，12世紀中頃から徐々に市民としてのまとまりを形成するようになったと推定されている。

12・13世紀は都市レーゲンスブルクの躍進の時代であった。商業も最盛期で，キエフやノヴゴロドまで出かける商人も多かったし，ヴェネツィアのドイツ商館でもレーゲンスブルクの商人が首位を占めた。全長330m，現在も使われている立派な**石　橋**(シュタイネルネブリュッケ)(1135～46年頃)は，この時期の商業流通の要請に応じた所産であり，中世にあっては驚嘆すべき技術の成果であった。都市の富力の表象でもあった。商業で成功した富裕な市民門閥は，イタリア風の塔のある豪邸をかまえて，相互に社会的権威を競い合った。旧市庁舎に近い小路**ヒンター・デア・グリープ**あたりには，そうした古い市民の家がいくつか残っていて，私たちに中世の盛時を偲ばせてくれる。

1245年には自由帝国都市となって，帝国の国制次元では諸領邦と同格になったレーゲンスブルクの繁栄も，14世紀に入るとアウクスブルク(→p144)やニュルンベルク(→p153)におされて，翳りを見せ始める。

1542年に宗教改革を導入。三十年戦争期には，1633年にヴァイマール公ベルンハルトに攻略され，翌年には皇帝軍に占領された。帝国会議(ライヒスターク)は，1663年以後レーゲンスブルクに常置されることとなり(従前はヴォルムス，シュパイアー，アウクスブルク，ニュルンベルクなどその都度場所を変えていた)，帝国終焉の1806年まで市庁舎(ラートハウス)の「帝国の間」(ライヒスザール)(1350年頃)(→p133)が会議場となった。(→p59)

1809年，レーゲンスブルクはフランス軍に攻略され，翌1810年にはバイエルンに併合されて今日にいたった。

〈レーゲンスブルクの見どころ〉

歴史散策の第一歩は**大聖堂**(ドーム)(聖ペテロ)から始めよう。ドナウ渓谷の石灰岩と緑色砂岩を使った三身廊バジリカ様式，ドイツでも名だたるゴシック会堂の一つである。フランス東部の諸教会の影響を受けつつ1275年に起工，工事は内陣から始め，引き続き14・15世紀に長堂から西側部分におよんだ。1340年に南塔の，そして1380年に北塔の礎石が置かれた。多数の彫像で知られる西側正面玄関(ポルタル)は1305年に着工，1440年に

ドナウ下りと南ドイツの史跡 | 131

●レーゲンスブルク大聖堂

完成した。1530年には、二つの塔も含めて建築工事の全工程が完了していた。ただし両塔の高さが105mになるのは、1806～69年の増築によってであった。北側翼廊の通称「驢馬の塔」（エーゼルストゥルム）——踏面も蹴上もなく螺旋状に昇るスロープになっている——は、先行したロマネスク教会堂の名残である。

　大聖堂内部は奥行85m、幅35m、高さ32m。7000人が礼拝に参加できる大聖堂で、まず大空間の美しさに眼を奪われるであろう。色あざやかなステンドグラスの窓は大部分は14世紀のもの、もっとも貴重ないくつかは内陣の窓とされる。1785年に捧げられた銀製の「主祭壇」は、アウクスブルクで製作された。その左側背後の優美な「聖体安置塔」（サクラメントホイスヘン）(1493年)は後期ゴシックの作品である。中廊部分では、やはり後期ゴシックの「石造りの説教壇」（シュタインカンツェル）(1482年)やその東、左右一対の「聖母マリアと受胎告知をする天使」の彫像などが目につくであろう。

　日曜日にこの町に滞在したら、ミサに参列してレーゲンスブルク大聖堂少年合唱団（愛称「大聖堂の雀たち」（ドームシュパッツェン））の歌声に耳をかたむけることも忘れえぬ旅の思い出となるであろう。

　大聖堂のすぐ北、往時の司教館（ビショフスホーフ）は、11世紀初期以来の司教の宮殿であり、しばしば皇帝の滞在所ともなった。改築を繰り返した結果、当初の様相はほとんどないが、今日では同名のホテル（ビショフスホーフ）となっていて、古跡をめぐる散歩にも便利で格好の宿所を提供している。ホテル北側の道路に出ると、古代ローマ城砦（カストルム）北門、**ポルタ・プラエトリア**（近衛門）（→p130）のアーチや櫓の一部を見ることができる。ここまできたら、前述の**石橋**（→p131）を渡って対岸、あるいは途中の橋上あたりからレーゲンスブルクの町を望見することをお勧めしておきたい。帰り道に、橋のたもとの「ヒストーリッシェ・ヴルストキュッヘ」（歴史的ソーセージ屋の意）で評判のソーセージとビールで一休みするのも悪くない。

　大聖堂南側の広場から東に歩くと**穀物市場**（コルンマルクト）という広場に出る。広場の西側、**レーマー塔**（トルム）は、昔カロリング朝の王宮であった所、988年には大公宮廷としての言及もあり、12世紀には改築されてバイエルン大公の宮廷となった。上階は後期ロマネスクの美しい広間になっている。

　広場の南側、通称**旧聖堂**（アルテカペレ）では、西側壁面や塔の基礎部分に9世紀カロリング時代の遺構を認めることができる。1002年ハインリヒ2世帝が建立、後期ゴシックの内陣は、1441～52年の建造、鐘楼は初期ロマネスク。会堂内部は1751～65年にロココに改装された。

　ニーダーミュンスターは広場の東側。もともとは女子修道院であった。内装は17、18世紀にバロックに改装された。

　広場の東南、大通りの向かい側に建つ**レーゲンスブルク市立博物館**（ムゼウム・デア・シュタット・レーゲンスブルク）は、往時のフランチェスコ修道会修道院（1226年）の中に

設置され，1932年に現在の形に改造された。100を超す陳列室を擁する南ドイツでも有数の博物館。旧石器時代から19世紀にいたる主として東バイエルン地方の歴史，文化，芸術をカバーし，また多くの教会堂や公共建築物に由来する貴重な彫像などのオリジナルを収蔵(元来の場所にはコピーを置く場合が多い)。

旧市庁舎(アルテスラートハウス)は大聖堂の西200mほど，ちょっと風変わりな建物。中世からバロック時代にかけて徐々に拡張されてきた結果である。一番の見どころは「帝国の間」。もともとは市参事会の舞踏・祝宴場として建造されたものが，レーゲンスブルクに常置されることとなった帝国会議の会議場となった。最上段には，天蓋(→p59)の下の肘掛椅子に皇帝が着座，その下には選帝侯たちや諸侯が，そして最後に帝国諸都市の代表が座を占めるようになっていた。地下室には，囚人の取調べ室，さまざまな責め道具を備えた拷問部屋や地下牢，死刑囚が処刑を前に待機させられた小部屋などが残されている。

旧市庁舎のすぐ北には，天文学者で数学者のヨハネス・ケプラー(1571-1630)が住みかつ死去した家が**ケプラー記念館**として残っている。

聖エメラム(修道院)教会は，8〜12世紀(→p130)に起源をもつ三身廊のロマネスク風バジリカ様式。往年はベネディクト修道会に属した。修道会が8世紀の頃，先行のゲオルク教会——西フランクの巡回司教で殉教者となった聖エメラムを埋葬した(7世紀)——を土台にして教会堂と修道院を建てた。東端に三つの後陣(アプシス)，西側に翼廊と矩形の内陣，さらに三つの地下聖堂(クリュプタ)をもつ教会堂(11・12世紀)は，その後，1731〜33年の頃アサム兄弟の手でバロック風に改造されている。(→p138)

●旧市庁舎

●旧市庁舎内帝国の間

●聖エメラム修道院

内部では，ルートヴィヒ2世ドイツ人王の皇妃(876年没)の墓石(左側側廊)，主祭壇手前床上のルートヴィヒ幼童帝(→p21)の墓標盤，内陣右の小礼拝室，後陣前の聖エメラムのゴシック風墓碑(1340年頃)などが見どころであろうか。

聖エメラム教会の北東ほんの少しの所に，ドナウ派を代表する画家**アルブレヒト・アルトドルファー**(1480頃〜1538)の立派な居宅が残っている。彼は1505年にレー

ドナウ下りと南ドイツの史跡 | 133

●ドナウ川，イン川，イルツ川の合流点

ゲンスブルクの市民権を得て，38年，市の建築技師であるとともに市参事会員としてこの町で生涯を終えた。

エメラムの東1km余の**ローマの市壁跡**も覗いておこう。中央駅は，そこから指呼の間にある。

パッサウ　Passau

レーゲンスブルクから120kmほど下流，ドナウ川，イン川，イルツ川の合流地点，オーストリアとの境界に位置する人口5万人余りの小都。中心部はドナウ川とイン川にはさまれ，両河の合流点に突きでた三角州の中にある。

この地は，中世の早い時期から，ボヘミア，ハンガリー方面へのキリスト教伝道の拠点とされ，またザルツブルク地方や南ドイツ産の塩の流通経路（イン川→ドナウ川）を押さえる，商取引の要地としても注目さ

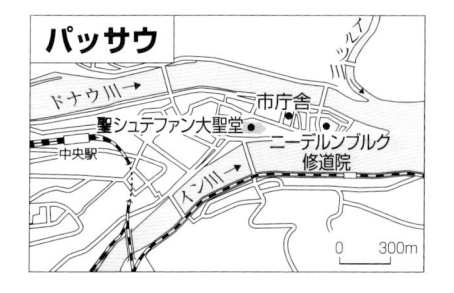

れていた。

かつてケルト系ボイイ族の集落のあった所に，西暦200年頃ローマ軍団の砦が築かれたのであったが，6世紀にはバイエルン族が定住するようになり，7世紀には部族大公の城砦（ブルク）がつくられていた。

8世紀中葉には，ボニファティウス（→p17）の指導のもとに，東方ハンガリーとの境界までを管轄する司教区が設置された。この時期，旧ローマ時代の囲壁の東端に聖シュテファン教会（後年の大聖堂）が建立されている。

現在の**大聖堂聖シュテファン**（ドーム）は三身廊バジリカ様式。東部分の内陣と翼堂（クヴェアハウス）（1407年起工，1520年完工）は豪華な後期ゴシック，長堂（ラングハウス）から西の部分は，1662年の火災のあとイタリア風バロック様式に新築された（1668～78年）。西側の二つの塔は，1896年ザルツブルク大聖堂を範とする八角型の最上階部分を被せて完成した。

パッサウ大聖堂で有名なのは，1万7000本のパイプと208のレジスターをもつオルガンであり，世界最大とされる。毎日正午から（日曜日を除く。7・8月には夕刻6時からも）30分ほどの演奏があるのでお聴きになることをお勧めする。

ドナウ河畔の**市庁舎**は1393年に建造されたあとも繰り返し改築されてきた。ドナウ川に面する後期ゴシック風の大会議室は1405年，中央玄関（ハウプトポルタル）は1510年，68mの塔は1888～93年に完成した。

8世紀に最初のシュテファン教会が建設された頃，その東200mほどの所にあったバイエルン部族大公の館は，同じ世紀の後半にはカロリング朝の王宮となり，9世紀以降はベネディクト会の**女子修道院ニーデルンブルク**に，さらに11・12世紀には

帝国修道院（ライヒスアプタイ）と変転のあげく、1807年に修道院は廃止され、36年以降英国女性たちの教育施設になっている。

修道院付属のマリエン教会堂片隅のチャペルには女子修道院長ギーゼラ（1060年頃没）の墓標（後期ゴシック風、中にオリジナルの墓標板が入っている）がある。院長はザクセン朝最後の皇帝ハインリヒ2世（→p25）の妹で、ハンガリーのイシュトバン（1世）聖王（在位997〜1038）の寡婦であった。

三角州の東端に立って三つの川（黄緑色のドナウ、灰色のイン、黒褐色のイルツ）の合流点を望見するのも、良き旅の思い出となるであろう。ドナウ川はここから一段と大きくなって、東方オーストリアに流れ込む。ウィーンまでの船旅も楽しいし、イン川にそってザルツブルクに向かうルート（塩の道）も素晴らしい。

ミュンヘン München

南独バイエルンの州都ミュンヘンは人口130万人弱、著名な絵画館（アルテ・ピナコテーク）や大聖堂（聖母教会（フラウエンキルヘ））、大ビール祭（オクトーバーフェスト）などで知られ、歴史と芸術とビールを愛する旅人の心を惹く古都の一つ、ちょっと年輩の方なら30年ほど前のオリンピックを想起されるかもしれない。

中世都市ミュンヘンは、その成立事情からみると、「ラ・イン遡行の旅」でふれたフライブルク（→p123）などと同じ「建設都市」の代表例に属する。都市形成のとっかかりとなったのは、ベネディクト派の修道会がイーザル左岸に開拓した村落であった。村落は修道士たちの手になったことから古高ドイツ語で「ムニヘン（メンヘン）」と呼ばれ、それが後世の都市名「ミュンヘン」の由来となったという説明もある。

都市ミュンヘンを建設したのは、バイエルン兼ザクセン（現在のニーダーザクセン地方）大公ヴェルフェン家のハインリヒ獅子公（→p30）であった。公は、1158年、都市を建設してこれに市場特権（マルクトレヒト）や貨幣鋳造権（ミュンツレヒト）を付与、商人たちを引きつけ、当時フライジング司教の管轄するイーザル川の渡河点フェーリングから塩荷駄の関税徴収権を奪うことを考えたのである。

獅子公は1180年に失脚、皇帝フリードリヒ1世（赤髭王）はバイエルンを宮中伯オットー・フォン・ヴィッテルスバッハ（→p30）に与えた。ミュンヘンは、若干の経緯を経て13世紀中葉以降、ヴィッテルスバッハ家の恒常的宮廷所在地となった。

中世末のミュンヘンは、当時の大きな帝

●パッサウ大聖堂

●パッサウ市庁舎

ドナウ下りと南ドイツの史跡 | 135

国都市アウクスブルクやニュルンベルクにはおよばなかったが，かなりの商業取引地として栄えていた。

17世紀の三十年戦争期，バイエルンはマクシミリアン１世公(在位1597〜1651)のも(→p58, 60)とに終始カトリック陣営のリーダーとして戦いぬき，その間に選帝侯国に昇格(1623年)，18世紀オーストリア継承戦争では，(→p70)ハプスブルクの女帝に反対する選帝侯カール・アルブレヒトが1742年に皇帝に選出されるなど，帝国の政局に大きくかかわることとなる。

1806年，フランスの外圧のもとにライン連邦が結成されると，マクシミリアン４世ヨーゼフ侯(通称マックス・ヨーゼフ，在位1799〜1825，1806年以後国王マクシミリアン１世)のバイエルンはその有力な一員となって王国に昇格，王国の地位は1815年のウィーン体制以後も継続した。

首都ミュンヘンは，次王ルートヴィヒ１世(在位1825〜48)のもとで面目を一新し，(→p73〜75)全ヨーロッパ級の芸術都市となりドイツの

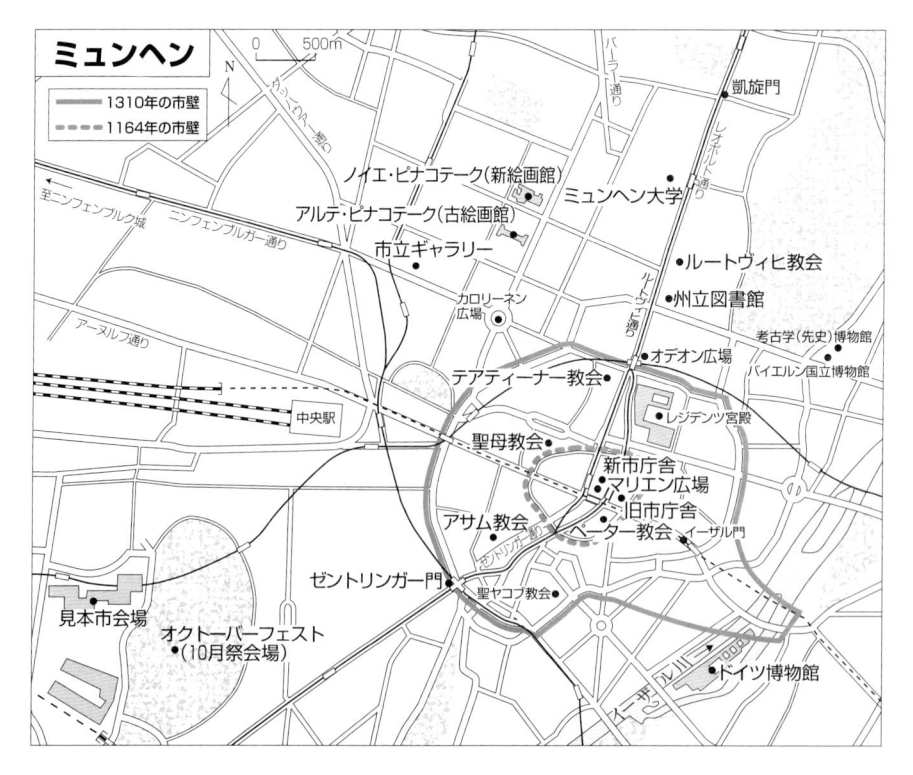

中世のミュンヘン

- 1310年の市壁
- シュヴァービンガー門
- 聖母教会
- 1164年の市壁
- 1255年の市壁
- 穀物市場
- 牛市場
- 市庁舎
- 馬市場
- 聖ペテロ教会
- ゼントリンガー門
- イザル川

ミュンヘン

- 1310年の市壁
- 1164年の市壁
- 凱旋門
- ノイエ・ピナコテーク(新絵画館)
- アルテ・ピナコテーク(古絵画館)
- ミュンヘン大学
- 至ニンフェンブルク城
- ニンフェンブルガー通り
- 市立ギャラリー
- ルートヴィヒ教会
- 州立図書館
- アーヌルフ通り
- カロリーネン広場
- 考古学(先史)博物館
- オデオン広場
- バイエルン国立博物館
- テアティーナー教会
- 中央駅
- レジデンツ宮殿
- 聖母教会
- 新市庁舎
- マリエン広場
- アサム教会
- 旧市庁舎
- ペーター教会
- イザル門
- ゼントリンガー門
- 聖ヤコブ教会
- 見本市会場
- オクトーバーフェスト(10月祭会場)
- ドイツ博物館

精神・知的生活の中心点の一つとなった。ランツフートにあった大学もこの頃(1826年)王都に移された。リヒャルト・ヴァーグナーのスポンサーとしても名高いルートヴィヒ2世王(→p77)は，音楽と劇場の都市の名を高めた。この国王が国家の財政をかたむけるほどの情熱を築城にそそぎこんだすえに非業の死をとげた話はあまりにも有名である。(→p142)

20世紀前半のミュンヘンは，第一次世界大戦(1914〜18年)に続く革命諸派の権力闘争(1919年レーテ共和国の布告)，ナチス運動の発生(1923年の暴動〈プッチ〉，解党。1925年の党再建)，1939年に始まる第二次世界大戦下，英米の空爆による壊滅と厳しい激動の時代を過ごしていた。

〈ミュンヘンの見どころ〉

ミュンヘンのランドマークは何といっても**聖母教会**(大聖堂)。長さ109m，幅40m，煉瓦造りの巨大な後期ゴシックの会堂本体の赤褐色と高さ99mの二つの塔を飾る二重円屋根(ヴェルシェエハウベ)の緑青色のコントラストが印象的で，どこから見てもミュンヘンの目印となるであろう。大聖堂は，1821年以来南バイエルン地方(アウクスブルク，パッサウ，レーゲンスブルクを含む)の首位大司座教会(メトロポリタンキルヘ)である。

今日見る会堂(第二次大戦後の修復再建)は，さらに古い建造物(13世紀)のあった場所に15世紀のうちにつくられたもので，定礎は1468年，94年に献堂式がおこなわれたが，塔のほうは未完のままであった(丸屋根が載ったのは1524・25年)。

内部の見どころは，内陣の彫刻類やステンドグラス(14〜16世紀)など。南塔の下ゼントリンガー・チャペルにはハンス・クルンパー(1570頃〜1634，彫刻家で青銅鋳物工)の手になる皇帝ルートヴィヒ4世の墓碑がある。(→p42) 内陣の下の地下聖堂は，司教たちや代々の侯たちの霊廟になっている。南側のフラウエン塔(トルム)(階段415段。最近はエレベーターもあると聞いた)の上からの遠望，なによりも旧市街の展望をお勧めする。

往時のミュンヘンの中心であり市場広場(マルクトプラッツ)であった**マリエン広場**(プラッツ)は，19世紀以来大きく変貌した。とくに広場のすぐ南側は戦後の復興時に新しく建てられた場所である。広場の真ん中やや北寄りに立つ**マリエンゾイレ**(聖母塔)と呼ばれる大理石の円柱は，1638年スウェーデン占領軍の撤退を祝って設置されたもの。先端，金色に輝く聖母マリア像は，1590年に製作されて，もともとは聖母教会に置かれていたもの，と聞いている。

北側ネオゴシックの堂々たる**新市庁舎**(ノイエスラートハウス)は，19世紀の後半豪華なかつ規格に忠実なゴシック様式で建てられた。煉瓦造りの東半分が1867〜74年に，ついで西部分が貝殻石灰石(ムシェルカルク)で1888〜93年と1899〜1908年の2回に分けて建造という半世紀がかりの工事であった。建物は現在も市役所として機能している。

西側部分の真ん中に建つ，高さ85mの塔の前で，仕掛け時計のチャイムを聞きながら人形の輪舞を見るのも楽しい。上段は騎士の馬上試合で，大公ヴィルヘルム5世の結婚式(1568年)のときの催しを示すもの。下段「桶屋の踊り」は1349年から150年も続いたペストの大流行が一息ついたとき，その再来のないことを願って桶職人たちが儀礼どおりの踊りを奉納し(1517年)，以後7年ごとに実行すると誓ったという故事にもとづく。仕掛け時計は，夏季は正午と夕方の5時，冬季は朝の11時に動く。エレベー

ドナウ下りと南ドイツの史跡 | 137

●ミュンヘン新市庁舎。19世紀のネオゴシック。現在も市役所として機能している。

ターで昇れる60mほどの塔のテラスから旧市街を鳥瞰(ちょうかん)できる。

マリエン広場の東端には，これもまたネオゴシックの旧市庁舎(アルテスラートハウス)(戦後の再建)が控え目にたたずんでいる。もともとの建物は，1470年～80年頃後期ゴシック様式で建造されたものであったが，今では再建されたネオゴシックの力強い段階形破風(シュタッフェルギーベル)から往時を想起するぐらいであろうか。南隣(広場から向かって右)の塔は**市立玩具博物館**になっている。

マリエン広場からちょっと南に入った所の**ペーター教会**(キルヘ)は，1169年の史料にあらわれるミュンヘン最古の教会。聖母教会とともに市民たちにもっとも人気のある教会堂である。12世紀以来のロマネスクの会堂は，13世紀末葉(1278～94年頃)ゴシックの新会堂となり，その新会堂も1327年のミュンヘン大火の折に破壊され，再建が完了したのは1368年であった。塔が今日の形に完成したのは1386年，その丸屋根がミュンヘンの目印の一つとなった。内部の見どころは，何よりも画家N. シュテュバーの構想による主祭壇(1730年)，エラスムス・グラッサー作後期ゴシックの教会守護聖人の木彫(1492年)が中心となっている。主祭壇は，第二次大戦のあと原型に忠実に再建されている。塔上からの遠望も悪くない。

マリエン広場を背にゼントリンガー通り(シュトラーセ)を数分も歩くと右側が聖ヨハネス・ネーポムク教会，通称**アサム教会**で知られる南ドイツ・ロココの最高傑作の一つ。18世紀の前半(1733～46年)，建築，彫刻，絵画を業とするアサム家の兄弟エギト・クヴィリン・アサム(1692受洗～1750)とコスマス・ダミアン・アサム(1686～1739)が土地も建造費も自己負担で建立した。建築(依頼)主たちのさまざまな要望に左右されることなく自分たちの理想をつらぬくためであった。入り口の上の彫像は聖ネーポムク。ドナウ川で溺れたボヘミアの修道士である。内部に入ると，建築と彫刻と色彩がみごとに調和し，おそらく計算しつくされた採光効果でいやがうえにも華麗に輝くメルヘンの世界に目を瞠(み)らされる。祭壇最下部ガラス製柩の蠟人形は聖ネーポムクの像。祭壇の左右には，両建築主の浮彫円形牌(メダイオン)が見つかるであろう。

ゼントリンガー通り南西の終点が**ゼントリンガー門**(トーア)，14世紀に建造された南の正門であった。

今度はマリエン広場から新市庁舎の西側を北に500mほど行ったオデオン広場(プラッツ)の左側でもう一つ**テアティーナー教会**(教区教会聖カエタン)を訪ねておきたい。長年望んだ皇太子マックス・エマヌエル(のちのマクシミリアン2世エマヌエル，在位1677～1726)の誕生を祝って皇妃アデレートが建てさせた。皇妃がイタリア出身であったためアゴスチーノ・バレリ(イタリアの建築家)を棟梁に選任。彼は1663年に着工，ローマのテアティーノ会の本山教会を範としてローマ風バロック様式に建立した。1690年，エンリコ・ツカリ(スイス出身，ミ

ュンヘン盛期バロックの代表的人物)の構想で，大きな半球の丸屋根と二つの塔が加えられ，1768年には宮廷建築家フランソワ・キュヴィエ(1695～1768)がファサードを後期ロココ趣味に仕上げている。贅をつくした化粧漆喰細工で飾りたてたバロックの内部は，第二次大戦後忠実に再建されている。地下聖堂には摂政ルイトポルト(1912年没)と皇太子ルプレヒト(1955年没)が眠っている。

オデオン広場で振り返ると(北のルートヴィヒ通り(シュトラーセ)から見ると突き当りに)**将軍顕彰柱廊**(フェルトヘルンハレ)(将軍塚)というアーケード風の記念堂がある。ルートヴィヒ1世王の宮廷建築士フリードリヒ・ゲルトナーがフィレンツェのロッジア・ディ・ランツィを模して建造した(1840～44年)。立像の一つは将軍ティリー(1559～1623)。ヌッシュ市長に3リットルのワインを一気飲みさせて町を許したというバイエルンの勇将で，ローテンブルク市庁舎横の仕掛け時計を見学した読者は懐かしく想い出すに違いない。
(→p151)

オデオン広場からルートヴィヒ通りをまっすぐ北に向かい右側にバイエルン州立図書館(シュターツビブリオテータ)とルートヴィヒ教会を見ながら1km足らず歩くと左側が**ミュンヘン大学**である。

州立図書館は，半世紀前の戦後の時期にすでに200万を超える蔵書を誇る大図書館であった。『ヴェッソブルンの祈禱書』(9世紀,古高ドイツ語最古の文献の一つ)，『ヘリアント』(9世紀,古ザクセン語の宗教叙事詩)，『ニーベルンゲンの歌』の手写本(13世紀)など第一級の貴重本も多数収蔵している。

地区の教区教会であると同時に大学教会をかねる**ルートヴィヒ教会**は，ルートヴィ

●オデオン広場のティリー将軍立像

ヒ1世王の要望でゲルトナーが1829～43年に建造した。主祭壇背後の全壁面は，ペーター・コルネリウス(1783～1867)の巨大なフレスコ画(高さ18m, 幅11m)「最後の審判」で占められている。

ルートヴィヒ通りは，大学(ウニヴェルシテート)の前で大きな四角い広場になっており，西側(大学側)半分は「ゲシュヴィスター・ショル広場」，東半分は「クルト・フーバー教授広場」と名づけられている。いうまでもなく，第三帝国の時代に，反ナチ抵抗運動を煽り指導した廉(かど)で，1943年この大学構内で処刑されたショル兄妹(ハンス・ショルとソフィー・ショル)やクルト・フーバー教授の名前にちなんだ命名である。校舎内左手(南側)のほうにショル兄妹の記念碑がある。

この大学の建物も最初の主要部分はルートヴィヒ1世王の委託を受けたゲルトナーが設計・建造した(1835～40年)。大学そのものは中世末の1472年インゴールシュタットに創立され(ルターの論敵エックはここの教授だった)，ランツフートをへて1826年(→p130)にミュンヘンに移されていた。今日では学生数3万を超すドイツ最大の大学になっている。

ドナウ下りと南ドイツの史跡 | 139

●ニンフェンブルク城

　大学前から歩いて数分，ルートヴィヒ通りの北端が**凱旋門**(ジーゲストア)。ルートヴィヒ1世王がバイエルン軍の対ナポレオン解放戦争(1813～15年)参加を顕彰して建造させた(1844～50年，1958年修復)(→p74)。門を通って直進すると，前述の将軍顕彰柱廊にぶつかるような都市計画であった。

　ミュンヘンにきたら**アルテ・ピナコテーク**(古絵画館)にはどうしても寄りたいと考える読者も多いに違いない。旧市街の少し北側，工科大学(テヒニッシェウニヴェルジテート)の東隣ブロックに建つ。中世から18世紀までの第一級の名画を集め，芸術都市ミュンヘンの名声を高めた美術館。ルートヴィヒ1世王の文化・芸術政策の一環，建物は王の宮廷建築士の1人レオ・クレンツェ(古典主義的な建築家)が建造した(1826～36年)。膨大なコレクションだが，とくに筆者の印象に残っているのは，アルブレヒト・デューラーの「4人の使徒」(1526年)，ルカス・クラナッハ「十字架のキリスト」(1563年)，イッソスの戦いを描いたアルブレヒト・アルトドルファー「アレクサンダー(大王)の戦闘」(1529年)，いくつものパウル・ルーベンスの大作，ティツィアーノの「皇帝カール5世」(1548年)など。

　なお北側隣ブロックの**ノイエ・ピナコテーク**(新絵画館)では，19世紀以降ドイツないしヨーロッパの絵画，フランス印象派の作品を展示している。もう一つ，カンディンスキー(1866～1914，ロシアで生まれ，主としてドイツで活躍した画家。「抽象絵画の父」と呼ばれ，表現派の代表的画家とされる)に関心のある方は，**市立ギャラリー**(シュテーシェガレリー)(レーンバッハハウス，アルテ・ピナコテークの西南300m)をのがしてはなるまい。1000点にものぼるカンディンスキー・コレクションは，画家のミュンヘン時代(1901～13年)の貴重な作品を一堂に集めている。

　いま一つ，おそらくミュンヘンのそれが世界最大でもっとも優れたものとして有名な**ドイツ博物館**(ムゼウム)(正式な呼称は「自然科学と技術の業績にかんする博物館」)に言及しておこう。旧市街の南東，新市庁舎から東へ1kmほど，イーザル川の中州に建つ(建造は1903年)。さまざまな分野の科学と技術の歴史をたどるわかりやすく体系的な解説が魅力である。

　ヴィッテルスバッハ家の夏の離宮とされたバロックの宮殿**ニンフェンブルク城**(シュロス)は，ミュンヘンの西の郊外(現在では市内の一隅)にあった。宮殿の造営は，1664年選帝侯フェルディナント・マリア(在位1651～79)のとき，皇妃アデレートの願いによって着手された。北イタリアのサヴォイ家出身の皇妃は，アゴスチーノ・バレリとエンリコ・ツカリを起用してイタリア風の庭をもつ別荘を企画させた。両人が10年余りの歳月をかけて完成した建物の様相は現在は残っていないが，アデレート妃は，この離宮をこよなく愛し，好んでここに滞在した。「ニンフ(妖精)の城」という可愛らしい名前をつけたのも彼女であったと聞く。

　館はその後たびたびの増築，拡張をへて現在にいたっている。皇妃の息子マクシミ

リアン2世エマヌエル侯のときには、アントニオ・ヴィスカルディ(スイスの建築家。1665からミュンヘンの宮廷建築士)、ついでヨーゼフ・エフナー(1687～1745, ミュンヘンの宮廷建築士)が工事を担当。前者の手で中央本館に接続する両翼の館が造営されてほぼ今日の姿の原型が完成し、後者は本館の装飾を改め、窓の飾りにもフランス風のバロック様式を採り入れて改造するなど、おそらく18世紀の流行の最先端をゆく宮殿造りに努めた。

つぎの選帝侯カール・アルブレヒト(のちのカール7世)(→p70)は、侯妃マリア・アマーリアのためフランソワ・キュヴィエの設計になる小館「アマリエンブルク」を造営、美しい宮廷風ロココの傑作として訪れる人も少なくない。

本館とそれに接続する左右の館も公開されている。南端館の1室で人目を惹く24人の絶世の美女たちの肖像は、ルートヴィヒ1世王の「美人画陣列室」から移されたもの、王の好みを反映した19世紀ドイツの美女大集合というところであろうか。この部屋の西隣「青のサロン」と呼ばれる応接間から奥をのぞくと見える寝室がルートヴィヒ2世王生誕の部屋である。(→p77)

ヴィース教会 Wieskirche

ノイシュヴァンシュタイン城から東北東(→p142)に20km余りの、草地に、ぽつねんと建つヴィーナス教会は、苦難の救い主の巡礼教会である。建立の契機となったのは、1730年頃、このあたりのある農民が、鞭打たれる姿のキリスト像が突然涙を流したのを見て、簡素な礼拝所を造った。話は急速に拡まり巡礼者の数も増大、そのための教会堂建設が要望されるにいたったという。これ

またケーヴェラーの場合にも似た、民衆の素朴な信仰心の発露であった、と伝えられる。(→p84)

上級機関にあたるシュタインガーデン修道院の同意を得て造営に着手したのは1746年。棟梁はドミニクス・ツィンマーマン、フレスコ画を中心に内装に協力したのが兄のヨハン・バプティスト・ツィンマーマンであった。会堂は1754年に竣工、57年にオルガンも設置されて全体が完成した。

草原のただなかに立つクリーム色の教会堂は、一見飾り気のない素朴ともいえる風情だが、内部に入るとあっと息を呑む典雅(→p62)でかつ華やか、光に満ちた空間で、南ドイツ・ロココ最高の傑作といっても過言ではないであろう。棟梁のツィンマーマンも生涯最後の、そしてもっとも気に入った作品と満足し、教会堂の見える近接の住居で晩年を過ごし、1766年に召天した。

内部の中心は楕円形の広い会衆席、西の正面に半円形の小ホールがついており、東(→p62)側は楕円形の会衆席の丸天井が、何の仕切りもなくそのまま引き込まれるように内陣につながっているのが特徴である。内陣の背後には丸屋根の東塔が立ち、続いて馬蹄型の建造物(司祭たちの住居と修道院長の夏の別宅)が連なっている。

内部装飾の基本は、形と色彩が一体となってすべての要素が祭壇という中心に収斂してゆくようにデザインすることであった。全体の色調は明るくあざやかであるが、生の喜びを過度に表現することなどは抑えられていたといわれる。兄ツィンマーマンの一番の貢献は、精密な建築デザインと装飾のバランスを意識し、優れた調和を得ることに成功した独自のフレスコ画であった。

●狂王の夢の城の背景
──ノイシュヴァンシュタイン城

　再建されたホーエンツォレルン城がすでにそうであったように、ノイシュヴァンシュタイン城も、実際の軍事的機能はなく、19世紀ロマンチシズムの、そして何よりも狂王とまで称せられたバイエルン・ヴィッテルスバッハ家のルートヴィヒ2世王の情熱の産物であった。(→p77)

　王はリヒャルト・ヴァーグナーに心酔してその活動を後援した芸術愛好家であったが、ヴァーグナーにつぎこんだ多額の費用のため、国庫の窮状を憂える大臣たちの反対でヴァーグナーを遠去けることをよぎなくされた。その鬱憤も加わってか、国王はますます築城にのめりこみ、文字どおり国家の財政をかたむけることとなる。王はノイシュヴァンシュタインのほかにも、リンダーホーフ、ヘレンキムゼーと合計三つものお城に莫大な費用をかけて王室財政を破綻に追い込んだのである。

　1868年5月、ルートヴィヒ自身好んで多くの時を過ごしたホーエンシュヴァンガウ城からそれほど遠くない標高1000mの丘上に「新ホーエンシュヴァンガウ城」(1886年の完成後「ノイシュヴァンシュタイン城」と呼ばれるようになる)を建設する計画を発表し、以後その推進に熱中した。崖の上にそそり立つ中世風の古城というイメージは、王自身がヴァルトブルク城を訪れたときに得たといわれる。(→p178) 円卓の騎士たちが聖盃を求めてさまよった中世の盛期ロマネスクの城を再建することがルートヴィヒ王の夢となった。

　ここではルートヴィヒ王の築城にまつわるドイツとバイエルンの歴史的背景に言及しておくことにしたい。

　1864年、父王の急逝によって突然王座につけられた若き新王にとって、バイエルンのおかれた状況は極めて厳しいものであった。ビスマルク指導下のプロイセンは、統一路線を着々と進め、バイエルンの自立は、いわば風前の燈火であった。北方のプロイセン支配に対抗し、南ドイツの諸領邦を糾合して南部におけるプロイセンたらんと望んだ父王の構想は、いうまでもなく夢物語にすぎなかった。

　もっともビスマルクのほうも、プロイセン王をドイツ皇帝にするという最終目標をスムーズに実現するためにルートヴィヒの協力を必要としていた。雄邦バイエルンの国王に、プロイセン王の皇帝としての尊厳を認めさせることは簡単ではなかった。そのうえに太陽王ルイ14世を尊敬していたルートヴィヒは、フランスにたいして人一倍の思い入れをもっていた。(→p59)

　1870年7月、プロイセンの対仏宣戦、9月1日セダン陥落、ナポレオン3世の降伏──軍事大国プロイセンの圧力を前にして苛立ち苦悩するルートヴィヒの気持ちは複雑であった。

　鉄血宰相ビスマルクの飴と鞭が結局功を奏することになる。ビスマルクの特使ホルンシュタイン伯(ルートヴィヒとも親しかった)に説得されたバイエルン国王は、ビスマルクが用意した草案に従って、ドイツ史の進展に重大な影響を与えることとなる2通の書簡に署名した。1870年11月30日、場所はホーエンシュヴァンガウ城の王の寝

室であった，と伝えられる。書簡の1通は プロイセン国王ヴィルヘルム1世に宛て（→p76）「陛下が連邦議長権の行使にあわせてドイツ皇帝の称号をもたれるようにドイツの諸侯に進言する」と記され，他の1通は諸侯に宛てて「プロイセン国王陛下が……ドイツ皇帝の称号をもたれるよう進言」することを求めていた。特使は急遽ヴェルサイユにあったドイツ軍大本営に帰着。疲れきったバイエルン王は，そのまま床についてしまったという。

これより先，ヴェルサイユでは，プロイセンに率いられる北ドイツ連邦と南ドイツ諸国との統一のための交渉がおこなわれ，全ドイツ連邦創建の条約が締結されており，残るは，「連邦」と「連邦主席」の名称を「帝国」ないし「皇帝」に変えるだけになっていた。入念に仕組まれたシナリオに従って，翌1871年1月18日，ヴェルサイユ宮殿鏡の間でビスマルクが読み上げた新ドイツ帝国皇帝即位の布告文は，「連合せるドイツの諸侯と諸都市の要請に従って」プロイセン国王がドイツの帝位につくむねを内外に宣言するものであった。すべてのドイツ諸侯が列席した中で，ルートヴィヒ2世の姿はなかった。苦渋の選択の中で，歯痛を理由に弟のオットーを代理として出席させたのがせめてもの抵抗の気持ちの表明であった。

この交渉をめぐっては，特使ホルンシュタインがルートヴィヒにたいし，署名と引き替えに10万ターレルを提供したという噂が残った。ことの真偽はわからない。あるいは後年になってから築城の費用が用立てられたのかもしれない。いずれにしても後世の歴史家たちは，バイエルン国王は築城資金の提供という密約にかえてこの歴史的役割を引き受けたと記している。ルートヴィヒ自身は，この後ますます人間ぎらいに陥り，1875年以後になると，ほとんど公衆の面前に出ることもなく，各地のお城に閉じ込もり，山野を逍遥する孤独な生活を送ることになる。

1886年，長年の歳月をへて完成した夢のお城は，中世風の外観をとり，ロマネスク，ゴシックに加えてルネサンスやネオクラシックなどさまざまの様式を配し，見る角度によっていろいろの変化を見せ，訪れる人の幻想をかきたてる素晴らしいたたずまいとなった。だが，ルートヴィヒ自身は，あれほど楽しみにしていたこの城に滞在することわずか100日余り，ヴァーグナーをまねこうとした夢も果たせぬまま，新築の城から引き離され，首都ミュンヘンに近いシュタルンベルク湖畔のベルク城に監禁されてしまう。

同じ年の6月10日，バイエルンの国民は，国王が不治の病のため，国政を叔父ルイトポルト公に委ねられるむねを知らされた。（→p139）その3日後，王は侍医グッデン博士とともにベルク城近くの湖水で水死体となって発見された。ちょうどこの頃ドイツ留学中であった森鷗外が，「時は耶蘇歴千八百八十六年六月十三日夕の七時，バワリア王ルドヰヒ第二世は，湖水に溺れて殂（そ）せらしに，年老いたる侍医グッデンこれを救はむとて，共に命を殞（おと）し，顔に王の爪痕を留めて死したりといふ」（『うたかたの記』）と伝えた痛ましい最後であった。

ルートヴィヒの死については，その後も人びとの間にさまざまの憶測が流れた。

●ヴィース教会外観

　「キリストの再臨」がモチーフの大きな天井フレスコ画の構図は，一方に「審判者の玉座」(それはまだ空席のままである)を配し，反対側にぴたりと閉じたままの「天国の扉」が対置されている。中間の虹が「キリストの再臨」をあらわす，というもの。フレスコ画をながめる私たちの目は，自然に主祭壇のほうに導かれるであろう。

　祭壇画はB.A.アルブレヒト筆の「人となり給うたキリスト」，祭壇画を縁どる4人の福音書の記者たち(エヴァンゲリステン)(マタイ，マルコ，ルカ，ヨハネ)は，E.フェルヘルストの作品である。

　内陣両側の狭い廊下部分には，訪れた人びとの切なる願いごとや感謝の言葉を書きつけた大小さまざまなカードや額がびっしり並んでおり，日本の絵馬を連想させる。

アウクスブルク　Augsburg

　ミュンヘンの北西約50km，人口26万人余りの中都市。ローマ人の建設に始まり，中・近世の一時期には「黄金のアウクスブルク」と呼ばれた。第二次世界大戦の被害も大きかったが，ゴシックの教会堂，ルネサンス風の市民の邸宅なども残し，歴史の風情を伝える古都。宗教改革時代には間断なく歴史の舞台に登場し，経済史上では「フッガー家の時代」(R．エーレンブルク)と呼ばれる繁栄の中心であった。

　レヒ川とヴェルダ川にはさまれた岬にローマ軍団の駐屯地がおかれたのが歴史の発端と推定される。西暦15年頃，アウグスタ・ヴィンデリコールムと呼ばれる植民市が建設されてローマ属州ラエティア総督府の所在地となった。北イタリアから直通する街道ヴィア・クラウディア・アウグスタと，この属州地域を東西に走る道路の交点ということで，2世紀には重要な商業取引地となり，4世紀の初めには，司教所在地ともなっていた。

　ゲルマン民族の大移動にともなうアレマン族(ゲルマンの一部族)の時代にも，都市集落としての連続性はある程度保持されており，807年には，今日の大聖堂(ドーム)と同じ場所に新しい司教座聖堂聖マリアがつくられ，832年には「アウクストブルク」という名前が登場している。しかしその後引き続いて起こったマジャール人(ハンガリー人)の侵攻が新たな破壊をもたらし，司教ウルリヒ(在位923〜973)は，旧ローマ都市の南半分以下に縮小した司教城区を壁で囲んで防備をかため，ハンガリー軍と対決した。955年ハンガリー軍がこの町の近郊20km余り南方のレヒフェルトでオットー大帝によって壊滅的敗北を喫したことは，ドイツ人の年表に特記される事件であった。(→p23)

　アウクスブルク司教は，その後，市場権と貨幣鋳造権を得て，中世都市領主としての基礎を築いてゆく。他方，かつての司教城区の郊外，1019年にハインリヒ2世帝が寄進した聖モーリッツ修道院と大聖堂の中間，ペルラッハと呼ばれるあたりには，11世紀の前半，商人たちの定住地ができはじめ，中世都市アウクスブルクの重要な中核の一つとなった。商人定住地には，1060年，(→p25)

●アウクスブルク市参事会。16世紀初期のペン画スケッチ。ミュンヘン州立図書館蔵。

アウクスブルク

聖ペテロ教会が建造された。

　新しい町の市民たちは、さしあたり司教の奉行(プレフェクト)、のちには城伯(ブルクグラーフ)に服属していたが、1077年に始まる叙任権闘争(→p25)の渦中でこの地の司教が二重に選出されるなどの混乱に乗じて、しだいにその自治権を拡大、1250年には、市の防衛権と徴税権を獲得し、60年には、聖ペテロ教会のかたわらに自分たちの市庁舎(ラートハウス)をもつまでになる。1266年には、市長と市参事会員の存在が史料に言及され、76年には国王ルードルフ1世から都市法(→p42)を受領、1316年以降は、帝国自由都市となった。経済活動では、この町の商人たちが、ヴェネツィアやシャンパーニュの大市(メッセ)を訪れていることがわかっている。

　中世末から近世初頭のアウクスブルクを支配したのは、大財閥フッガー家であった。同家は、15世紀の後半以降ますヴェネツィアなどの東方物産をあつかう遠隔地商人として、ついでティロル地方やハンガリーの銀、銅を中心とする鉱山経営者として、まためスブルク家や教皇庁と取り引きする金融資本家として財界に君臨し、政界にも食いいった典型的な政商であった。ヤーコプ・フッガー(2世)(→p53)が神聖ローマ皇帝カール5世の選出を実現した資金の提供者であったり、民衆の生活を脅かした大商事会社の独占を禁ずる反独占立法を、その成立直前に骨抜きにしてつぶしてしまったことはよく知られた話である。巨万の富を積んだこの政商が残した贖罪(しょくざい)が、今もこの町に残る社会福祉施設フッゲライである。

　この時期のアウクスブルクは、ドイツ人文主義の中心地でもあり、宗教改革の推移との関連もめだつ。ここでは1530年の帝国議会でも議論された「アウクスブルクの信仰告白」が後半のルター派教会の基礎となったこと、1555年の「アウクスブルクの宗教和議(レリギオンスフリーデ)」が、ドイツの国制(領邦体制)と結びついた宗教体制を規定する枠組みとなったことにだけ言及しておく。
(→p56)

　16世紀の70年代になると、フッガー家は

ドナウ下りと南ドイツの史跡

没落し，市の経済の最盛期も過去のものとなり，1806年，神聖ローマ帝国消滅の年にこの町もバイエルン王国に吸収されてその独立の歴史を閉じた。

〈アウクスブルクの見どころ〉

現在の**大聖堂**(聖マリア)は，先行の会堂の崩壊後，10世紀末から11世紀半ばにかけて建造され，当初は並列する柱で区切られた三身廊バジリカ風ロマネスク様式であった。この時期のものとしては，西内陣の下の地下聖堂(クリュプタ)，東塔の下部分，35枚のレリーフ板に旧約聖書の場面を描いた有名な「ブロンズの扉」(現在は南側の側廊玄関)などが残っている。教会堂は14世紀前半に五身廊のゴシック様式に改善される。1343年に北の，56年に南の，それぞれ美しい彫像を配した玄関(ポルタル)が加えられた。引き続き1356～1431年に，半円状の内側に七つの小チャペルを配した東内陣が造営された。中廊内部の東寄り4本の柱の祭壇，ハンス・ホルバインが描いた「聖母の生涯図」(1493年)，北側廊の聖母を描いた後期ゴシックのステンドグラスの窓(1480年)などに注目したい。2頭の獅子の上に載った堂々たる石造りの「司教の玉座(ビショフストローン)」(おそらく1100年頃)も加えておこう。

大聖堂から南へ500mほどの**市庁舎**(ラートハウス)(現在も使われている)は，イタリア風の影響を思わせるルネサンス様式。エリアス・ホル(1575～1646)のプランで1615～20年に建造された。1944年の空爆で完全に焼失したが，1947～62年まで15年をかけて大部分が復旧され，現在も飾り気の少ない落ち着いた風情で力強く立っている。切妻破風の頂上の松毬(まつぼっくり)は，アウクスブルク市の標章であり，古代ローマでは豊穣のシンボルであった。

内部ロビーに入ると，庁舎前広場中央のルネサンス風アウグストゥスの泉(ブルンネン)の上に立つ「皇帝アウグストゥス立像」のオリジナル(現在泉にあるのはレプリカ)に気づくであろう。階上の見どころの一つ「黄金の広間(ゴルデナーザール)」は，奥行33m，幅17m，高さ14mのまばゆいばかりの集会場。その壁や天井のすべてを覆う金箔が全部でわずか2.6kgと聞くと，ちょっと意外な気がしないでもないが，それほどに（薄く薄く伸ばす）技術が発達していたのだ，というガイドさんの説明であった。

市庁舎の北隣に細長く立つ**ペルラッハ塔(トルム)**(高さ98m)は，もともとはロマネスク時代の望楼であったのを，ホルが鐘楼にすべく，より高く増築したもの。上に昇って見回す眺望も期待したい。

市庁舎の東500m足らずにある**フッゲライ**は，フッガー家がヤーコブ2世の代にカトリックの貧しい家族のために組織的に建設した居住地(1516～23年)で，現在も機能している。もっとも早期の社会福祉施設の一つである。

四つの門をもつ壁で外界と区画された敷地内に，教会堂と管理棟のほか，53の同型の小家屋が並んでいる。各家屋は2世帯分の住居に分かれ，合計106家族を収容できた。家賃は1521年の「施設設立定款(シュティフトゥングスウルクンデ)」以来年額1ラインルグテン(＝1.72マルク，約120円。現在もそのまますえおかれていると聞く)と暖房費などの実費に加えて毎日の「お祈り」が義務づけられていた。敷地内の小博物館には，往時の住民の生活が展示されている。博物館の隣には，ヴォルフガング・アマデウスの祖父フランツ・モーツァルトが12年間住んでいた。施設の門は，夜10時から朝の6時(夏は5時)まで閉ざさ

れ，10時以降に帰った住人は0.5マルク（真夜中以降は1マルク）の罰金を課せられたという。

市庁舎の南300m，市の中心の大通りマクシミリアン通り（シュトラーセ）の右側に建つ**フッガー邸**（ハウス）は，今は銀行になっているが，よく保存された中庭には入れるようになっている。建物は大戦後の再建だが，もともとはフッガー家の市内居住地として1512～15年に建造されたものであった。

大通りの南端は，ちょっと素晴らしい一組の建築コンビで締めくくられる。小さいプロテスタントの**聖ウルリヒ教会**とその背後の大きな，昔の**修道院教会聖ウルリ**（聖アフラ）である。前者は1458年建造の教会堂を1710年に改築したもので，豪華な説教壇（1714年）が見もの。後者はまず長堂（ラングハウス）が1474年に着工，1500年に完成した。完成の年にマクシミリアン1世帝自身が礎石を置いた内陣は1607年になって竣工している。教会の後ろや左手の美しい「赤い市門」（ローテストア）をながめて北にもどろう。

もう一つ，現在新教の**聖アンナ教会**は，市庁舎の西南300mほどの所にある。1321年の建立，1487～97年後期ゴシック様式で拡大，1616年に塔を含めて完成した。外見は地味でとくに目立つ所はないが，ヤーコプ・フッガー（2世）が会堂西端に加えさせた「フッガー家のチャペル」で注目されている。ドイツ最初のルネサンス様式といわれ，1512年に着工，18年に完成して献堂式をおこなった。たまたまこの年にルターは，当時カルメル会修道院に属したこの教会に滞在していて，教皇特使カエタヌスの訊問に応じて自説の撤回を拒んでいる。1525年に没したヤーコプ・フッガー（2世）はチャペルの地下聖堂に眠っている。

● フッゲライの門と住居

すぐ東の**マクシミリアン博物館**は，16世紀の都市門閥の邸宅2軒をあわせて転用したもので，アウクスブルクの都市史と文化史にかんする，また先史から19世紀にいたる美術・工芸活動の概観を提供してくれる。なお聖アンナ教会のすぐ北には研究者たちのための**市立文書館**（シュタットアルヒーフ）がある。

フッガー邸の南西200m，「シェツラーハウス」というかつての銀行家の邸宅を転用した**市立美術館**（シュテーティシェクンストザムルンゲン）では，12～18世紀アウクスブルクとシュヴァーベン美術の概観を一瞥（いちべつ）したあと，ロマネスク，ゴシック，ルネサンス，バロック，ロココと各時代の絵画史をたどることができる。シェツラーハウス自体の，ロココ趣味豊かな宴会場広間なども見物しながら，隣接している**州立絵画館**（シュタートリヘゲメールデガレリー）に行けるようになっている。絵画館は，昔のカタリーネン教会（1517年）を転用したもので，とくに15・16世紀アウクスブルク，シュヴァーベン，フランケンの巨匠たちのもの（ホルバイン「十字架の祭

壇」，デューラー「ヤーコプ・フッガー富者」など）に加えて広く17・18世紀のドイツ，16・17世紀のネーデルランド（ファン・ダイク「改悛した罪人」やルーベンス「聖母の昇天」など）の作品を収蔵している。

最後に音楽愛好の読者のために**モーツァルトハウス**を紹介しておこう。大聖堂から北へ300m余り，右側の家。ヴォルフガング・アマデウスの父レオポルト・モーツァルトが1719年ここで生まれた。2階がモーツァルト家の家系図などを展示する小博物館になっており，古楽器の演奏も聴かせてくれる。3階は居間と台所が残されていて当時の生活の一端を垣間見ることができる。

ネルトリンゲン　Nördlingen

ローテンブルク（→p150）があまりにも有名になって観光地化しすぎた感もある当今，中世のおもかげをより自然に残す古都として，同じロマンチック街道上のネルトリンゲンを紹介したい。

リース盆地の真ん中に位置するこの小都（人口2万数千）は，第二次世界大戦の戦禍も比較的少なく，ほぼ環状の市壁（→p35）に囲まれた中世の姿をよくとどめている。

この地の年譜をたどると，1世紀にはすでにローマ人の集落，6世紀にはドナウ川の南に退いたローマ人のあとに入ったアレマン族の集落のあったことがわかるが，地名の史料初出は，898年，レーゲンスブルク司教区の所領としてであった。司教区の手を離れたのちも，皇帝の指名する代官の支配が続いていた。

中世中期以降，市民たちは徐々に経済的実力を蓄えて政治的自立をめざし，1215年には皇帝フリードリヒ2世のもとで帝国都市となるが，その自由と特権を守るために近隣の豪族エッチング家（この家門が代々皇帝の代官職を握ってきた）との厳しい闘争に勝ちぬかねばならなかった。

1327年以降，都市は皇帝ルートヴィヒ4世のもとで市域を拡大し，商業，手工業によって急速に繁栄した。1349年には八つのツンフト（→p123）が結成され，その親方たちが市参事会を突き上げ，代官を追放して市政の民主化を推進した。なおネルトリンゲンは，1219年に大市（メッセ）開催権を認められていたが，15・16世紀には南ドイツ有数の大市の一つとしても知られるようになる。

1524年には宗教改革を採用，三十年戦争では新旧両陣営のほとんどの主力がこの地を通過。1634年には皇帝軍の攻撃を受け，守備にあたったスウェーデン軍は，同市の南方で大敗した。フランス革命の時代，1796年以降はオーストリア，フランス両軍の繰り返し通過する所となり，1805年10月6日にはナポレオン皇帝自身が一夜を過ごしている。ネルトリンゲン市は，それより前の1802年にその独立を失ってバイエルンに帰属してしまっていた。

ライムリンゲン門（トア）の正面，黒鷲の紋章を見上げながら市内に入ってみよう。ランド

マークの**教区教会聖ゲオルク**は，1427〜1505年建立の後期ゴシックの会堂，現在はルター派の新教に属する。内部は三身廊の広いホール（長さ90m）になっており，22本の細身の柱（高さ18m）が印象的であった。高々とそびえる90mの塔（愛称ダニエル）の360段の階段を登って市街の鳥瞰（ちょうかん）を楽しんでいただきたい。

円形に市を取り巻く市壁と16の市門は，14〜16世紀のものがほぼ完全に保存されており，後刻その内側の通路にそって一巡するのもよいであろう（徒歩40分くらい）。

ゲオルク教会の北，14世紀ゴシックの**市庁舎**（ラートハウス）は，その外側につけられたルネサンス様式の階段とともに，1934年の再建。市庁舎の北には，ドイツ最古の大市（メッセ）が開かれたといわれるがっちりした建物が残る。マルクト（プラッツ）広場の周辺や町の北部，鞣革業（なめしがわ）地帯の木骨家屋に16・17世紀以来のおもかげを偲びつつ散策を続けたい。

ディンケルスビュール
Dinkelsbühl

「子どもの祭」（キンダーツェッヘ）で知られるディンケルスビュールは，人口1万人にも満たぬ小都だが，往年の自由帝国都市であった。15世紀の市壁や環溝，塔などもよく保存され，随所に残る切妻屋根の家々とともに，大戦の戦禍をまぬがれて残存する中世そのものを見せてくれる雰囲気である。

ディンケルスビュールは，防備をもつ集落としては古く982年に，自由帝国都市としては1273年頃に史料に登場する。その特権を守るためにエッチング家との苦しい戦いを続けなければならなかったこと，15世紀に最盛期を経験し，宗教改革を導入し（1532年），三十年戦争の惨禍に苦しみ，1802年にバイエルンに，その後一時期プロイセン系の侯国アンスバッハ＝バイロイトの支配下に入ったが，1806年ふたたびバイエルンに帰属した事情など，ネルトリンゲンと似た消長をたどっている。

後期ゴシックの教区教会**聖ゲオルク**は1448〜99年の建造，ドイツでももっとも美しいハレンキルヘ（中廊と側廊の天井がほぼ同じ高さで大ホールのような印象を与える教会堂）の一つとされる。内部（長さ77m，幅22.5m，高さ21.5m）の採光効果が絶妙で，ゴシックの時代でも並ぶものが少なかったという。調度品はほとんど後代のものだが，ネオゴシックの「主祭壇」（1892年）にはめこまれた「磔刑（たっけい）のキリストの画像」は後期

● 「子どもの祭」（キンダーツェッヘ）の物語

ディンケルスビュールでは，毎年7月の第三月曜日とその前日の日曜日に「子どもの祭」という子どもたちの行列を含むお祭が催されて，スウェーデン軍の略奪から町を救った子どもたちに感謝するしさたりがある。

1632年，ディンケルスビュールを攻囲したスウェーデン軍は，市民たちに町を破壊すると宣言した。危急を知って集まった何人かの子どもたちが将軍の馬前に身を投げ出して慈悲を乞うたとき，将軍はその中に自身の息子とよく似た少年を見つけて心を動かされ，子どもたちの一途（いちず）な思いに心打たれてそのまま町を去った。現代の「報復戦争」の指導者たちには期待すべくもない惻隠（そくいん）の情であった。

ゴシック期のもの。内陣手前左側ゴシック様式の「聖体安置塔」(サクラメントハウス)(1480年)や説教壇,洗礼盤などは会堂造営時代に由来する。

町は12〜15世紀の様相をほぼそのままとどめており,中世の市壁には,ローテンブルク門(北)やネルトリング門(南)など四つの市門が残っている。フランケン風,シュヴァーベン風の混じった木骨家屋(ファッハヴェルク)も多数残っているが,中でも1440年建造の**ドイチェス・ハウス**は南ドイツでもっとも美しい木骨家屋の一つとして有名。現在はここで泊ることも食事を楽しむこともできる。

ゲオルク教会の隣の建物に描かれた「馬上の将軍と子どもたち」の壁画が,三十年戦争にまつわるエピソードをあらわしている。

ローテンブルク　Rothenburg

タウバー渓谷崖上のメルヘンの町ローテンブルク・オプ・デア・タウバーは,観光道路ロマンチック街道と結びついていて,日本でも近年あまりにも有名になった歴史の古都。地名の史料初出は,ザクセン朝オットー1世(大帝)(→p23)最晩年の970年,ラインガーという豪族が近隣の村に自家の私有教会(アイゲンキルヘ)を建設したことにかかわってであったが,彼はタウバー川に突き出た崖の上,今日の**ブルクガルテン公園**の位置に城砦を築き,フランケンのただなかに打ち込んだザクセン王権の楔(くさび)の役割を担ったと伝えられる。10世紀末から11世紀にかけて,国王の封臣としてローテンブルク=コンブルク伯を名乗った家系がその血筋であると推定されている。

11世紀にこの豪族の家系が絶えると,封は国王の手にもどったが,1116年ザリエル朝の皇帝ハインリヒ5世が甥にあたるシュタウフェル家のコンラートに上記の砦を与えて,叙任権闘争の過程で敵対者となったヴュルツブルク司教(→p25)に対抗させた。このコンラートが国王(コンラート3世,在位1138〜52)になるとこの城砦がシュタウフェル朝王領政策の一環として政敵ヴェルフェル家に対抗する重要な軍事的拠点となった。

1172年皇帝フリードリヒ1世赤髭王が,この城砦の保護下に発生した集落(ローテンブルク)に都市特権を認め,1274年にはハプスブルク家のルードルフ1世帝(→p42)が帝国直属の自由特権を与えた。市は14世紀末から15世紀初頭にかけて有能な市長ハインリヒ・トプラーのもとに最盛期に達し,領域も拡がったが,1408年にはニュルンベルク城伯やヴュルツブルク司教との争いに敗れ,トプラーは内部の政敵の攻撃を受けて獄死した。

1525年の農民戦争(→p54)では農民側に味方し,その敗北後は,アンスバッハ辺境伯の厳しい断罪を経験した。宗教改革が導入されるのは,1544年になってからであった。三十年戦争では新教側に立ち,バイエルンの将軍ティリー麾下(きか)の皇帝軍の猛攻を受け,矢折れ刀尽きて軍門にくだった。

その後のローテンブルクは,活気のない地方都市に押し下げられ,1802年以降はバイエルンに帰属した。しばらく忘れ去られていたこの中世都市独特の美しさを発見したのは,19世紀後半以後の画家や詩人たちであった。第二次世界大戦では,1945年3月の空爆でかなりの被害を受けたが,戦後はほぼ完全に修復され,現在も人口1万2000人ほどの小都ながら,季節には旅人のあふれる観光都市として世界の人びとを惹きつけている。

●マイスタートルンクの伝説

1631年皇帝軍の入城。頑強な抵抗に腹を立てていた攻撃軍の将軍ティリーは，降伏した市の徹底的な破壊を命じていた。市参事会員たちの斬首も予定されていた。あらゆる嘆願はすべて却下された。途方にくれた市は，この地方最良のワインを贈って将軍の怒りをなだめようとした。奇蹟が起こった。大のワイン党であったティリーは，これと同じワインを3リットル(ビールではない!)一気飲みできる市民があれば，市を救おうと約束した。老市長ヌッシュもまた大の酒好きであったが，自らこの難題をはたして市を救った，というのである。

以上は，18世紀の市の記録文書に記された話であるが，1881年以降毎年のペンテコステ(キリスト教の聖霊降臨祭)の祭日に催される記念公演マイスタートルンクで語り継がれ言い伝えられてきた。ヌッシュが使ったという大ジョッキは，今でも帝国都市博物館(シュタットゼウム)に残されている。

市庁舎の横，マルクト広場に面した北側の建物(往時の市参事会の宴会場。現在は市の森林管理部門。1階は観光案内所)3階の窓が毎日午前11時と正午の2回(今はもっと回数がふえている)開き，左にティリー将軍，右にヌッシュ市長の人形があらわれて，市長が将軍の前でジョッキをあけるという動作を見せるのが町の名物となっている。

●ワインを飲みほした市長の住んでいた家

〈ローテンブルクの見どころ〉

「石と化したメルヘンの町」には歴史の見どころもびっしり詰まっている。地図を片手に散策を堪能していただきたい。ここではおもだったものを点描しておこう。

マルクト広場の西側を画す**市庁舎**(ラートハウス)は，南ドイツでもっとも美しいものの一つとされる。ヘレン通り(ガッセ)に面する破風(はふ)造りの部分は，13世紀中葉建造の比較的飾り気のないゴシック様式，広場に面した正面は，1501年に再建されたルネサンス様式である。ゴシック部分の内部には，かつて法廷ともなった「皇帝の間」(カイザーザール)が，ルネサンス風張出し部分には，「参事会会議室」が，地下には地下牢が残されている。トプラ―市長はここで獄死した。193段(目まいのしない人だけ，と断ってあった)を登った塔上からの眺望は素晴らしかった。

市庁舎のすぐ北に位置する**聖ヤコブ教会**(キルヘ)の建立は，トプラー市長時代の市民の誇る記念碑的事業であった。バイエルン地方独特のやや黄色がかった灰色の硫化鉱砂岩(コイベルサンドシュタイン)を使って1373年に起工，献堂式のおこなわれたのは1464年であった。市当局の改宗とともにルター派の教区教会となって今日にいたっている。内部に入ると会堂北側(主祭壇に向かって左側)のガラス窓に描かれたルターやメランヒトンが目にとまるであろう。ドイツ後期ゴシックの仕事として知られる**主祭壇**は1466年の製作。意外に気づかれていないが，その裏面にも注意していただきたい。E.ヘルリンという画家が，主

●聖ヤコブ教会

●リーメンシュナイダー「聖血の祭壇」

●15世紀ローテンブルクの風景

祭壇袖の背後上方に15世紀当時のこの町のマルクト広場や市庁舎を描いており（上の図），「中世都市」の実際の姿に関心をもつ人びとや研究者たちに貴重な材料を提供している。

この教会を訪れる人びとの関心の中心は，いうまでもなく，階上ロフトに安置される巨匠リーメンシュナイダーの祭壇であろう。「聖血の祭壇（ハイリヒブルートアルター）」（→p162）とも呼ばれ，「キリストの受難（パシオン）」と「最後の晩餐」をモチーフとするこの作品は，1499～1506年，市参事会の委託で制作された。その重要部分はすべて巨匠の手になるものとされる。

教会堂は19世紀中葉にネオゴシック様式で再建されており，かつての豊かな装飾，調度は大部分除去されたという。

もう一つだけ教会堂をあげるなら，市庁舎の少し西，ヘレン通りの向かい側にある**フランシスコ会修道院教会（フランチェスカーナーキルヘ）**であろうか。1285年の起工，1306年に内陣の献堂式，全体の完成には少なくとも50年を要した。均整のとれた初期ゴシック建築で，屋根上の鐘塔が可愛らしい。身廊部分と内陣を区切る格子（レトナー）は豪華な後期ゴシック。この教会には15・16世紀の墓石がよく保存されているが，たとえば内陣入り口右側にはディートリヒ・フォン・ベルリヒンゲン（1484年没）の墓――ゲーテの史劇で知られる騎士ゲッツ・フォン・ベルリヒンゲン（1480～1562）の祖父である。

ここからもう一息歩くと**ブルク門（トア）**をくぐって**ブルク公園（ガルテン）**に出る。最初に城砦が築かれた場所である。一休みしてタウバーの渓谷を見下したり，振り返って市壁を外側か

●ローテンブルクの鍛冶工の住居地区

らながめるのもよいであろう。

ローテンブルクのよいところは、何といっても**市壁**が最初の段階から最後までよく残っていることである。**ブラウアー門**などの四つの市門を含むやや半円形の市壁が中世中期（12世紀）の最初の段階をさし、**ヴュルツブルク門**を含む外周は13世紀以降の拡大地域を包含し、最後に15世紀になって南部の突出部ができて、それが中世都市ローテンブルクの最大規模を示すものとなった。昇降口はいたるところにあるので壁の内側通路にそって歩いてみることをお勧めする。見どころの一つは、**レーダー門**の少し南あたり、ゲルラッハ鍛冶工（シュミーデ）という昔の手工業の住居地区など。写真（上）の家居は今は民宿（パンジオン）になっていて宿泊も可能。

市壁だけではない。ローテンブルクは街路のすべてが素晴らしい歴史の散歩道で、たとえば**市場広場**（マルクトプラッツ）から**プレーンライン**（「小さな場所」を意味する呼称。もっとも美しいといわれる観光の名所）を通ってジュピタール門に向かってみよう。よく注意しながら歩くとトプラー市長やヌッシュ市長の生家や住居も見つかるはずである。

最後にもう一つ。ローテンブルクにきた折にぜひ寄っていただきたい教会堂がある。ローテンブルクから北やや西寄り20kmほどの小さな町**クレクリンゲン**のちょっと手前の郊外にひっそりとたたずむ**小聖堂ヘルゴットキルヘ**（主なる神の教会）がそれである。教会堂が1385年の造営。造営の機縁となった祭餅をめぐる奇跡の話もあるが、今日多くの人が訪れるのは、近時ますます盛んになったリーメンシュナイダー熱のゆえである。この小さな会堂の真ん中に、巨匠の最高傑作といわれる高さ7mにおよぶ「聖母の祭壇」があり、私たちもそれを観ておこうと思うのである。採光の都合で、できれば好天の午後たずねることをお勧めする。

ニュルンベルク　Nürnberg

年輩の読者ならおそらく連合国国際軍事法廷と結びついて記憶されているニュルンベルクは、人口48万人、商工業の盛んなバイエルン州北部の都会。すでに中世の昔から商業や手工業が栄え、たびたび帝国議会の開催地になるなど、ドイツ中・近世史の中でも数々の足跡を残している。

この地の歴史は、11世紀に、旧市街北端の岩山に造営された**城砦**（ブルク）とともに始まった。都市ニュルンベルクはこの城砦の足下に成立し、やがてその城砦に対抗した市民の町であった。

この地方は、中世初期から重要な王宮所在地の一つで、国庫に属する荘園も存在するいわば国王ゆかりの場所であったが、ニュルンベルクという地名を記した最初の史料は、1050年、ザリエル朝の国王ハインリヒ3世がこの地で宮廷会議を開催した折に発行した証書であった。城砦の建設は、その1050年より少し遡り（おそらく1040年頃）、ハインリヒ3世が丘上に最初の城塔を建設し、**城伯**（ブルクグラーフ）という代官をおいて軍事的拠点としたことが発端とされる。

ドナウ下りと南ドイツの史跡 | 153

ニュルンベルク

地図中の地名：
- 城砦（皇帝の城）
- ブルク通り
- デューラーハウス
- フェムボハウス（市立博物館）
- 聖セバルドゥス教会
- 市庁舎
- ペグニッツ川
- 麗しき泉
- 聖母教会
- ハンス・ザックス広場
- マックス橋
- 旧施療院
- アグネス橋
- ムゼウム橋
- 薔薇庭園
- 聖ロレンツ教会
- ゲルマン国立博物館
- マリーエン門
- ケーニヒ門
- フラウエン塔
- 中央駅
- 交通博物館

現在旧市の北端，赤みをおびた砂岩の台地に大きくそびえ立つ建物群の東，市内側から見て右手の城塔のあるあたりが最初の部分で，城伯の支配の拠点となったところから「城伯の城（ブルクグラーフェンブルク）」と呼ばれている。城伯はしかしながら，しだいに自立化し，まもなく周辺に所領をもつ在地の領主に変貌してゆくこととなる。

後年，シュタウフェル朝の皇帝フリードリヒ1世赤髭王（→p30）は，結局この既成事実を認めざるをえず；最初の城砦を城伯家の所有に委ね，自らのためにその西側に新城を築かせた。これが「皇帝の城（カイザーブルク）」と呼ばれている部分である（一説では，その前の国王コンラート3世が建設したものを赤髭王が改修し拡大したともいう）。

城伯の城の東側に接して「皇帝の厩（うまや）」と呼ばれる昔の貯蔵庫があったが，それは15世紀の終わり，ハンス・ベーハイムという建築家が市の大穀物庫としてつくったもので，その1階部分が同地を訪れる貴人たちの馬をつなぐのに用いられたことはあったが，城砦との特別な関係はない。1945年の空爆で破壊されたのを市が再建し，現在ではユースホステルになっている。

城下に成立する都市ニュルンベルクのルーツは，ペグニッツ川をはさんでそれぞれに発達した二つの集落であった。一つは，城砦の南斜面の下に発生し，奇蹟伝説と結びついた聖セバルドゥスの墓の存在によっても人びとを惹きつけて大きくなり，やがてペグニッツの畔（ほとり）に達したもの。12・13世紀には聖セバルドゥス教会も建立されて集落発展の核となり，市の教区教会となった。（→p157）

いま一つは，ペグニッツの左岸（南側）に12世紀中葉以降，フリードリヒ1世赤髭王の建設と推定される王宮に接して発生し，聖ロレンツ教会（13世紀末から14世紀に建立）（→p156）を核として発達したものであった。両者ともに強力な市壁による防備をほどこしていたが，1320～25年以降になると共通の防御施設で結ばれるようになる。

都市ニュルンベルクの本格的興隆が始まるのは，シュタウフェル朝の時代になってからであった。シュタウフェル王家の保護下においてではあったが，市民たちは，フリードリヒ2世王の1219年の大特許状（→p41）によって一連の経済的保証，便益を獲得した。国王権力は，城砦を拠点に都市にたいする影響をおよぼそうと努めており，赤髭王は，そのためにも自分自身の王城をつくる必要を感じたのであった。

13世紀半ばのシュタウフェル朝の没落ののち，「皇帝の城」は，その遺領相続者ヴィッテルスバッハ家の所有に帰し，ニュルンベルクも同家が支配するバイエルン公国の片隅の領邦都市に転落する危機にさらされるが，ハプスブルク家の皇帝ルードルフ1世の返還要求が通って国王都市としてとどまることができ，帝国都市への歩みを続けることができた。（→p145）

皇帝は，しかしながら，城伯の地位については1192年以降その職にあったホーエン

ツォレルン家の世襲を認めざるをえなかった。同家の地位は，すでに大空位時代(1254〜72年)の間に完全に確立されており，ルードルフ1世も，城伯家にニュルンベルク内外の多くの権限を城伯職の一部として認めるほかなかったのである。

同じく大空位時代以降の国王権力の欠如ないし弱体化の中で相対的自立性を強めてきた都市ニュルンベルクは，その後の王家の実力基盤がはるか遠方の地(ルクセンブルク家はボヘミア，ハプスブルク家はオーストリア)にあって直接の圧力とならなかったこと(→p43)も手伝って事実上の独立を獲得し，それどころか，「皇帝の城」の防衛は，帝国都市となったニュルンベルクに委ねられることにさえなったのである。帝国都市は，いまや，皇帝に属するとはいえ，他の領邦諸侯と並ぶ小独立国の観を呈するまでに発展したのであった。

ヴィッテルスバッハ家のルートヴィヒ4世帝とつぎの皇帝，ルクセンブルク家のカール4世(在位1346/7〜78)も，すでに有力市民の手中にあった都市ニュルンベルクにさまざまの特典を与えたが，とくに後者カール4世は，市内に聖母教会(フラウエンキルヘ→p157)を建てたり，1356年発布の有名な金印勅書の中で，すべてのドイツ国王は，その最初の帝国会議をこの町で開催すべきことを決めている。(→p43)

ニュルンベルクの手工業は，広範な商取引をとおして，また富める市民たちの内需に刺激されつつ，金属業を中心に発達し，技巧をこらした数々の製品をつくりだした(甲冑，剣，懐中時計，地球儀，空気銃など)。市参事会も，同市の産業の名声を確保するため，手工業製品にたいする厳重な検査を実施させ，この町の検印を付した商品は，ドイツの各地や外国で高い評価を受けた。アウクスブルクと並ぶ遠隔地商業の拠点としても，この町の商人たちの活躍はめざましく，16世紀初頭にはその経済的最盛期をむかえることになる。

このような都市の発展にたいして城伯の砦は，長期にわたる圧政の砦であった。両者の間には紛争が絶えず，市民たちは，1317年には伯城の東の斜面に望楼を建てて城内を監視する態勢をつくるなどの相剋が続いた。ニュルンベルク市民たちにとって幸運な変化は，ホーエンツォレルン家の城伯フリードリヒ6世が1415年以降ブランデンブルク辺境伯(マルクグラーフ)(1517年以降は選帝侯)として東方に雄飛していったことによって生じた。1427年，フリードリヒは問題の多いニュルンベルク伯城を市に売却して，長年の紛争にけりをつけた。そしてこのホーエンツォレルン家がブランデンブルク＝プロイセンを基盤にオーストリアのハプスブルク家にも対抗し，ドイツ統一の主導権を担う王家に成長したのである。(→p61,p202)

経済的最盛期にいたった16世紀は，ニュルンベルクがドイツ市民文化の高揚にも大きく貢献した時代であった。職匠詩人(マイスタージンガー)として名を残したハンス・ザックス(1494〜1576)はこのニュルンベルクの仕立屋の子に生まれ，靴屋の親方になった男であった。最初の地球儀を製造したというマルティン・ベーハイム(1459〜1506)もこの町に生まれた。市内のゲルマン国立博物館(ゲルマーニッシェスナチオナールムゼウム)には彼がつくった現存最古の地球儀が展示されている。1490年頃の製作と伝えられ，コロンブスのアメリカ大陸発見より前のことであった。(→p158)

ドイツ美術史史上最大の画家の1人とされるアルブレヒト・デューラー(1471〜1528)もこの町に生まれ，2度のイタリア

ドナウ下りと南ドイツの史跡 | 155

●聖ロレンツ教会、十三世紀創建。

●教会内部、中央上が「天使の会釈」

旅行とネーデルランド旅行などのほかは、ほとんどその故郷に住んで活躍した。「自画像」をはじめ多くの優れた絵画を残したが、聖書を主題とする数多くの木版画や銅版画も画期的とされる。彼が1509年に購入して最後まで住んだ家**アルブレヒト・デューラーハウス**は現在も保存され見学可能である。
（→p158）

ニュルンベルクの生まれではないが、人文主義者として著名なヴィリバルト・ピルクイハイマー（1470～1530）はこの町の市参事会員として活動し、デューラーとも親交厚く、多くの知識人や芸術家たちの中心的存在であった。宗教改革も、この町には比較的早く導入されている。

16世紀後半、世界商業路の移動という事情にも大きく影響されて始まった衰退は、三十年戦争によって決定的となった。当時4万人ほどだった人口は、1806年にバイエルンに併合されたときには、2万5000人になっていたという。19世紀中葉以降になると、鉄道の開通によって、ニュルンベルクは、ふたたび活気を取り戻した。ちなみにこの町と、その近くのフュルトとの間に1835年に建設されたのが、ドイツ最初の鉄道であった。
（→p58）

〈ニュルンベルグの見どころ〉

今回は中央駅から丘上の城砦まで旧市街を歩きながらいくつかの見どころに立ち寄ってみよう。

ニュルンベルクの市壁は、14世紀後期から15世紀中葉にかけて建設され、16・17世紀に拡充されたもので、近代に入って一部取り壊されたり、1942～45年の28回にわたる空爆にさらされたが、戦後の修復をへて比較的よく保存され、今日なお中世帝国都市の威容を示す証となっている。当初は高さ7mの壁（内側に屋根のついた通路、35～43m間隔に設置された四角い塔をもつ）と幅28m、深さ10mの空堀だけであったのが、16世紀以降火器の発達に呼応する政策が加えられたものである。

駅前すぐ北の市門**フラウエン門**か**ケーニヒ門**から旧市街に入ると、市壁の内側にそって中・近世の職人町の一角が再現されていて往時の手工業者たちの生活や仕事ぶりをうかがうことができる。
（トーア）

ケーニヒ通りを10分も歩くと前方右側に見えるのが**聖ロレンツ教会**（新教の教区教会）。この町でもっとも大きく美しいとされる後期ゴシック様式で13世紀後半の創建、側廊部分は1403年に拡充された。直径9mの「薔薇窓」（聖堂西正面）、天井から
（シュトラーセ）
（ばら）

156

吊りさがる「天使の会釈」(受胎告知を描くファイト・シュトスの素晴らしい木彫)などが見ものとされている。

教会の少し北，ペグニッツ川にかかるムゼウム橋(ブリュッケ)の上から右手に見えるのが**旧施療院**(ハイリヒガイストシュピタール)(往時の救貧施設)，現在も老人ホームとして機能している(1階はレストラン)。橋を渡った右手の**ハンス・ザックス広場**(プラッツ)では職匠詩人の記念像にお目にかかれる。

旧市街の一番の中心は**中央広場**(ハウプトマルクト)。広場の東側正面ゴシック様式の**聖母教会**(フラウエンキルヘ)(カトリックの教区教会)は，カール4世帝の寄進によって，かつてシナゴーグ(ユダヤ教の会堂)のあった跡地に14世紀中頃に建立され，当初は彼の宮廷教会に指定されていた。帝はこの町を訪れるたびに広場の側につくらせたバルコンから市民たちに帝位の表章(ライヒスクラインーディエン)(王冠・王笏・宝剣・宝珠など)を披露したと伝えられる。今日では，毎日正午，バルコンに7人の選帝侯があらわれてカール4世帝の周りを3回回って忠誠を誓うという人形の所作をながめるのが名物になっている。

広場西北に立つ**麗しき泉**(シェーナーブルンネン)と呼ばれるゴシック風の給水塔は，14世紀後半，カール4世帝の計画の一環としてつくられた。高さ18.5mピラミッド状の砂岩の塔と各段を飾る7人の選帝侯や異教徒，ユダヤ教徒，キリスト教徒の英雄たちをあらわす彫像は，現在は全部複製。オリジナルの断片はゲルマン国立博物館に収蔵されている。

泉のすぐ北，右側に建つ**新市庁舎**(ノイエスラートハウス)と**旧市庁舎**(アルテスラートハウス)は大規模な複合建築物をなしている。全部が第二次世界大戦後の復原であるが，その南側では一番古い部分(1332～40年)のゴシック様式がはっきり見分けられる。その北側の後期ゴシックの増築部分は1520年頃の工事，1616～22年建立のルネサンス様式部分では，三つの豪華な表玄関をもつ西側正面(ファサード)がよく残されている。庁内の地下牢は，中世の心性の凄絶な一面を今に語り伝えている。

市庁舎の西向かい，**聖セバルドゥス教会**(現在，新教の教区教会)は，13世紀建立，ニュルンベルク最古の教会。ロマネスクの名残をとどめたゴシック様式である。二つの内陣をもつ会堂は，2人の聖人ペテロとセバルドゥスに捧げられている。後期ロマネスクの輪郭を示す西側部分は，バンベルク大聖堂を手本として1230・40年頃に着工，後年の大増築に際してゴシック風の窓をつけたり，側廊がゴシック様式に変えられた。当初，後発の東内陣(1361～79年)より低かった西内陣の塔が今日の高さになったのは，15世紀末であった。一番の見どころは，**聖セバルドゥスの墓**(グラープ)。ゴシック風銀製の「遺遺物箱」(レリキエンシュウライン)(14世紀末)を囲むブロンズの外被はペーター・フィッシャー(1460頃～1520)の作品である。

市庁舎からブルク通(シュトラーセ)りを少し上った左側のフェムボハウスはもっとも美しいニュルンベルク市民の大邸宅の一つであったが現在は**市立博物館**(シュタットムゼウム)になっていて，36の陣列室で昔のニュルンベルクの模型やら写真などがふんだんに展示されている。

「皇帝の城」成立の経緯については，前段で言及した。外門を入ってすぐの**ジンヴェル塔**(トルム)に登って古都ニュルンベルクの眺望を楽しんだり，深さ50mとも60mともいわれる「深い井戸」(ティーファーブルンネン)を見物したら，ぜひ「国王宮廷」(パラスト)，「皇妃の間」(ケメナーテ)なども訪れて，中世城館の空気にもふれていただきたい。1170年頃以来の「皇帝礼拝堂」(カ(ザ)ペレ)などがとりわけても強い印象を残すであろう。「皇帝の

城」は，1440年代，ハプスブルク家のフリードリヒ3世帝(在位1440〜93)が大規模な改装を加えて，国王宮廷としての趣を整えたが，新装のあとも，城内のスパルタ式の質実剛健な雰囲気は失われず，城下の富める豪商たちの邸宅に比し，飾り気のない冷たい感じを残していたと伝えられる。ちなみに「伯の城砦」のほうは1420年に大部分取り壊されている。

旧市街の西北隅，「皇帝の城」のすぐ下に建つ**アルブレヒト・デューラー家**(ハウス)は，1509年デューラー自身が購入して終世のすみかとなったもの。当時としてはかなり大きな木骨家屋(ファッハヴェルクハウス)で，家具調度はオリジナルではないが，16世紀初頭上流市民の生活の一端を垣間見ることができる。今日では一部を「デューラー博物館(ムゼウム)」として，巨匠の木版画，いくつかの原画ないし複製画や当時の印刷機などを展示している。

東南方向に200m余り歩くと，巨匠の名を冠した広場に立つデューラーのブロンズ像に出会うであろう。1840年クリスチアン・ダニエル・ラウホの作。ニュルンベルク散策の思い出として長く記憶に残るに違いない。

最後に，できればゆっくり時間をとって**ゲルマン国立博物館**(→p155)を訪れていただきたい。旧市街の南部，市壁に近い穀物市場広場(コルンマルクト)に1852年，「古きドイツ」にあこがれるロマン主義フィーバーの中で建設された学問・技術・芸術コレクションの殿堂。「先史および初期史」部門も設けられている。絵画陳列室には14〜19世紀の膨大な作品(デューラー，アルトドルファー，クラナッハなど)を，彫像では，リーメンシュナイダー，シュトス，フィッシャーなどを収蔵，またこの町の教会堂などの現場で模造品に

かえられているもののオリジナル(ないしその断片)も少なくない。

あと二つだけニュルンベルク独特の博物館に案内しておこう。一つは鉄道ファンや切手ファンなら垂涎(すいぜん)の**交通博物館**(フェルケールスムゼウム)は，市壁の外，中央駅から400mほど西に建つ。鉄道の歴史，郵便制度の歴史にかんする，また機関車や運送方法の発達を示す，興味をそそる展示物の数々，多数の実物大の機関車や鉄道車両。圧巻は，何といってもドイツ最初の鉄道(1835年にニュルンベルクとフュルト間を走った)を見られることであろうか。

いま一つは，聖セバルドゥス教会の西南すぐの所にある**玩具博物館**(シュピールツォイクムゼウム)。玩具制作でも世界的なニュルンベルク(鉄道模型などはとくに有名)ならではのめずらしい博物館である。全館が世界中の，かつさまざまな時代の玩具(人形，トランプなどなど)でいっぱい。ゆっくり楽しんでいただきたい。

なお第二次大戦の終決にともなう国際軍事法廷の開かれた**裁判所**(ユスティーツゲボイデ)は，旧市街から西1.5km足らず行った所。外からながめることはできるが中には入れない。この建物の600号室で22人の戦争犯罪者を被告とする審理がおこなわれ，1946年10月1日，ゲーリング，リッペントロップ，カイテルら12名に絞首刑，ヘス，フンクら3名に終身刑，デーニッツ，ノイラートら4名に禁固刑，シャハト，パーペンら3名に無罪の判決がくだされた。従来の戦争法規違反を中心とする固有の戦争犯罪に加えて，平和にたいする罪，人道にたいする罪が問われた最初の国際裁判であった。

ヴュルツブルク　Würzburg

バイエルン州の北部(往時のフランケン)，

マイン川中流域の中都市(人口13万人余り)ヴュルツブルクは，7世紀後半の殉教者キリアン(640頃〜689頃，アイルランド出身の修道士)の名と結びついた古くからのカトリック・キリスト教伝道活動の拠点で，フランク王国の時代から中央政局とも密接につながっていた。このことは，カロリング家の家領ないし王領がマイン川にそって東に延びてきたことと無関係ではなかったであろう。751年のクーデタに際してローマ教皇ザカリウス(→p16)の支持を伝えてピピンを援(たす)けた修道士の1人はヴュルツブルク司教ブルクハルト(在位741頃〜754頃)であり，ピピンは設置されたばかり(741年)の司教座聖堂サルヴァトール(後年のノイミュンスター)に多大の寄進をしていた。ピピンの子カール大帝(→p17)も司教区の所領を大きく増大させている。

ヴュルツブルクの名前がはじめて登場するのはそれよりも早く704年の史料であり，マイン流域からテューリンゲンの一部を支配した豪族へデヌスに属する「ヴィルテブルク城砦」としてであった。キリアンの布教活動は，それより少し早い686〜689年の頃で，おそらく異質の信仰のために在地の豪族たちとの軋轢(あつれき)を起こして殉教の死をとげたと伝えられる。遺体はその後752年になってヴュルツブルクに移されてこの地の守護聖人となった。

ヴュルツブルク司教の権威と富は，その後ますます増大し，皇帝ハインリヒ2世のもとで公(ヘルツォーク)の位を与えられ，フリードリヒ1世赤髭(あかひげ)王は1156年，この地でブルゴーニュ公女との婚礼の祝典を挙行した。赤髭王はまた，この町で5回にわたって帝国会議を開催，1180年には，ハインリヒ獅子公が反逆罪のかどで平和喪失刑と公領の没収

●マイン川とヴュルツブルクの町

を宣告されている。(→p32)

他方，11・12世紀頃から，鋳貨，関税などの特権を認められた都市集落が発達しており，司教を領主とする重要な中世都市の一つとなっていた。14〜16世紀の頃には，経済力を蓄えた市民たちが帝国直属を視野に入れつつ都市領主たる司教に反抗するまでに成長し，司教は居城としたマイン対岸のマリエンベルク城砦を拡充強化して対応した。城砦が外敵に対抗するだけでなく，城下の市民を威圧する支配の拠点でもあることをあらわした好例である。

マリエンベルク丘上には，古くからのケルト人の環状城砦の跡にゲルマン人が避難砦を，ついで7世紀には，メロヴィング朝フランクの豪族が城砦をつくった。マリエンベルクと呼ばれるようになったのは，

ドナウ下りと南ドイツの史跡

●マリエンベルク城

●ヴュルツブルクの市街。手前は市庁舎，正面に大聖堂が見える。

706年に付置された教会堂**マリエンキルヘ**に由来するということだが，異説もあるようではっきりはしない。ちなみにこの教会堂は，ライン以東のドイツに現存する最古のものとされている。持ち主の家系が絶えたのち，城砦は，741年に創設されたヴュルツブルク司教区の所有となった。

1201年には，コンラート・フォン・クヴェルフルトという司教の手で高さ40mの城塔が建てられたと記録され，1253年以降は，ヴュルツブルクの領主たる司教の常住する居城となった。14世紀に入ると，市民たちの反抗に対処するための居城の増改築も進められた。城砦がほぼ現在見るような形になるのは15世紀，主としてルードルフ・フォン・シェーレンベルクという司教のときで，ある程度は砲銃技術の発達に合わせた補修もおこなわれた。

1525年5月には，当時ドイツの南部から中部一帯に広がった農民戦争の嵐の中で，農民団の猛攻を食い止めて城砦の威力を発揮した。ヴュルツブルクの市民たちも市参議会の決定に従って農民側に連帯し，攻城に加わったが，鎮圧された。以後司教の都市支配が確立する。16世紀の末葉，司教ユリウス・エヒター（在位1573～1617）のもとでの増築は，領主の居城としての機能強化であった。

三十年戦争では，1631年，新教側を応援して介入したスウェーデン軍に攻略され，34年まで占拠された。その後フランス流バスティヨン要塞形式を採り入れた防備能力の改善が試みられたりはしたものの，1866年プロイセン軍の砲火をあびたのを最後に翌67年以降要塞としての役割を終えた。このときのプロイセンの砲火は，対オーストリア戦争の一環であり，新ドイツ帝国成立の5年前のことであった。

マリエンベルク城は，長い間放置されていたが，ナチスの時代1935～39年，第一級の軍事史的記念建造物として徹底的に修復された。現在では1945年の被災もほぼ回復，その一部（かつての武器庫とそれに連なる稜堡の広いスペース）が**マイン・フランケン博物館**としてこの地方を中心とする工芸品，歴史的・民族学的収集品を収蔵展示している。リーメンシュナイダーの名作「アダムとエヴァ」などが有名。往時の職人たちの同職組合の旗や大きな葡萄搾り器などが印象的。

司教ユリウス・エヒターは，イエズス会士たちの授けを得て，反宗教改革を推進するかたわら，大学の新築その他で，ユリウススタイルと呼ばれるゴシック風・ルネサンス風の建築物を多く残した。17・18世紀になると，建築好きの司教たち，とくにシ

ェーンボルン伯家出身のフリードリヒ・カール(在位1729〜46)などが,当時の名主ヴュルツブルク生まれのバルタザール・ノイマン(1687〜1753)を用いて数々のバロック建築の建造に尽力した。現在も市内に残り多数の観光客を集めている司教の宮殿**レジデンツ**は,ドイツのバロック建築最高の傑作とされ,ヴェルサイユ宮殿を範にヨーロッパ各地に流行した君侯たちの宮殿(ウィーンのシェーンブルン,ベルリンのシャルロッテンブルクなど)と並ぶ代表的なものの一つである。

1720年すでに先代の司教ヨーハン・フィリップ・フランツのもとで始まっていた宮殿の建築事業は,1724年,西北部の増築が完成したところでいったん中断,29年フリードリヒ・カールの命で再開,41年にまず庭園側の正面,44年にいたってようやく宮殿全体の完成をみた。通算24年にわたる大事業であった。全長167m,奥行42m,高さ21m,五つの大広間を含む堂々たる大宮殿であった。中央正面の「階段の間」は,ノイマンのもっとも成功した作品の一つとされ,少しあとの1752〜53年に描かれたイタリア人画家ジョバンニ・バプティスト・ティエポロ(1696〜1770)の有名な天井フレスコ画——君主たる司教に忠誠を誓う4大陸(ヨーロッパ,アフリカ,アジア,アメリカ,当時のヨーロッパ人にとっての全世界)の描写——とともに,訪れるすべての人びとの注目を引いている。宮殿西南の隅に残る豪華な「宮廷付属聖堂」(ホーフキルヘ)(いったん外に出て西側正面から入る)も忘れないでいただきたい。

レジデンツの南側側面から背後(東側)に広がるバロック風の**宮廷庭園**(ホーフガルテン)は,1730年以降の造園,1770〜80年頃装いを新たにしている。南側は1793年以後イギリス庭園風に改造された部分もある。

大聖堂(ドーム)は,レジデンツの西400mほど,古マイン橋(アルテブリュッケ)からまっすぐ東に延びる中心街(ドーム通り)(ドームシュトラーセ)の突き当りに大きくそびえる。四つの塔をもつバジリカ風ロマネスクの会堂である。敷地は,以前,9世紀に由来する古い教会堂のあった跡地であった。現在にいたる教会堂の建設を始めたのは1050年頃であったが,主要部分が完成して献堂式をおこなったのは100年後のことであった。13世紀には東塔の建造を含む大きな改築がなされたようすである。

18世紀の初めには,「シェーンボルン礼拝堂」(カペレ)が加えられた。シェーンボルン家出身代々の司教たちの廟(マウゾレーウム)としてノイマンたちが設計したものである。引き続きこの世紀には,内装,とくに翼廊と内陣を中心に贅沢な化粧漆喰(しっくい)を使ったバロック化が進められている。

大聖堂の北に隣接する**ノイミュンスター教会**は,使徒キリアンたちの殉教の場に建つ。689年キリアンとその共働者たちが殺害された所に8世紀になって最初のヴュルツブルク司教の教会が生まれた。今日の建築と重要な部分で一致する教会堂は,13世紀に起源をもつ。会堂は1710年以降,バロック様式に改築された。町のイメージを特徴づける大きな丸屋根がつくられたのもこの頃であった。第二次大戦後の修復に際して,教会堂の外観は原型を忠実に再現できたが,内部の修復では断腸の思いでいくつもの削減を容認せざるをえなかったと聞く。

ドーム通りの西端に建つロマネスク風の**市庁舎**(ラートハウス)は,その基本的骨格を1200年頃に求めることができる。もとは司教となる

ドナウ下りと南ドイツの史跡 | 161

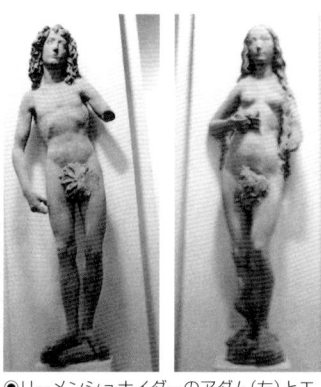

●リーメンシュナイダーのアダム（左）とエヴァ（マリエンベルク博物館）　●マリエン教会

●リーメンシュナイダー点描

　本文でもときどきふれてきたように、リーメンシュナイダーの作品は、フランケンを中心とするこの地方の各地に散見するし、多くのドイツ人が二言目にはリーメンシュナイダーを見たか、とたずねる。これほど著名なその名前は、日本ならさしずめ左甚五郎（ひだりじんごろう）というところだが、前者の場合ははっきりと実在の人物である。

　ティルマン・リーメンシュナイダーは、1460年頃、北ドイツ（ハルツのオステルローデ）に生まれ、修行遍歴時代ののち、ヴュルツブルクを本拠に活躍、後期ゴシックの彫刻家として、すでに生存中に有名になっていた。だがバロック時代には忘れ去られ、ゲーテやその他の浪漫主義者（ロマンティカー）たちもその名を知らなかったようである。

　再発見は19世紀歴史主義の功績であるが、その端緒は、1822年ヴュルツブルクの一郷土愛好家が同市の大聖堂（ドーム）近くに忘れられて放置されていた一つの墓石を詳細に観察して、その碑銘を解読したという極めて偶然の事情によっていた。今は有名なクレクリンゲンの祭壇なども19世紀以降になってはじめて巨匠の作であることが証明されたのであった。(→p153)

　ところで芸術家といっても、画家であれ彫刻家であれ当時のそれは、何人かの職人を使う親方であったり、親方のもとで働く職人であったりするのがふつうである。ツンフト（手工業者の同業組合組織）と無縁には生きられなかったのである。リーメンシュナイダーは1483年以来、ヴュルツブルク市のある画工の組合で働いていたが、85年には3人の子どもをかかえた年長の親方未亡人と結婚して、親方になるチャンスをつかんだ。これは当時ごくあたり前の習慣で、そうでもしなければ親方になることは難しかったのであり、親方の総数を抑えようとする組合制度の閉鎖性がもたらした一種の社会問題ともいうべきものであった。

　彼は市民たちの尊敬も受けて、1504年以後は市参事会員、20年から1年間は市長にも選ばれた。1525年、農民戦争が起こると、(→p54) 市は参事会の決定に従ってオーデンヴァルト農民団と同盟して、司教のいるマリエンベルク城を攻めたが失敗、ティルマンは

城伯（ブルクグラーフェン）家の居館であったのが，1316年以降市庁舎に転用され，その後たびたび改築されてきた。市の宴会場となるロマネスクの「ヴェンツェルの間」にも初期ゴシックの影響があらわれており，建築物群（ハウスコンプレックス）の西側，ローターバウ（赤建物）と呼ばれている部分は，赤砂岩を建材とする後期ルネサンスないし初期バロックの優れた成果とされ，市参議会の会議室がおかれていた。

市庁舎の東北角に連なるマルクト広場（プラッツ）に建つ**マリエン教会**（カペレ）にもぜひ立ち寄っていただきたい。1337～1470年の建立，三身廊ホール型（ハレンキルヘ）の教会堂。ヴュルツブルクでもっとも優れた後期ゴシック建築である。大きな大会堂ばかりながめてきた目には華奢なたたずまいとも見える。大聖堂が支配者である司教の教会とすれば，市民たちの教会という意味合いもあった。南側入り口ファサードの左右には，かつてリーメンシュナイダーの「アダムとエヴァ」の彫像が建っていた。今は模造にかえられ，オリジナルは，マリエンベルクの博物館に展示されている。
（→p160）

往時は当地で唯一であった石造りの**古マイン橋**は，1473～1543年以来，今日見るような姿を見せている。15・16世紀当時の技術的にも美術的にも優れた秀作。キリアン像をはじめとする橋上の彫像群は，バロック時代が添えたおまけである。

ユリウス・エヒター司教が1582年に創建した**大学**（ウニヴェルシテート）は，そのあと10年を費やして旧市街の南端に校舎を建設した。統一プランにもとづくまとまった大学キャンパスとしてはドイツ最初とされる。X線の発見で知られるレントゲン博士（1845～1923）はこの大学で教職にあった。もう一つついでに付言しておくと，江戸時代後期に来日し，日本で著名なシーボルト（1796～1866）の生地がこのヴュルツブルクである。

神聖ローマ帝国終焉の1806年から14年まで，ヴュルツブルク司教領は，都市ともども，西南ドイツ16カ国で構成するライン連邦に属する大公国としてナポレオンに従属，ウィーン会議（1814-15年）の結果バイエルンに組み込まれて今日にいたっている。
（→p73）

150人の市民たちと一緒にとらえられ，数週間にわたる取調べののち，財産の一部を没収された。

取調べ中の拷問で手足を折られ，その後の創作活動ができなくなったという話もあるが，かならずしも明確な証拠はない。むしろ，マイン河畔キッチンゲンのベネディクト派女子修道院から農民戦争で破壊された祭壇の再建を依頼されたという報告を根拠に，そのような話は19世紀の史家たちの捏造（ねつぞう）だったと説く学者もいる。むしろ反乱の失敗後精根つきはてたティルマンが，その後の創作意欲を失ってしまったこと，加えて，宗教改革にともなうこの動乱の時期に，祭壇や彫像をつくろうという注文が減っていったこと（それには宗教改革過激派の偶像破壊運動も関連をもったぐあろう）などが，この時期以降の巨匠の作品が存在しない理由だというのである。

1531年7月7日，すでに齢70に達していた巨匠は静かに世を去った。彼の手に握られていたロザリオが，巨匠が最後まで忠実にとどまった古い信仰を示していた。

ドナウ下りと南ドイツの史跡

宗教改革の旅

今回は宗教改革者ルター(→p49)の足跡をたどることを中心に中部ドイツに点在する史跡探訪に出かけたい。

マルティン・ルターは、1483年アイスレーベンで生まれ、マクデブルクとアイゼナハでラテン語教育を受けたのち、エルフルトで学生生活を、ついで修道士時代を過ごし、以後ヴィッテンベルクで神学(聖書学)の教授職にあり、1546年故郷のアイスレーベンで客死した。その間、修道士時代に公務でローマに、その後は、改革運動にかかわる審問、討論その他でハイデルベルク、アウクスブルク、ライプツィヒ、ヴォルムス、ヴァルトブルク城、マールブルクなどに滞在している。したがってその活動舞台は、若干の例外を除き、ほとんどこの中部ドイツに集中しており、この種の旅程を立てるのに具合よくできている。

ヴィッテンベルク　Wittenberg

ベルリンの南南東100km足らずのこのささやかな小都市(人口5万5000人)がルターの宗教改革発祥の地であり、16世紀のルター派改革運動のメッカとなったことはよく知られている。1517年10月31日城教会(シュロスキルヘ)(ザクセン選帝侯フリードリヒ3世居城付属教会)の扉に、いわゆる「95カ条の提題」を掲示してローマ教皇庁発布の贖宥状(しょくゆうじょう)頒布に抗議したのが宗教改革の発端というのが、ほとんどのルターの伝記や高校世界史の教科書などに載っている史実で、「提題」は現在教会堂北側の扉にレリーフの形で鋳(い)込まれている。多くのプロテスタント系諸教会では、この10月31日が宗教改革記念日となっている。

ところでヴィッテンベルクという地名が最初に登場する史料は、1180年のものである。その記述によると1160年よりあとになってアスカニエル家のブランデンブルク辺境伯アルブレヒト(熊伯)が辺境城砦区(ブルクヴァルト)をこの地に設置した。城砦はその後同家のアルブレヒト2世(1198年没)の居城となり、そのもとにできた集落は、街道の交差する交通の要所として発展した。都市ヴィッテンベルクは、1293年に都市法特権を授与され、1317年には市参事会や市長職を含む市制を整えている。アスカニエル家は金印勅書に

●贖宥状頒布の裏話三題

「95カ条の提題」が本当に城教会に掲示されたのか？プロテスタントがつくり出した神話ではないのか，という論争が学界を賑わせたことがある。「論題掲示」を裏付ける最初の文献はメランヒトンによる『ルター著作集』の序文であるが，事件から30年近くもたったものであった。メランヒトン自身も直接の目撃者ではなかった，というのが否定論者の根拠であった。決着はついていない。が，「掲示」の有無はともかく，ルターが贖宥状にたいする問題提起を書いて，頒布の総元締マインツ大司教アルブレヒトその他に送ったことは事実である。

アルブレヒトは，マインツ大司教職を得るために必要な金銭を，時の大財閥フッガー家から借り入れた。重要な聖職に叙任されると感謝の意をこめて，後日，莫大な献金をすることは当時の慣行であったが，アルブレヒトの場合は，教会法の禁ずる兼職（彼はすでにマクデブルクとハルバーシュタットの司教職を保持していた）を黙認されるために，教皇庁の緊急の要請に応えて巨額の費用を前金で用立てなければならなかったのである。協定に従って贖宥状頒布の収益の半分はローマへの上納に，大司教に帰すべき半分はフッガーへの返済にあてられた。

贖宥状の頒布は，ヴィッテンベルクでは許されていない。選帝侯フリードリヒ賢公の所蔵する夥しい聖遺物の御利益と抵触しかねないと思われたからであろうか。賢公は信仰の面では単純かつ敬虔な人物で，免罪効果をもつとされる膨大な数の聖遺物を蒐集していた。救い主の前額を突き刺したときのキリストの冠から取った本物の荊棘，手に打ち込まれた釘1本，聖アウグスティヌスの歯4本，聖母マリアの髪の毛4本……などである。だが，このたびの贖宥状は昨今の若い人たちの言葉を借りて言えば，超魅力的であったらしく，ヴィッテンベルクの人びとも競って近隣（ブランデンブルク領）のユタボークに出かけたという。

よる選帝侯位も獲得するが，1422年に断絶し，所領は選帝侯位とともにヴェッティン家に移った。

1486年，ヴェッティン家の選帝侯フリードリヒ3世（賢侯）がこの地をあらためて居城とした頃，都市ヴィッテンベルクの繁栄期が訪れる。賢侯はアスカニエル時代の城砦再建に着手し，ルネサンス様式をいれた城郭とともに付属の城教会（1330年以来）も改築した。教会は1509年に完成，莫大な聖遺物の宝庫となった。

フリードリヒ3世の創設した新設の大学の教養部で，ルターは1508年以降アリストテレスの道徳哲学（ニコマコス倫理学）を教えるとともに神学部の学生として勉強した。1512年には神学博士を授与され，神学教授として聖書学（1513年詩篇，15年ロマ書，16年ガラテア書，17年ヘブライ書）を講ずるかたわら城教会の牧師をかね，ついで教区教会（市教会聖マリエン）でも教区民の司牧（霊的教導）にあたっていた。ルターは名物教授であり，その在任中に学生数4500に達し，この新設大学は当時のドイツで最大になったともいわれる。

1517年の提題掲示に続き，18年のハイデルベルク論争，アウクスブルクでの教皇特

●聖マリエン教会

ヴィッテンベルク

教師団宿舎
フランシスコ会修道院
聖マリエン教会
市庁舎　学生寮
城教会　　　　　　　　エルステル門
　　　シュロス通り　コレギエン通り
　　ルカス・クラナッハの家　　ルターの樫の木
　　　　　　　メランヒトンの家
ヴィッテンベルク城
　　　　　　アウグステウム
　　　　　　（宗教改革史博物館）

使カエタヌスとの会見，19年ライプツィヒ論争，20年矢継ぎ早の改革文書公刊，21年ヴォルムス帝国会議への召喚・出頭，その帰途ヴァルトブルク城への隔離……ルターをめぐる状況がめまぐるしく急転する中で，当のヴィッテンベルクでは，ルターを超えるラディカルな改革が起こり，性急な革新主義者たちが，ルターの著書を根拠としながら，力に訴えても古い秩序を除去して新しい習慣をつくろうと動きはじめる。
（→p174 ライヒスターク）（→p178 しょうかん）

素朴な生活に帰れ，知識人はもはや無用と告げるルターの同僚の神学者の言葉に従って大学を去った学生も少なくなかった，という。教会堂側壁の祭壇は破壊され，聖画や聖像が焼かれたり壊されたりもした。

ヴィッテンベルクの騒動が頂点に達した頃，ルターは，おそらくフリードリヒ賢侯の政治的配慮により，だが少なくとも表面はあくまで彼自身の強い希望という形をとって混乱の町に帰還。1522年3月8日から8日間，連日にわたる精力的な説教をつうじて，いちおうの平穏と古き権威の回復に成功した。

〈ヴィッテンベルグの見どころ〉

上の地図は，17世紀のものを下敷きにしているが，中世末から基本的には変わっていないので，16世紀前半の様相を書き込んでみた。現在でもこの簡単な地図に従って容易に歩けるので歴史の町の散策をお勧めしたい。

15～16世紀に選帝侯の政庁であった**ヴィッテンベルク城**は，現在は自然博物館兼民俗博物館と市史博物館になっている。内庭と外観を眺めたあと表通りに出て**城教会**の北側シュロス通り側に回ると，側面の扉に有名な「95ヵ条」のレリーフがある。会堂内部は19世紀後半に改装されており，ルターとメランヒトンの墓碑がある。ちなみにルターは，この教会堂でおこなわれた儀式で，1512年10月4日，神学博士の学位を授与され，同じ月の20日ヴィッテンベルク大学教授（聖書学）に就任した。

通りを東に向かって少し歩くと，ルターの肖像画などで知られる画家**ルカス・クラナッハの家**の前を過ぎて，市場（広場）に出る。北側にルネサンス様式の**市庁舎**，その前にルターとメランヒトンの記念碑。東側の建物の背後にルターが説教したゴシックの市の教区教会**聖マリエン**，ルカス・クラナッハの祭壇画あたりが見どころであろうか。広場を少し北に入った所，往年の**フランシスコ会修道院**は1525年に還俗廃止された。

広場にもどってコレギエン通りを東に進

●メランヒトン。ルカス・クラナッハ（2世）画，1559年

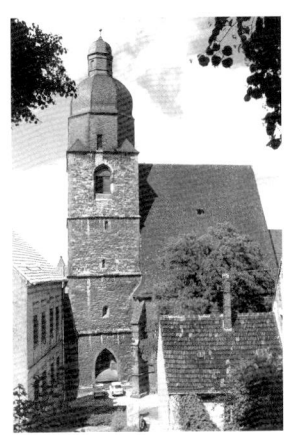

●アイスレーベンのルターの生家（左）とルターが洗礼を受けた聖ペテロ教会（右）

むと**学生寮**，**教師団宿舎**があり，このあたりが当時の大学と考えてよいであろう。

その東が**メランヒトンの家**だ。フィリップ・メランヒトンは，人文主義的改革路線をとりつつあったヴィッテンベルク大学の招請で古典学の教師として1518年に赴任，以後ルターの片腕となって改革運動に協力した。ルターが聖書学者として，その時々の宗教的・社会的諸問題に鋭い切り口で厳しい論陣を張ることに精力をそそいだのと対照に，メランヒトンは，ルター派神学の体系化に貢献するところが大きかったとされる。居宅は現在博物館として，この人文主義的神学者の書斎，臨終の間を残している。

コレギエン通りの東端**アウグステウム**は，上記フランシスコ会よりも早く1522年に解散したアウグスティヌス会修道院のあった所で，内庭の向こう側の建物がルターの住居になっており，今日では**宗教改革史博物館**になっている。建物全体は，1564～92年まで大学として使用され，18世紀にバロックに改装されている。

通りの終点**エルステル門**を出て少し先の左手，**ルターの樫の木**といわれる場所で，1520年12月10日，ルターが学生たちの前で，破門を示唆する教皇勅書（の写し）を焼いたと伝えられる。今では何度も代替りした樫の前に，いわれを刻んだ石碑が立っている。

賢侯の没後，君侯の居所はトルガウに移転し，ヴィッテンベルクは，１領邦都市として存続するが，1806年フランス軍に，14年にはプロイセン軍に占領され，15年のウィーン会議講和体制でプロイセン領となり，大学はハレに統合された。
（→p74）

アイスレーベン　Eisleben

ルターは，「私は農民の子であり，鉱夫の子である」と語ったといわれるが，その理由は，祖父がテューリンゲンの田舎メーラ村の農民であり，父親がマンスフェルトで成功した粗銅生産工であったという出自に由来する。祖父の住んだと伝えられる家は，メーラ村のなかほどに残っている。終身ないし事実上世襲の耕作権を保証され，経済的上昇の可能性をもつ永代借地農であったが，父親のハンスは，末子ではなかったので（当時この地方では末子が相続人となる慣

宗教改革の旅 | 167

習であった)，妻マルガレーテをともなって銅の鉱山で働くべく故郷を離れてアイスレーベンに移住，この地で1483年11月10日マルティンが呱々の声をあげた。ルターの生家は現在も残っており，そのすぐ近くには彼が幼児洗礼を受けた聖ペテロ教会も建っている。

若い父親は貧しかったが，翌1484年にマンスフェルトに移ってからは徐々に成功し，二つの溶鉱炉を借りて営業する粗銅生産者となった。いわば中小企業の工場主となったのである。ルターは，後年，フッガー家を代表とする大商事会社の独占ないし寡占的価格操作を厳しく批判するとともに，表向き利子徴収の禁止を建前としつづけていたカトリック教会とは異なり，適正な利子(たとえば年に5～6％程度)を肯定し，同時に高利の金融に反対した(M．ルター『商業と高利』)。融資は必要だが高利は困るという父親のような中小生産者たちの利害を反映したといってよい。

アイスレーベンは，現在人口3万人ほどのめだたない小都であるが，1000年ほどの歴史(史料初出1045年頃)をもち，12世紀以来の建造物も少なくない。

1081年，ザリエル朝ハインリヒ4世帝治世下の動乱期であるが，ヘルマン・フォン・ルクセンブルクという対立国王がこの地の**城砦**(ブルグ)に滞在，もしくはある年代記によれば，この地で(対立)国王に選出されたと伝えられる。**市庁舎**にあるおそらく国王らしき肖像は，このヘルマンであると考えられている。

ザリエル朝消滅後の所領関係の推移は複雑ではっきりしない点もあるが，1311年以降まず都市アイスレーベンが，ついで城砦も1348年以降マンスフェルト伯の領有するところとなった。

12世紀末には現在の**マルクト広場**が形成され，その周囲に市壁に囲まれた古い都市部分(ユダヤ人居住区や広場東の都市領主居住地などを含む)が成長，14世紀になると市域の拡大を見る。農業，ブドウ栽培，織物の製造・販売もあったが，採鉱とくに銅鉱の取引が重要な役割を果たしていた。マンスフェルト鉱業地域のまっただ中に位置したのである。

ルターの生家と**臨終の場所となった家**は保存されており，両者ともルターないし宗教改革史関連の博物館として整備されている。生家のすぐ近くには，マルティンが(幼児)洗礼を受けた**聖ペテロ教会**が建っている。市場広場にはゴシック様式の**聖アンドレアス教会**があり，後期ゴシック(1500年頃)の観音開きの祭壇が見どころ。同じような祭壇は，**聖ニコライ教会**，聖ペテロ教会などにもある。

ルターが偶然にも生まれた町で臨終をむかえることになったのは，マンスフェルトの伯たちに請われて仲裁の労をとるべく病を押して出かけた帰途のことであったが，彼は最後まで改革者の信念を吐露し，改革の将来を危惧しつつ息を引き取ったとい

アイスレーベン

- 14世紀に拡大した部分
- 12世紀末までの市街

聖ニコラ教会
聖アンドレアス教会
城砦
マルクト広場
ルターの生家
ルターの臨終の場所
市庁舎
聖ペテロ教会

う。1546年2月18日，シュマルカルデン戦争勃発の直前であった。
(→p57)

アイゼナハ　Eisenach

　マルティンは，兄弟たちの中でも出来がよく，自分の社会的・経済的上昇にともなって息子に教育を受けさせる余裕もできた父親は，マルティンが将来法律家として幸福な家庭をつくり，老後の自分たちを扶養してくれると期待していたようである。

　当時，大学に行くには，ラテン語に習熟していることが前提であった。マルティンも，幼少の頃からラテン語学校で文法を習いはじめ，1477年，14歳になると司教座のあるマクデブルクの有名校に入ったが，何らかの理由で翌年には母親の友人のいるアイゼナハに移り，教区教会聖ゲオルク付属の学校に1501年まで4年間在学した。この時期ごくふつうの習慣であったが，学費が潤沢でないほかの生徒たちと一緒に歌を唱いながら家々の戸口を回ってパンを求めたり，コッタ夫人という上流市民の婦人に親切にされたエピソードなどもよく知られている。ルターは，ゲオルク教会学校の生徒だった頃，ハインリヒ・シャルベという敬虔な商人の所で昼食に与り，おそらくその姉妹ウルズラ・コッタの許（ゲオルゲン通り）に住んでいた，と推定されている。

　アイゼナハは，人口5万人余り，「ルターの町」，「バッハ（生誕）の町」として知られるほか，戦前からミュンヘンのBMWと結んだ自動車製造も有名で，旧東独時代には乗用車ヴァルトブルクの生産工場があった。

　アイゼナハという名前は，ケルト起源であれゲルマン起源であれ，昔この場所で鉄（アイゼン）が採掘されたことを示唆しているが，今までのところとくに考古学的証言が出ているわけではない。

　「古アイゼナハ」と呼ばれる最古の定住地は，後年の都市域の東方にあった。若干の建築物や円塔の礎石が見つかっている。

　本格的な中世都市の始まりは，12世紀後半と考えてよいであろう。アイゼナハで鋳造されたプラクテアートという片面だけ刻印された硬貨が方伯ルートヴィヒ2世（1172年没）によるものとされ，その息子ルートヴィヒ3世（1190年没）は自ら貨幣に「アイゼナハ方伯」と刻印させている。新しい定住地は中央駅に近い中世市域の東部，聖ニコライ教会前の土　曜　市　場(旧東独時代の独ソ友好広場)から始まって徐々に西進し，今日のマルクト広場を中心とする中世都市の形に定着したとみなされている。聖ニコライ教会前の市場が都市建設の前段階に登場するのはよくあることで，ちなみに聖ニコライ教会の保護権は，とりわけ商人たちのためと考えられていたのである。

　マルクト広場の北側にはバロック様式の城　館(1742〜51年，現在はテューリンゲン博物館が入っていて，1階では陶磁器，

宗教改革の旅 | 169

●バッハの生家

ガラス器など，2階では18世紀の城館内部やテューリンゲン地方の民俗器などを展示)，**旧市庁舎**(アルテスラートハウス)(16·17世紀)，中央に後期ゴシック様式の教区教会**聖ゲオルク**。聖ゲオルク教会には，方伯たち(14〜16世紀)の墓石や墓碑，ゴシックやバロック様式のキリスト像などがある。少年ルターがここの付属学校でラテン語を勉強した。20年余りあとの1521年5月2日改革者ルターがここで説教した。はるか後年の1685年3月23日，生後3日目のヨハン・セバスティアン・バッハ(1685〜1750)がここで洗礼を受けた。

教会堂西側，1549年設置の**噴水**では，町の守護聖人ゲオルクが竜と闘っている。広場の東側，カール通りに向かう角は昔の製パン所で現在は**市庁舎**となっている。広場東南角には美しいルネサンス式正面玄関をつけた後期ゴシックの**宮殿**(レジデンツ)があった。

広場をちょっと南に出るとすぐ目に入るのが**ルターハウス**である。中は「ドイツ福音派の牧師館(プファルハウス)，古文書室(アルヒーフ)」になっていて宗教改革関係の資料が当時の家具などとともに展示されている。

ルターハウスをもう少し行ったフラウエンプラン広場正面の階段上に見える黄色い建物が**バッハの家**。その手前右側にバッハの像が立っている。ヨハン・セバスティアン・バッハ(大バッハ)は，1685年3月21日アイゼナハで生まれた。1671年から市の楽士(フルート奏者)兼家屋管理人であった父親のヨハン・アムブロシウスは，おそらくフライシュ小路(ガッセ)(現在のルター通り)に住んでいた。したがって大バッハの生家はフラウエンプランの「バッハの家」ではなかったという説もあるが，ともあれ，この記念館では，楽聖の手書きの楽譜や数々の古楽器をながめたり，説明につれて演奏までしてくれる楽しい案内を満喫することができるであろう。

鉄道でこの町に着く旅人は，駅前通り(バーンホーフシュトラーセ)のルターの銅像をながめ，その向かい側に立つロマネスク様式三身廊の**聖ニコライ教会**を見物してから市中に入るとよい。後期ロマネスクのニコライ門(トア)は，1200年頃の都市防御施設の名残である。

市の南部の**ロイターハウス**は，詩人フリッツ・ロイターの別荘であった博物館で，詩人の居室や彼が集めた膨大なリヒャルト・ヴァーグナー関係の収集品が陳列されている。

現代史に興味のある読者は，その近くにあるフリードリヒ・エンゲルス通りのアイゼナハ**党大会記念館**でアウグスト・ベーベル(1840〜1913)やヴィルヘルム・リープクネヒト(1826〜1900)らの活動を想起されるであろう。彼らは1869年，当時「金獅子亭(ツームゴルデネンレーヴェン)」と称した料理店に集まって社会民主労働党を結成した。改装された料理店「獅子亭(ツームレーヴェン)」の中に1967年に記念館が設けられた。

記念館のすぐ近くにヴァルトブルク城行きミニ電動バスの乗り場があるが，このお城については，ルターの年譜に従ってもう少しあとでふれることとし，ここまできたついでにもう一つ言及しておきたいのは，(→p178)

40kmほど南のシュマルカルデンである。

　シュマルカルデンは人口１万5000人足らず，９世紀のフランク人定住地に由来し，11世紀にはハインリヒ４世対ルードルフ・フォン・シュヴァーベンの戦いで重要な役割をはたした。16世紀には新教諸侯の集会地となり，1531年この地でシュマルカルデン同盟が結成された。
(→p57)

　もう一つ，できればアイゼナハの東30km（エルフルトの西20km）のゴータに立ち寄ることをお勧めしておきたい。ゴータは人口５万8000人の小都だが古い都市で，1640年から1918年まで小邦ではあるが公国君主の居城都市（最後はザクセン・コーブルク・ゴータ公国）の居城都市であった。初期バロックのフリーデンシュタイン城自体が一つの見どころであるが，付属博物館（シュロスムゼウス）にはおびただしい絵画（クラナッハ，ルーベンス，ヴァン・ダイクなど）に加えて３万点を超える銅版画が収蔵されており，宗教改革時代の世相を示す貴重な資料であることを示唆しておきたい。

エルフルト　Erfurt

　1501年４月，ルターはエルフルト大学教養学部に入学，翌02年に学士，05年２月に修士号を獲得。17人中２番の成績であったという。

　父親の希望にそって同じ年の1505年５月20日に法学部に進学したルターは，６月に一度親元のマンスフェルトに帰省，７月の初め，エルフルトにもどる途中，シュトッテルンハイムの村はずれで突然の落雷に遭遇し恐怖の中で「聖アンナ様，お助けください！私は修道士になります」と誓った。卓語録（ルターの食卓での談話を列席者が書きとめたもの）の伝える有名な話である。

●シュトッテルンハイム駅

●ルターが落雷にあった場所

ルターは，７月16日，友人たちをまねいて訣別の会を催し，翌日エルフルトのアウグスティヌス派修道院の門をたたいたのであった。

　エルフルトから北に向かって二つ目か三つ目，普通列車しかとまらない小駅シュトッテルンハイムで下車し，村を背に線路を越えて畑中の一本道を数十分も歩くと小さな木立ちの中に記念碑が立っている。

　エルフルトの都市化が決定的進展を見せるのは，12世紀の初期であった。都市壁についての最初の史料の言及は1120年であるが，その時点ではすでに都市のかなりの部分を囲み込んでいた。都市域は，12世紀の初めにゲーラ川の左岸，湾曲する川とドーム（大聖堂）の丘からホーエ通りをレーマン橋にいたる線で囲まれた区域を占めていたと考えてよいであろう。ゲーラ川の右岸にもカウフマン（商人）教会のあたりに定住地

宗教改革の旅　｜　171

ができていた。

14世紀になるとエルフルトは，建築技術発達のピークに達し，聖堂建築のラッシュが始まった。1379年エルフルトの市民は，教皇クレメンス7世から大学設置の特権を獲得。1392年創設の大学は，1410年まではプラハにつぐドイツ語圏最大の規模で，神学部と法学部の名声が高かった。

〈エルフルトの見どころ〉

ドーム広場から見あげる丘上には，二つの教会堂，大聖堂（ドーム）と聖セヴェリ教会がエルフルトのランドマークのようにそびえている。後期ロマネスク様式で建てられた**大聖堂**（1253年建立）は，のちにゴシック様式に改装された。側廊は異常に幅広く，高さ25mの内陣は，丘の中に組み込まれた地下礼拝堂（クリュプタ）（1350年頃）の上に立ちあがる形になっている。後期ゴシックの内陣ガラス窓や聖堂内部をかざるロマネスク，ゴシック，バロック期の美術品などが見どころ。大聖堂南側に接する聖堂参事会館の回廊も見のがせない。

隣接する**セヴェリ教会**は，五つの身廊をもち，ドイツ随一といわれる美しいホール式教会（ハレンキルヘ）（中廊と側廊の天井がほぼ同じ高さで，大きなホールのような印象を与える教会建築）

である。12世紀以来の古い建築物のあった場所に，13・14世紀になって初期ゴシック様式で建造された。こちらのほうも貴重な美術品をちりばめている。

聖堂の丘（ドームヒューゲル）の北側やや西寄りに向かい合うペテロ山（ベルク）上には，17～19世紀の**城塞**（ツィタデル）が重重しい稜堡（りょうほう）ともども比較的よく保存された状態でそびえている。エルフルトの歴史の原基点となった山上に残る聖ペテロ修道院教会（12世紀建立）の廃墟も訪れてみたい。

市内には，その他さまざまな様式の多数の教会建築があり，歴史を想わせる古い橋や水車小屋，15・16世紀の都市門閥や大青（ヴァイト）（青色染料）取引で財をなした豪商の家屋も残っており，建築史や経済史家たちの興味を引きそうな見どころが少なくない。

簡単な散策の一例を示すと，上述の**ドーム広場**からマルクト通りにそって往時のおもかげを残す家々をながめながら**フィッシュマルクト広場**（市庁舎前広場）に出る。

この広場については，1248年に最初の史料言及があり，70年にノーヴム・フォールム（新しい広場）と呼ばれている。中世には東西を結ぶ商取引の結節点として賑わっていた。広場中央の**ローラント像**は市の自立・特権を示す象徴である。最古の**市庁舎**（ラートハウス）（クーリア・コンスルムとして1275年に言及）は，側翼の出た稲妻形の建物で，最古の部分はマルクト通り側に面しており，フィッシュマルクトに入る角に30mほどの長さで商業会館（カウフハレ）が接続していたという。市庁舎は中世から近代にかけて徐々に拡張されたが，古い庁舎は老朽化のために1830年以降少しずつ取り壊され，1870～78年に新ゴシック様式の新庁舎が建造され，1905年と34年に増築されている。

マルクト通りにそって市庁舎を過ぎたあ

たりで左折，中世のおもかげを若干残すミハエルス通りに入るとすぐ，左手にヴァーゲ小路(ガッセ)がのぞいている。昔，大きな秤(はかり)があって関税を徴収していた所である。ミハエルス通りをさらに200mも行った右側，現在図書館になっているあたりに往時の大学があった。もう少し歩いて右折，アウグスティーナ通りをちょっと行くと**レーマンス橋**に出る。この橋の近くに，ルターが学生時代にいた学生寮ゲオルゲンブルセがあったという。橋を渡ったあと，少し左に折れたり右に曲ったりするが，400mほどで**アウグスティヌス派修道会修道院**に到達する。ルターが1505年7月以降，途中1年ほどの中断を除いて11年まで過ごした所で，「宗教改革の旅」としては，この町でもっとも大事な訪問先である。ルターが初ミサをおこなった教会堂やルターの独居房（中庭から2階に窓が見える）などが見どころである。

帰途は，修道院から400mほど南にもどって，あるいは少し遠回りして**都市史博物館**や**カウフマン教会**などを見物したあと，**クレーマー橋**を渡ってみたい。この橋は，東西を結ぶ古い商業路が浅瀬を横切る地点に，おそらく11世紀にはできていたらしい。はじめて史料に言及されるのは，1117年，橋が焼失したときであった。最初に橋をつくったのはペテロ修道院であったが，13世紀になって都市の所属となり，木造の橋が何度も焼失したあとの1325年，市参事会が石造りにした，と伝えられる。

橋上を通る道の両側には，中世の時代，62軒の店舗が軒を連ね，小商人たちが胡椒，砂糖，サフラン，石鹸，紙，絹，雑貨などを，また金細工や金銀製品を並べていた。今日では，その後の合併や改築によって32

●橋の上の商店街

軒になった店舗で手工芸品やアンティークの小物，土産物などを売る観光名所になっているが，古い歴史を感じさせる格好の散策路である。橋を渡りきった所でマルクト通りにもどることになる。

いま一つ，カウフマン教会から南に出て**アンガー広場**へというルートも加えておきたい。エルフルトがハンザ同盟のネットワークの中で栄えた中世後期から近世初期，この広場が交易活動の，とりわけても大青(ヴァイト)取引の中心であった。往時の計算所ラーツヴァーゲ（市参事会の秤）は，今日**アンガー博物館**として中世の絵画工芸作品を収蔵，展示している。1631年，三十年戦争に巻き込まれたエルフルトがスウェーデン王グスタフ・アドルフ（在位1611～32）に降伏したとき，占領軍の総督ヴァイマール公ヴィルヘルムが本陣とした**ヴァイセン・レーヴェン**（白い獅子，アンガー10番地）や1808年9月，仏露同盟強化をはかるための会議をナポレオンがエルフルトに召集した折，ロシア皇帝アレクサンドル1世（在位1801～25）の宿舎となった館（アンガー5番地）などがある。広場から西南方に延びる通りは，レストランやカフェーの多い歩行者天国で買い物にも便利な散策道。広場の南バーンホーフ通りを少し歩けばエルフルト中央駅で

宗教改革の旅 | 173

ある。

ライプツィヒ　Leipzig

ライプツィヒとルターの関わりはいうまでもなく1519年のライプツィヒ論争である。

ライプツィヒは，宗教改革の当時すでにザクセン地方最大の都市（人口9000ないし1万人）で，アルベルト系ヴェッティン家の本拠として政治的文化的に重要な中心地であり，プラハのチェコ民族主義に押されて移ってきたドイツ人教授団を中心につくられた大学（1409年）も名声を得ていた。また中世の時代から，東西に延びる2本の道，すなわちフランクフルト・アム・マインからシュレジエンに通ずるホーエラント街道とハレからブレスラウにいたるニーデレ街道との，また地中海と北海を結ぶ南北の道路（ヴィア・インペリイまたはザルツシュトラーセと呼ばれる）がそれに加わる交差点として商業取引の中心地でもあった。

この町の有名な大市（メッセ）は，古く1170年に端を発し，すでに1263年の文書によっても，かなりの範囲の商人たちを集めたことがわかっている。その伝統が現在にまで続いて大規模な国際見本市となっている。

この地の名前となる「リプツィ」はスラヴ語で，もともと「菩提樹の地」という意味ということで，そこからもわかるように，ここにははじめスラヴ人の集落（現在の市の西部，プライセ川とナイセ川の中間地帯）があり，その東側に接して10世紀の前半，ハインリヒ1世帝の時期までにドイツ人の集落がつくられたという。

当初メルセブルク司教の支配下，ついで12世紀にはヴェッティン家マイセン辺境伯のもとに移り，1161年から70年にかけて辺境伯オットー（在位1156～90）よりハレ＝マクデブルクを母法とする都市法を与えられた頃からしだいに自治権を拡大し，鋳貨権

●ライプツィヒ論争

ライプツィヒ論争はルターの論敵インゴールシュタット大学教授エックのイニシアチブのもと，ヴィッテンベルクの選帝侯フリードリヒの従兄弟でライバル関係にあったザクセン公ゲオルクの肝煎（きもい）りで，1519年6月24日から2週間にわたって，ゲオルク公のプライセン城でおこなわれた。

議論はエックの巧（たく）みな誘導によって，次第にローマ教皇の首位権をめぐるものと，100年前に異端者として処刑されたフスの教説の評価をめぐる問題に収斂（しゅうれん）されてゆく。ルターはローマ教皇の首位権については，エックの「救い主キリストの直接の委任にかかわる」とする主張には歴史的根拠がなく，325年のニケーアの宗教会議でもローマ司教の首位権は認めていないと反論した。フスについても，その教説は福音的なものがあると認めた。

こうしたルターの反論にたいするゲオルク公の拒否反応は衝撃的であったとされ，その後，公はルターにとってもっとも手強（てごわ）い敵対者となった。

真摯（しんし）なカトリック教徒として独自の改革意見を持っていた公は，宗教問題をまじめに考えていただけに，自分と異なる改革意見を容認できず，いわんや異端とされる者を許すことのできない固陋（ころう）さをもったのであった。

や市場税徴収権も獲得，市参事会も整備され（参事会員の言及は1270年の史料が最初），1293年には市長も選出されることとなった。

1539年ゲオルク公の死によって，この町にも宗教改革の波及が可能となった。三十年戦争期には前後6回も攻囲され，1642〜50年にはスウェーデン軍に占拠されて大きな打撃を受けた。それより前の1632年11月スウェーデン王グスタフ・アドルフと皇帝側の傭兵隊長ヴァレンシュタインが同市の西南方リュッツェンの野（→p58）で対決し，激しい戦闘のすえ，スウェーデン軍が勝利をおさめたもののグスタフ王自身は戦死――三十年戦争の大きな山場の一つであった。生き残ったヴァレンシュタインも，わずか1年余りのちの1634年1月，本来味方であった皇帝や旧教諸侯たちの疑惑をまねき，彼らの派遣した刺客の手で殺されてしまう。

三十年戦争後の復興は容易ではなかったが，それでも18世紀に入ると，この町はふたたび東部ドイツの経済的文化的中心地となり，とくに書籍の出版ではおそらくもっとも重要な都市となった。レクラム文庫を懐かしく想起される年配の読者も多いと思う。引き続き伝統を誇る大学には，ライプニッツ（1646〜1716），ゲーテ（1749〜1832），フィヒテ（1762〜1814）など著名な哲学者や文学者たちが学んでおり，またこの町の聖トーマス教会の音楽師は，ヨハン・セバスティアン・バッハであった。

19世紀初頭の歴史では，プロイセン・オーストリア・ロシアの連合軍がナポレオンを破って解放戦争の勝利を決定した1813年10月の諸国民戦争が大きな事件であった。

今回のドイツ再統一の直前，旧東独内で起こった民主化闘争でライプツィヒが改革運動の中心的役割をはたしたことは記憶に新しいであろう。壁の開放に先立つ1989年10月17日に12万人の，ついで24日には30万人のデモ。後者は当時，東独国家建国後最大規模と伝えられた。六つの教会でお祈りをすませた市民たちが町の中心カール・マルクス広場（プラッツ）に集まり，自由選挙の実施，社会主義統一党（共産党）の権力独占反対をスローガンに，また良心的兵役拒否制度の実施を要求しつつ，5kmにおよぶデモ行進を実施したのであった。

〈ライプツィヒの見どころ〉

現在のライプツィヒは，人口約58万人，旧東独時代はベルリンにつぐ2番目の大都会であった。大都会ではあるが，歴史的な見どころの大部分は，旧市街の中に集中しているので，中央駅から歩いて回ることができる。

旧市街の中心は，**アルターマルクト**（古市場）と呼ばれるマルクト広場である。このあたりは第二次世界大戦の爆撃で破壊されたが，歴史的建造物のほとんどは修復されたり昔どおりの様式に復元されている。

旧市庁舎（アルテスラートハウス）は，18世紀の中葉，ルネサンス様式で建造されたものがのちに改築され，第二次大戦で被爆するが，1950年に復元され，現在はライプツィヒ都市史の博物館になっている。2万4000点を超す市史関係の資料，絵画，貨幣，記念碑などを収蔵，展示している。

旧市庁舎の後ろ側，**ナッシュ広場**（マルクト）（この広場の東側が往時パンや食肉の売り捌（さば）き場になっていたらしい）には**ゲーテの立像**，そしてその背後に**旧証券取引所**（アルテベルゼ）が建っている。建物は，17世紀後半の初期バロック様式のものが1943年に焼失，正面部分（ファサード）だけが昔どおりに復元された。南側の正面玄関

宗教改革の旅 | 175

●旧市庁舎

●ナッシュ広場のゲーテ像

ライプツィヒ

と屋外階段（フライトレッペ）が見どころ。立像のゲーテは注意して見ると，左眼は大学の方向に，右眼はアウエルバッハの酒蔵のほうに視線を向けている。

　酒蔵**アウエルバッハスケラー**は，広場から道路一つへだてた南側，メドラーパサージュの地下にある。1530年の開店，近年修復改装されて現在もレストランとして営業している。学生時代のゲーテが好きでしばしば訪れたということで知られている。ゲーテの部屋というのがあって，ファウスト伝説の絵（1625年）がかかっているはずである。

　マルクト広場の北側，カタリーネン通りの角は，最古の市庁舎のあった場所で，そののち市の**旧計量所**（アルテヴァーゲ）になった。1555年以来のルネサンス建築は，1943年，爆弾が命中して破壊され，1963，64年に再建された。

通りをもう少し北端まで歩くと**ロマヌスハウス**がある。1701〜04年の頃，当時の市長ロマヌスのために建てられた居館である。

　アルテヴァーゲの少し西にある**バルテルスホーフ**は，現存する数少ないライプツィヒの古い商館の一つ。1523年の建造で，1748年頃バロック風に改装された。フライシャー小路（ガッセ）という小さな道をちょっと歩くと**ツーム・カフェーバウム**（珈琲樹）というコーヒー店がある。16世紀からの古い壁も使って1718年に建てられたという古い建物でライプツィヒ最古のコーヒー店の一つといわれる。

　広場の南の道を少し西に行くと左側にバッハで名高い**聖トーマス教会**が見える。教会堂は14世紀末，後期ロマネスクの教会（1212〜22年に建造，部分的には今も残っている）のあった場所に建てられた。1496年に後期ゴシックの中廊が完成，引き続き塔の改装がおこなわれた。八角形の上階部分は1537年以降のもの。三身廊のハレンキルヘ（同一の高さの内陣が3ないし数箇ある教会堂）の内部に入ると，15〜17世紀の多数の墓碑，1614年以来の洗礼盤，1720年以来

176

●聖トーマス教会

●バッハ像

●新市庁舎

の祭壇の十字架などが見られる。ヨハン・セバスティアン・バッハのブロンズの墓碑は、1950年、バッハの没後200年祭に際してつくられたもの。バッハは1723～50年までこの教会の聖歌隊指揮者兼オルガン奏者として活動した。バッハもそうであるが、この教会もルター派に属し、南側のステンドグラスにはルターやバッハが描かれている。

聖トーマス教会の南、徒歩10分ほどの所に**新市庁舎**（ノイエスラートハウス）がある。ルターとエックの大論争のおこなわれたプライセン城のあった場所。城館は、もともとは13世紀初期の辺境伯の城砦に端を発するもので、16世紀中葉に城塔や大砲を備えるなどの大改築をへて新城と呼ばれていた。新市庁舎は1899～1905年にかけて、往時の城塔を組み込む形で建造された。

マルクト広場からナッシュ広場を過ぎてもう少し東に行くと**ニコライ教会**に出る。上述の民主化運動の起点となった教会の中でも先導的な役割をはたしたとされる。教会堂は、1165年には建てられており、ゴシックの内陣は14世紀に、後期ゴシックの中廊は16世紀に由来する。三身廊ハレンキルへの内部は、18世紀末古典派様式に改装さ

れた。教会堂両側の塔は14世紀、真ん中の塔は1555年以来のもの。内部で注目したいのは、15世紀につくられた後期ゴシック様式の「苦悩の人」（シュウメルツァーマン）、南側の塔の説教壇（1521年）、洗礼盤（1790年）など。

教会堂の北側、往時ニコライ教会境内であった広い道の向かい側にある**古ニコライ学校**は、1512年の創立、この都市最古の学校である。1548年建造の煉瓦建ては、1746年に改築された。

大都会となったライプツィヒの新しい中心点は**カール・マルクス広場**で、その周りには、1975年完成の**カール・マルクス（ライプツィヒ）大学**の新校舎（高さ142.3m）、1956～60年建造のオペラ劇場、**新ゲヴァ**

宗教改革の旅 | 177

ントハウス(ゲヴァントハウス管弦楽団の定期演奏会場)などが蝟集している。広場中央**メンデの泉**と呼ばれる噴水は，1989年の東独民主化運動の大デモ集会の中心舞台となった。大学の南端，旧市街のはずれに，かつての市壁**モーリッツバスタイ**が残っている。時間が許せば，大学高層ビルのパノラマ階から旧市街を俯瞰することで中世都市の様相を思い浮かべていただきたい。

　この町の**中央駅**は，カール・マルクス広場から北へ歩いて10分余り，旧市街区のすぐ外側にある。駅はちなみに1907〜15年にかけて建設され，26本の到着ホームを擁するヨーロッパ最大のターミナルステーションである。

　カール・マルクス広場から逆に南に少し行った所にある**バイエリッシュ駅**は，1842年の建設で，現存最古のドイツの旅客用鉄道駅。そこからさらに南に向かうと**見本市会場**(メッセゲレンデ)があり，また収蔵800万冊を超えるともいう内外の全ドイツ語出版物を集める**ドイツ蔵書庫**(ビューヘライ)がある。この中では，古代から中世，印刷術の発明・発展をへて現代にいたる文書の発展をたどることができる。

　隣接する**ロシア教会**(または聖アレクシ教会)は，1813年の諸国民戦争で斃れた2万2000人のロシア兵を記念して1913年，16世紀のノヴゴロドの教会建築様式で建造された。ここから南に歩くと高さ91mの**諸国民戦争の記念碑**が建っている。1898〜1913年に建造された。近くのパヴィリオンでは1813年の戦闘の関係資料が展示されている。

　最後に一言。バス旅行や車旅行の読者なら，市の西南方向**国　道87**(ブンデスシュトラーセ)を15kmほど小都**リュッツェン**までドライブして古戦場をたずねてみたいところであろう。

ヴァルトブルク城
Schloss Wartburg

　1521年5月4日，ルターはヴォルムスからの帰途，アイゼナハ近くの村はずれで武装した騎馬の一行に拉致され，その日の夜フリードリヒ賢公の持ち城ヴァルトブルクに到着，以後翌1522年3月1日まで騎士ゲオルグと称して滞在することとなる。ルターを保護したいと願いながら自分が表面に出ることを避けた賢公の計らいによるものであった。追って5月26日には，ルターを帝国追放とするヴォルムスの勅令が発布されていた。

　ルターが10カ月にわたるヴァルトブルク滞在中に新約聖書のドイツ語訳をはたしたことはよく知られている。翻訳にあたってカトリック教会のラテン語聖書ヴルガータだけでなく，原典であるギリシア語のテキストを使用していたことも重要であった。教会や聖職者の媒介によってではなく，個人の直接の信仰による救いを重視したルターにとっては，民衆がドイツ語で聖書を読めるようにというのがそもそもの動機であったが，その優れたドイツ語をつうじて，また人びとが聖書という共通の書物を読んだということをつうじて，近代ドイツ語の形成に大きな貢献をはたすことにもなったのである。ルターの仕事部屋は修復されて残っており，見物することもできる。

　ヴァルトブルクは，アイゼナハの南，バスもあるが歩いても30分ほどで行ける小高い山上にある古城である。11世紀後半，シャウエンブルク伯ルートヴィヒという豪族がヘッセンからテューリンゲンに通ずる街道を抑えるために築城したのが最初と伝えられ，1080年ザリエル朝の皇帝ハインリヒ

4世(在位1056～1106)がザクセンの豪族たちと対決すべく出撃してこの近くで休息をとろうとしたことに関連して言及されたのが史料初出であった。当時の城主は反皇帝軍に与していた。

　そののち若干の紆余曲折をへてテューリンゲン方伯となったシャウエンブルク家の所持することとなり，同家が婚姻をつうじてヘッセンを併合したのちは，ヘッセン＝テューリンゲンの中心に位置する重要な本拠となった。

　13世紀初め方伯ヘルマン(在位1190～1217)の頃には，いわゆる宮廷詩人たちがこの城の広間に集まって歌合戦をおこなったと伝えられ，ヴァーグナーの「タンホイザー」のモデルになったといわれるほどの，いわば騎士文化の中心となった。ヴォルフラム・フォン・エッシェンバッハ(1170～1220)やヴァルター・フォン・デア・フォーゲルヴァイデ(1190～1230?)の名前と結びついた1207年の歴史的歌合戦は有名。城内大広間にはそのようすを描いたフレスコ画が残っている。この時期は方伯家の最盛期であり，城郭も大幅に増築されてほぼ今日見るような形を整えた。

　ヘルマンの後継者ルートヴィヒ4世(在位1217～27)が十字軍の陣中で斃(たお)れたあとに残されたエリザベート妃(1207～31)は，ハンガリーの王女として生まれ，わずか14歳でこの城に嫁いで6年，まだ20歳であったが，夫なきあと追われるようにヴァルトブルクを去り，婚資として与えられていたマールブルクの所領に身を寄せ，厳しい禁欲生活に服しつつ，同地に自ら建立した施療院で貧しい人びとや病人にたいする奉仕の生涯を送った，と伝えられる。死後4年たった1235年，教皇グレゴリウス9世(在位1227～41)によって聖人に列せられた。私たちは，この城の広間の横の廊下の壁に描かれた聖女の事蹟を示すいくつかの絵をながめながら，その数奇の運命と中世の社会の厳しい現実に想いを馳せることとなろう。

●ヴァルトブルク城内のルターの仕事部屋

　1247年シャウエンブルク方伯家は断絶，城郭は厳しい闘争をへて，親戚筋のヴェッティン家に帰属した。中世末期になると領主の居城として利用されることはまれとなり，要塞として保持される。1521年にルターがフリードリヒ賢公に庇護されるのは，このような時期のことであった。

　18世紀以後になると要塞としての用途も放棄されたが，19世紀中頃には，ロマン主義の影響下に城郭の大規模な修復がおこなわれ，中世吟遊詩人時代のおもかげを残す観光地となった。ヴァルトブルクの名前がいま一度歴史の舞台に大きく登場するのは，宗教改革記念300年にあたる1817年の10月18日，ブルシェンシャフトと呼ばれる学生団体が各地から集まって，反動的な書物を焼いて気勢をあげ，メッテルニヒ保守体制にたいする闘争を宣言したときであった。以来この地は学生たちの集会の場としてしばしば利用されるようになり，東欧と(→p75)旧東ドイツに新しい民主化の胎動が始まった1989年にも学生や若者たちが集まった，

宗教改革の旅 | 179

と聞いている。

ミュールハウゼン　Mühlhausen

　宗教改革の影響を受けながら，各地で起こった農民反乱において最後まで農民を支持し，急進的革命派の指導者となったのがミュンツァーであり，その活動の中心となったのがつぎに話題とするミュールハウゼンであった。ルターは初めのうちは農民に同情して領主たちの善処を要請していたものの，一揆が暴力的性格をおびるにつれて，「盗み殺す農民暴徒にたいして」(ルターの論文の題。1525年)これを狂犬のように打ち殺せ，とまでいうようになったことはよく知られている。
(→p55)
　ミュールハウゼンは，旧東独時代にはエルフルト県に属し，人口4万4000人ほどの，そして今日でも比較的控え目な小都であるが，中世の時代には，周辺にかなりの支配領域さえもつ帝国自由都市であり，13〜14世紀以来の市壁や教会の建物を残し中世のおもかげを今にとどめる歴史の町である。
　おそらく12世紀の初め頃，**キリアン教会**の西側にアルトシュタット(旧市)の部分がつくられ，**ブラジウス教会**前の市場がその中心となった。遅くとも1220年よりは前にノイシュタット(新市)の部分が建設され，

●新旧両市の境目にある市庁舎

●ミュンツァーの牧師館

やがて新旧両市の境目に**市庁舎**(ラートハウス)が建てられた。ノイシュタットの真ん中あたりにある**聖マリエン教会**が，往年のミュンツァーの活動拠点であり，その正面入り口の向かい側に彼が住んだ**牧師館**がある。町の西側**ブラウエン門**近くの市壁の外側には**ミュンツァー像**が立ってる。
　市は商人たちを先頭とする長い闘争のすえ，1348年には完全な領邦主権(ランデスホーハイト)をもつ帝国自由都市となるが，その間，手工業者たち

●ブラウエン門外のミュンツァー像

の地位もしだいに向上し，すでに1310年にはツンフト（手工業者の同業組合）が市参事会に代表を送り込んでいたのに加え，1406年になると都市門閥層との対等を実現し，市参事会員の数も同数となっていた。

1525年3月17日，ドイツ農民戦争の嵐の中で農民蜂起に与した市民たちは，下層市民たちの代表も加わる「永久参事会〔エーヴィガーラート〕」を設立——ミュールハウゼンは，「抑圧された人びとにとっては希望の星となり，封建権力にとっては恐怖の対象」（M．ベンシング）となった。永久参事会は，しかし，わずか2カ月で崩壊し，ミュンツァーはとらえられて激しい拷問のすえ，5月27日，同志のハインリヒ・プファイファー（1500以前〜25）と並んで刑場の露と消えた。

勝者の危惧は，この処刑をもってしても終わらず，以後数百年にわたって，民衆の中にあるミュンツァーの想い出を根絶しようとするあらゆる努力がはらわれてきた。時移り1949年10月，ドイツ民主共和国の成立によって一転して民衆宗教改革〔フォルクスレフォルマチオン〕の英雄となったミュンツァーの評価は，今度は新しい統一ドイツの中でどのように変わってゆくことであろうか？

エルベの川下りとハンザ都市

エルベ川は，ボヘミア地方（現在のチェコ）を源とし，ドイツを貫流して北海にそそぐ全長1165km，ラインにつぐドイツ第二の水上交通路。三十年戦争でもヴァレンシュタイン軍団（→p58）を支える後方支援の糧食補給ルートとして利用されている。

中世の前半，ザクセン朝，ザリエル朝の頃までは，この川以西がドイツ人の主たる活動領域であり，エルベ川はこの国の東の辺境であった。

10世紀の中葉，オットー大帝によるレヒフェルトの戦勝（955年）（→p21）にいたるまでは，東方からくるマジャール人（ハンガリー人）やスラヴ系ソルブ人（ヴェンド人）などの侵攻を抑えることがドイツの国王たちのもっとも重要な課題の一つであり，マイセン（→p185），マクデブルク（→p189）などに城砦を築くことが，時代の要請となった。辺境地域の鎮護を任務とする辺境伯職〔マルクグラーフ〕（→p23）を世襲することになるヴェッティン家は，後年選帝侯の1人（ザクセン選帝侯）（→p44）となるなどドイツ史のさまざまな局面で顔を見せている。

中世も中頃，12・13世紀以降になると，人工増加にともなうドイツ人の東方進出が始まり，スラヴ系先住民の犠牲のうえに，ドイツ人の生活領域がエルベの束に払大した（東方植民）（→p46）。

東方進出のイニシアティヴをとったのはドイツ北部，中部の諸侯たちであった。バイエルンとザクセンの大公ハインリヒ獅子公は，12世紀中頃からホルシュタイン（→p30），メクレンブルク，フォアポンメルンの地域に計画的に西部ドイツからの農民を配置し，都市を建設して商人や職人を誘致した。リ

ューベックの建設はもっともよく知られた事例である。

　東方バルト海域からの毛皮や琥珀と西方フランドル地方の毛織物を媒介したドイツの商人たちは，エルベ東方の穀物の買入れにも関心をもっていた。これらの商人たちは，北ドイツの諸都市を中心に「ハンザ同盟」という形で連なり，13・14世紀ヨーロッパ史の大きなファクターとなる。
（→p46）

　この項では，前段であつかったヴィッテンベルクを除くエルベ流域の諸都市とハンザの主力となった北ドイツの古都めぐりを試みることにしたい。

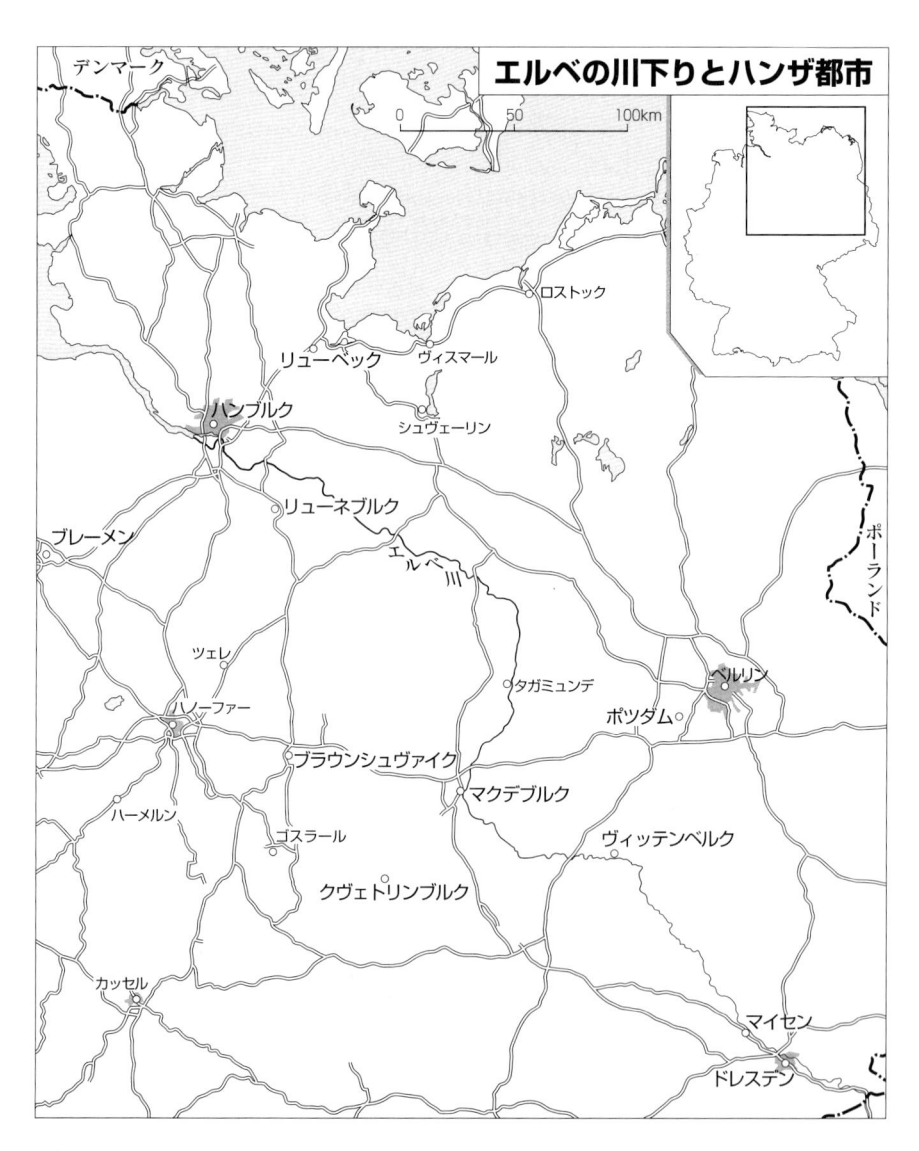

エルベの川下りとハンザ都市

（地図：デンマーク、ロストック、リューベック、ヴィスマール、ハンブルク、シュヴェーリン、ブレーメン、リューネブルク、エルベ川、ツェレ、ハノーファー、タガミュンデ、ベルリン、ポツダム、ブラウンシュヴァイク、マクデブルク、ハーメルン、ゴスラール、ヴィッテンベルク、クヴェトリンブルク、ポーランド、カッセル、マイセン、ドレスデン）

ドレスデン　Dresden

　近世ザクセン王国の時代，「北方のフィレンツェ(→p60)」と呼ばれた優雅な芸術と文化の都であった。第二次世界大戦最末期の1945年2月（ドイツの降伏は5月7日），英・米軍の苛烈な空爆によって潰滅的な打撃（死者の数，少なくても3万5000人。13万5000人とする説もある）を受けたが，徐々に修復，再建され，一時はその残骸を平和記念碑として残すだけにしようとした**聖母教会**（フラウエンキルヘ）の再建工事も始まった。現在は人口51万人余りに回復，1990年のドイツ再統一ののちに，訪れる観光客も急速にふえている。

　この地方にはもともとスラヴ系ソルブ人の集落がおそらく6世紀頃から存在していた。エルベの左岸にドイツ人の定住地ができるのは，12世紀末，マイセン辺境伯の地位にあったヴェッティン家の都市建設政策によってであり，その同じ頃右岸にはソルブ人の町が存続していた。ちなみに「ドレスデン」という地名は，ヴェンド語の「ドレッガ」（「森の住人」の意）に由来するという。

　左岸にはスラヴ人に対抗する城砦が建設されて軍事的・宗教的拠点となり，1270年にはヴェッティン家のテューリンゲン方伯ハインリヒ3世貴顕侯（在位1221～88）の居城となった。城下の都市ドレスデンは引き続きヴェッティン家の支配下にあり，同家の分立（1485年）後は，アルベルト系に属し，1547年選帝侯位がアルベルト系に移るとザクセン選帝侯国の首都となった。

　選帝侯国は，フリードリヒ・アウグスト1世強王（在位1694～1733，1697年からアウグスト2世としてポーランド王を兼任）のもとに最盛期をむかえた。続くフリードリヒ・アウグスト2世（在位1733～63，ポーランド王としてはアウグスト3世）の治下を含めた18世紀の前半は，都市ドレスデンの文化・芸術の急速な興隆期となった。バロックの真珠と称えられた聖母教会，壮大なバロックのアンサンブルともいえる**ツヴィンガー宮殿**(→p185)などもすべてこの時期の所産である。

　1806年神聖ローマ帝国の解体にともな

●エルベ川とドレスデンの町

エルベの川下りとハンザ都市 | 183

●フリードリヒ・アウグスト強王像

●ツヴィンガー城

現在は、東側の建物が**ゼンパー・ギャラリー**として、その北側部分が絵画館でアウグスト強王と息子アウグスト2世の2代にわたる絵画コレクションを収蔵展示している。イタリアルネサンスの絵画(ラファエロ「システィーナのマドンナ」など)、バロック期オランダ、フランドルの画家たちの作品が有名。フェルメールの「窓際で手紙を読む少女」などが印象に残っている。南側は武具の展示場で、ヴェッティン侯家の収集品を中心に、15〜19世紀にいたる1300点ほどが陳列されている。

南西角の建物は、**陶磁器陳列室**(ポルツェランザムルング)になっていてアウグスト強王が入手した日本や中国からの貴重な陶磁器やマイセン工房の逸品がずらりと並んでいる。本場のマイセンでは見られない立派なものがたくさんあるので、焼物とくにマイセン陶磁に興味をおもちの方は、お見のがしなく。

ツヴィンガー近辺の散策の見どころは、まず有名な**ゼンパーオペラ劇場**(ドレスデン国立歌劇場)やカトリックの**宮廷教会**(ホーフキルヘ)であろう。前者はマンフレッド・ゼンパーが父親の企画を基に1871〜78年に建設したイタリア・ルネサンスの影響を思わせる建物。「さまよえるオランダ人」や「タンホイザー」の初演会場であった。後者は、巨大なバジリカ風の教会堂で、1738〜54年、アルベル

い、ドレスデンはザクセン王国の首都。第一次世界大戦終末の1918年11月には、革命によって王制は廃止された。

〈ドレスデンの見どころ〉

ツヴィンガー宮殿は、フリードリヒ・アウグスト1世(強王)(→p61)が造営させた宮殿。宮殿といっても、祝典のパレード、馬術競技、演劇などのパフォーマンス用の広い内庭の周辺をバロック風の宮殿で取り巻く形で要所に楕円形のパヴィリオンや王冠のついた門を配置したもの、1728年に完成した。

● **「ツヴィンガー」の語義**

「ツヴィンガー Zwinger」は、普通名詞としては、「囲い(かこい)」「檻(おり)」「牢獄」などを意味し(動詞 zwingenは「強制する」の意)、中世の都市や城郭の外壁と濠(ほり)ないし内壁の中間の外庭をさし、平時には闘技その他種々の行事をおこなう場所であった。固有名詞としては、ドレスデンのそれが有名になり、本文に記したように、アウグスト強王がつくらせた長方形の中庭をアーケード風の建物群で囲んだユニークな宮殿をさす。バロック建築の代表例としてあげられる。

ト系侯家のローマ・カトリックへの改宗に続いて建立された。改宗はポーランド王位を継承するための条件であった。

かつて公的な宮廷のおかれたルネサンス様式の城館（シュロス）は、現在その大部分が修復工事中、2005年までに完工の予定。なお、旧兵器庫（ツォイクハウス）（現博物館）に一時保管中の旧王室の絢爛豪華な宝物（らんごうか）は、完工後の城館にもどるはず。

城館外壁の侯たちの行列（フュルステンツーク）（1906年）（→p61）には、マイセン焼の陶器にパレードの形で、ザクセン・ヴェッティン家のすべての侯たちが、時代順に描かれている。それぞれの下に名前は書いてあるので、順番にながめながら、歴史で知っていた人物を見つけるのも一興であろう。

聖母教会（→p61）の巨大な丸屋根（直径23.5m）は――会堂は1726年起工、38年に完成――かつて町のシルエットを特徴づけるシンボルであり、プロテスタント教会のもっとも大事な礼拝の場であったが、1945年2月13・14日の空爆で文字どおり灰燼に帰した。修復工事はようやく緒についたところである。

ドレスデン最古の教会は**聖十字架教会**（クロイツキルヘ）といい、旧市街のやや南寄りに建つ。13世紀の建立だが、七年戦争の禍中で破壊されたあと、1760年（→p65）、バロック様式にリフォームされた。第二次大戦で受けた被害は、会堂の外側については、すでに修復されていたが、内部は、粗く漆喰を塗りつけたままであった。この教会を母体とする聖十字架合唱団（クロイツ・コーア）は世界的に有名である。

マイセン　Meissen

「マイセン磁器」でよく知られるこの町は、ドレスデンの北西27kmほど、人口4万人たらずの小都だが、城館の高台から見おろす町の裏通りにまで中世のおもかげをよくとどめ、私たちの旅心を誘う歴史の古都でもある。

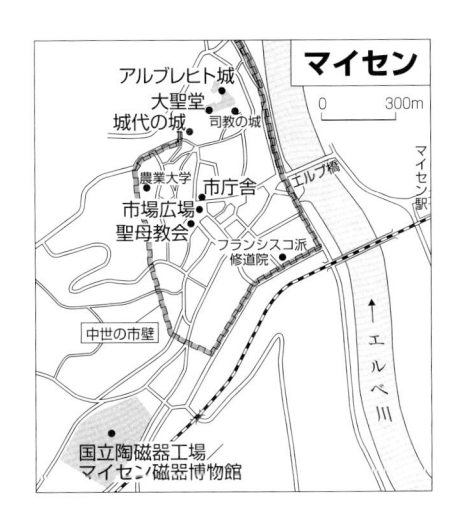

928～929年の冬、この地方に出撃したザクセン朝ハインリヒ1世王がエルベの渡河点を扼（やく）する高台にスラヴ人やマジャール人の進出に備える堅固な城砦（ブルク）を築いたのがこの地の歴史の濫觴（らんしょう）（→p23）となった。次王オットー1世（大帝）は、965年辺境伯（マルクグラーフ）をこの城砦に常駐させて、東部辺境の鎮護を委ねるとともに、968年には司教区を設置して聖堂を建立した。

最初の城砦は、柵と土壁でかためた山城であったが、そののち11世紀になると石造りの城塔が加わり、やがて城と聖堂の全体が石造りになり拡大強化される。聖堂の拡張工事の始まったのが1030年頃と推定されている。ちなみにドイツ人によるこの築城以前に、スラヴ人がこの場所を利用した形跡はないというのが、さしあたり発掘調査の示すところとされる。

1089年、辺境伯領マインツは、テューリンゲン地方の豪族ヴェッティン家の所有に

●アルブレヒト城

●聖母教会。鐘はマイセン磁器製

秘密裡にヨーロッパ最初の良質な磁器製造を始めることに成功した。以後150年の間，城内の製造所のみで生産された美しく繊細な磁器がマイセンの名を世界に喧伝する結果となった。現在では，マイセンの市中に移された工場で生産が続けられ，またその製造工程を見せる博物館が人気のある観光の名所になっている。

マイセン旧市街にはゴシックやルネサンス時代の建物がいくつも残っている。**市場広場**（マルクトプラッツ）には，後期ゴシックの**市庁舎**（ラートハウス）（1472～85年），15世紀後半以来の薬局（マルクトアポテーケ），16世紀中葉のルネサンス風の建物，1642年に遡る立派な門口をもつ市民の家。広場からそれほど遠くない所に16世紀後半以来という醸造所も残っている。

広場からちょっと引っ込んで建つ**聖母教会**（フラウエンキルヘ）は後期ゴシックの三身廊ホール型の会堂。1549年建立の鐘楼の鐘はマイセン磁器でできている。15分ごとに鳴るので耳をかたむけてみよう。

広場の西北隅からやや急勾配の路地を上ると**アルブレヒト城**と**大聖堂**（ドーム）の並ぶ丘上に出る。前者は1471年辺境伯アルブレヒトが建立させた城館。洗練された後期ゴシック。正面（ファサード）を飾る特異な螺旋階段が印象的。もう一つのゴシック大聖堂は1250年，ロマネスクの会堂遺跡の上に建築を始め15世紀末になって完成している。ルカス・クラナッハの祭壇画が有名である。

帰し，以後城砦は同家の居館となり，支配の拠点となる。城砦の丘の麓には，12世紀以降に都市マイセンが成長した。

15世紀の後半，多分1471年以降，古い城砦の土台の上に新しい**城館**（シュロス）の建設が始まった。新城は，個々の部分では後期ゴシックの様式をとどめながら，すでにルネサンス理念の影響を受けていたと伝えられる。建て主の名前をとって**アルブレヒト城**と呼ばれて，現在もその勇姿をエルベ河畔の丘上に見せているが，支配者の宮廷がほどなくドレスデン（→p23）に移ったために，当初の政治的意義を喪失した。

1710年アウグスト強王（→p184）は，なおざりにされていたこのアルブレヒト城を利用して，

クヴェトリンブルク
Quedlinburg

エルベ川から少し離れるが，マクデブルクの西南60kmほどのクヴェトリンブルクは，近年（1992年）「ユネスコの世界遺産」に加えられたこともあってか，1年をとお

して訪れる人の多い観光地になった。現在は人口2万7000人程度の小都市だが，中世にはザクセン朝の王侯たちとともに早くから登場する歴史の舞台であった。帝国は10世紀の末葉の一時期，この地の女子修道院に住んだ2人の女性（オットー3世幼童帝の後見人テオファーノとアーデルハイト）によって事実上統治されていた。私たちの旅心をそそる格好の散策地である。

「クヴェトリンガブルク」という名前ではじめて文献に登場するのは922年，城砦や教会堂の建造がいちだんと強化されはじめる時期であった。ハインリヒ1世鳥刺王が（→p22）この地の囮場で豪族たちから帝国宝珠を受けたという伝説もできるほどクヴェトリンブルクは，ザクセン朝王権とはその初代から結びついていた。

ハインリヒ1世は，王宮とおぼしき大きな木造の館に何度も滞在し，3回にわたり復活祭を祝っているし，息子オットー（のちの1世王，大帝）とアングロ・サクソン（→p23）の王女エドギータとの婚礼はこの地でおこなわれたと推測されている。城砦付置の教会（聖セルヴァティウス教会）地下聖堂が936

●マイセン窯の発生事情

フリードリヒ・アウグスト1世（強王）の宮廷錬金術師ヨハン・フリードリヒ・ベトガー（1682～1719）は，1709年3月29日，前年から秘めてきた画期的着想——当時は中国でだけ可能とされていた白色硬質磁器の製法を発見したむねを報告した。翌年，強王は王立ザクセン磁器製作所をマイセンの城中に設置した。東洋からの磁器が王侯，貴顕，富豪たち（強王自身も熱心な収集家であった）の垂涎の的であったヨーロッパで，ベトガーの発見は貴重であり，製法の秘密を保持し，大切な錬金術師が拉致されたりすることを防ぐ措置であった。

城中の製作所は，中国の五彩磁器や日本の伊万里焼などを模したカラフルな装飾を特色とした初期，カオリンという陶土を使って白磁の製作に成功した時期，熊や山羊や孔雀など動物の彫像をたくさんつくったり，ヨーロッパ的な風景を主題とする繊細な絵付けを特徴とする時期など，いくつもの変遷をへながら，数多の華麗な作品を産出しつづけヨーロッパ製陶業の中心となった。

厳重に管理されていた製法の秘密も，王家の姻戚筋などをとおし，また陶工の逃亡などもあって少しずつヨーロッパの各地に拡散することとなったが，本場マイセンの名声と技術は保持され，現在でも，交差した剣のトレードマークとともに世界中の人びとを魅了している。マイセンでは，1864年，工場をカオリンの採れるトリビッシュ渓谷に移し，伝統を踏まえた高級磁器の生産を続けて今日にいたっている。

●マイセン焼の作成と製品

●世界遺産の町クヴェトリンブルク

年に死去した鳥刺王のついのすみかとなった。

　寡婦となった皇妃マチルデは，次王オットー1世の同意を得て城砦教会に貴族の寡婦や子女のための女子修道院(カノニッセンシュティフト)を設立，聖セルヴァティウスを守護聖人とするこの新修道院の院長を引き受けた。セルヴァティウス修道院は，マチルデの精力的な指導のもとで帝国でももっとも尊崇され，かつ富裕な教会の一つとなった。マチルデは968年に逝去し，遺体は同じ地下聖堂に亡夫鳥刺王と並んで葬られている。

　以来クヴェトリンブルクは，オットー諸帝の時代終始一貫して王国のもっとも重要な王宮所在地の一つでありつづけ，その後のドイツの支配者たちもしばしばここを訪れている。オットー3世が3歳で国王に即位した翌年(984年)の復活節には，ここに集合した諸侯たちがバイエルン大公，喧嘩好きで評判のハインリヒ(大公在位955～995)を対立国王に選出，大公自身も同地に赴いた。

　叙任権闘争時代のザリエル朝ハインリヒ(→p25)4世帝も再三この地に滞在して，大事な祭日を過ごしている。クヴェトリンゲンブルクと王(帝)権の結びつきが弛緩するのは，シュタウフェル朝(→p29)の時代になってからであった。

　城砦の麓には，すでに10世紀の頃から商人，手工業者の集落が発生していたが，994年，女子修道院長マチルデ(前出の皇妃の同名の孫。オットー1世大帝の娘の1人)が成人したオットー3世帝から許された当地の市場開設権にもとづく市場(マルクト)やその北側の市場教会聖ベネディクティ(マルクトキルヘ)の周辺に都市風の定住地が形成され，多分もっと古い二つの集落(南の聖ブラジウス教会と北の聖エギディエン教会の周り)をあわせてクヴェトリンブルクの旧市街(アルトシュタット)に発展した。12世紀には農耕民都市(アッカーピュルガーシュタット)(営農住民の多い小都市)的性格をおびた新市街(ノイシュタット)が聖ニコライ教会を中心に形成された。新旧両市街区は当初別々の都市を形成していたが，1327年合併した。

　14世紀初頭になると，修道院地域の守護管理権(フォークタイ)をもち都市領域の支配にも影響をおよぼそうとするレーゲンシュタイン伯家と自意識に目覚めた市民たちの対立が先鋭化し，市民が伯家の出城グーテーケンブルクを破壊したり，「強奪伯爵」(ラウブグラーフ)と渾名(あだな)した伯家の当主アルブレヒト2世を拘留するという事態も発生した。

　クヴェトリンブルクは，引き続きニーダーザクセンの諸都市と同盟を結んだり(1384年)，ハンザ同盟に加わったり(1426年)しながら都市の自治を追求したが，女子修

道院長ヘドヴィク(1458～1511)は執拗に巻返しをはかり，1477年には彼女の兄弟たちの軍隊を導入して街を占拠した。都市の自由のシンボルの**ローラント像**も破壊された。市民たちは院長の領邦主権(ランデスヘルシャフト)を承認せざるをえなくなり，他都市とのすべての同盟の破棄をしいられた。

三角形の**市場広場**(マルクトプラッツ)北側に建つルネサンス様式の**市庁舎**(ラートハウス)は，1613～15年に改築されたもので，その前身はすでに1310年の文献で言及されたゴシックの建物であった。内部の「祝宴の間」(フェストザール)のフレスコ画は，クヴェトリンブルクの歴史をカラフルに描いている。1477年に破壊されたローラント像は，1869年になって市庁舎の前に復元された。

市庁舎の背後に建つ**市場教会聖ベネディクティ**の搭上の小屋は1910年まで街の監視人が使っていた。市庁舎と教会を取り巻く木骨の家屋のほとんどは，17世紀以来のものである。

市場の南，**城山**(シュロスベルク)と呼ばれる小高い丘上の城砦は，ハインリヒ1世王の治世に建造された。現在は改築されたルネサンス様式の城館で，ここから市街地を見おろす景観も楽しんでいただきたい。北翼の王宮には**城館博物館**があり，近年修復されたバロックの「青の間」(ブラウ)なども見どころ。

12世紀ルネサンス様式の**修道院教会聖セルヴァティウス**は，1070年に着工，1129年に竣工した。地下聖堂に眠るハインリヒ1世王と皇妃の，また，その後の代々の修道院長の柩を見のがさないようにして，オットー諸帝の時代を思い浮かべていただきたい。

城山の12番地，城館西の**クロップシュトック館**(ハウス)ものぞいてみよう。宗教的大叙事詩『メシアス(救世主)』で知られる18世紀の詩人の生家である。古代ゲルマン世界に魅せられ，ヘルマン(アルミニウス)(→p14)を主人公とする3部作の戯曲も残している。館は博物館として関連資料を展示している。

マクデブルク　Magdeburg

ベルリンとハノーファーの中間，エルベ左岸に位置する人口28万人ほどの中都市。中世初期から交通・交易上の重要な中心地であり，軍事的・宗教的拠点として歴史に登場した古都である。地名の初出は805年，カール大帝時代の勅書に市場所在地として言及された。

カロリング朝フランクでは東端の境界地域であり，スラヴ(ソルブ)人にたいする前線基地であった。現在の**大聖堂**(ドーム)のある所に王の城砦(ブルク)があったと推定されている。カール大帝は，806年に息子カールを派遣してソルブの族長を殺してソルブ人を帰順させたり，自らも5回にわたってマクデブルク近辺に出撃した。

ザクセン朝のハインリヒ1世，オットー1世(大帝)(→p23)の治世になると，マクデブルクの地位はいちだんと向上した。オットー1世は，即位前の7年間をこの地で過ごしており，カロリングの城砦は，大帝(オットー)お気に入りの王宮に改造された。王宮に隣接して建てられたモーリッツ教会が司教座聖堂に昇格する。968年，スラヴ人の教化を主要な使命とするマクデブルク大司教座が創設され，布教活動と武力征服が一体となって進行する，その重要拠点となったのである。

10世紀頃の王宮やモーリッツ聖堂周辺の商人，職人たちの小集落が萌芽となって発生した都市マクデブルクは，王権の保護もあって急速に発展し，商業の中心地として

エルベの川下りとハンザ都市

マクデブルク

地図記載:
- 中世の市壁
- オットー・フォン・ゲーリケの像
- 古市場広場
- 中央駅
- マクデブルクの騎手
- 市庁舎
- 聖母教会
- 大聖堂
- エルベ川

繁栄，後年にはハンザ同盟の有力メンバー（→p46）としても活動した。初期の都市を支配したのは大司教権力であった。

経済力を得た市民たちは，自治権を求めて大司教の支配に反抗するようになり，その闘争の過程で少しずつ特権を獲得，その一つ一つを都市法（シュタットレヒト）という形で定着させていった。マクデブルクの都市法は，主として東部内陸地方に新設された諸都市の都市法成立に大きな影響を与え，マクデブルクを母法とする都市法圏をつくりだしている。

ルターの宗教改革のきっかけとなった贖宥状頒布の責任者がマインツの大司教であり，同時にマクデブルクの大司教であったことは，別でふれたが，都市マクデブルクは比較的早い1524年にルター派に転じ（→p165），シュマルカルデン同盟にも加わって宗教抗争の渦中に巻き込まれ（→p57），三十年戦争でもカトリック陣営の武力攻撃にさらされた。

マクデブルク大司教領は，ヴェストファーレン条約で世俗化されてブランデンブルク選帝侯領となり（→p61），都市マクデブルクはその領邦都市として存続した。

〈マクデブルクの見どころ〉

大聖堂（ドーム）（聖マウリトス・聖カテリーナ）は，旧市街のやや南寄り，現存の会堂はドイツ最初のゴシック聖堂とされ，中心部分の建築は1209年〜1363年にかけてであった。聖堂内の一対の座彫像は，キリストと教会を象徴するが，実際にはオットー大帝と皇妃エーディトをあらわしているといわれる。大帝の墓は内陣にある。

大聖堂の少し北，ロマネスクの修道院**聖母教会**（ウンザーリーベンフラウエン）は，1017・18年大司教ゲロがゲルマン最果ての地に創建した。1064年大司教ヴェルナーの認可を得て再建，1170年に完成。1129〜1632年までプレモントレ修道会が修道院を経営したが，その退去後1945年まで神学校ないし学校として使用され，戦後の1974年以降コンサート会場，美術館として使用されている。

旧市街の中心は**古い市場**（アルターマルクト）と呼ばれる広場でその東側に三階建バロック風の**市庁舎**（ラートハウス）（1691〜98年）が建つ。ブロンズの扉にはオットー王から1969年までのこの町の歴史が描かれている。

市庁舎の前に建つ**マクデブルクの騎手**（ライター）（1240年頃。レプリカ）は，ドイツでも最古の騎馬彫像に属する。騎手と少女たちがだれをあらわしているかをめぐっては論争があり，国王オットーと2人の妃たちとするもの，ハンガリー王と召使たちとするもの，あるいは，特定の誰彼ではなく，町に近づいてくる国王をあらわしているだけとする説などさまざまである。

広場の北側は，**オットー・フォン・ゲーリケの彫像**。ゲーリケ（1602〜86）は，三十

年戦争で破壊された市の復興に尽力し，市の自治権を守るために奔走した市長であったが，同時に優れた物理学者で，職務の合間に真空の存在を実証するために真空ポンプをつくって実験したりしている。大気圧の強さを示した「マクデブルクの半球実験」(1637年)は有名。

ハンブルク　Hamburg

●港湾都市ハンブルク

　エルベ川の河口から100kmほど入った港湾都市。人口170万人，ベルリンにつぐドイツ第2の大都会で，正式の呼称は「自由ハンザ都市ハンブルク」といいドイツ連邦共和国を構成する州(ラント)の一つである。

　すでに810年頃カール大帝がこの地方に城砦や定住地をつくらせたともいわれ，若干の異説もあるが，遅くとも9世紀の前半(825年)ルートヴィヒ1世敬虔帝による「ハンマーブルク」という名(地名ハンブルクの語源)の城砦建設が文献に登場する最初であった。城砦の位置はエルベ川とアルスター湖の間の砂地で，今日聖ペトリ教会のあるあたりと想定されている。父王カール(大帝)の構想を継承した敬虔王は，831年この地に，スカンディナヴィア伝道の拠点となる司教座の設置を決定，教皇グレゴリウス4世はこれを大司教座に昇格させた。大聖堂は，845年に始まるヴァイキングやデンマーク人の襲撃を受け，大司教座は，848年にはブレーメンに後退をよぎなくされた。

　城砦と司教座聖堂の周辺には，早くから交易商人たちの居住地が発生し，11・12世紀には手工業者たちも住みつくようになり，教区教会聖ペトリも建設された（史料初出は1195年）。聖ペテロは，船乗り，商人の守護聖人として崇敬されていたのである。大司教の影響下にあった旧市にたいして，1188年，シャウエンブルク家のホルシュタイン伯アドルフ3世が港湾に面した新市を建設，翌89年，フリードリヒ赤髭王がさまざまの特権――自由な交易権や関税免除などを含む都市法を認可した。教区教会は聖ニコライ(史料初出は1195年)であった。12世紀末から13世紀にかけて，両者の統合がはかられ，1220年には共通の都市法が成立，30年には全市を管理する市庁舎も建設された。

　13世紀になると，ハンブルクはリューベックと同盟，ハンザ同盟の有力メンバーとして繁栄，同盟の衰退後も，領邦都市化せずに独自の活動を続けた。1528・29年にはJ.ブーゲンハーゲン(1485〜1558)の指導を得てルター派の改革を導入した。

　1558年にはドイツ最初の取引所を創設，1618年には自由帝国都市となり，翌19年には銀行も設立された。三十年戦争の間も，戦禍にあえいだ他の諸都市と異なり，平和な都市として取引を続行し，1768年にはデンマークの干渉も完全に排除，70年には，長年不安定であった帝国直属の地位も確認されて，帝国会議に代表を送ることができるようになった。

　19世紀の初頭，ナポレオン軍の占領下(1810〜14年)とりわけてもその大陸封鎖令

エルベの川下りとハンザ都市 | 191

（イギリスにたいする経済制裁）によって輸出をとめられたハンブルクの経済上の打撃は大きかった。第二次世界大戦では1943年の空爆で徹底的に破壊され死者5万人を超えた。戦後はイギリスの占領下にあったが，1949年連邦共和国に加わった。

〈ハンブルクの見どころ〉

たびかさなる大火（1842年など）や戦禍（とくに1943年）を経験し，その都度新しい街造りを繰り返してきた大都会ハンブルクでまるごと中世の雰囲気を求めることは難しい。むしろ近代の商都，大港湾都市の活気にふれることこそ本筋であろう。ランドマークとされるものも一つではない。

私たちの歴史の散歩は，所々に点在する古い聖堂やその遺跡を訪れ，港湾周遊の観光船で港の景観を堪能し，往時の，そして今も北海，バルト海そして世界の海に連なるハンザの商都にじかにふれて，現代世界の国際港湾都市の活気を思いっ切り吸い込んでみる，ということになるであろうか。ランチ（小蒸気船）で運河に入り古い倉庫の家並みをながめ，商品の荷揚げ風景を思い浮かべるのもよいであろう。

中央駅の西1km足らずでネオゴシックの**聖ペトリ教会**。もともとは12世紀の建立で，ハンブルク最古の聖堂。現在の建物は1842年の大火のあと再建（1844～49年）されたものである。赤い煉瓦造りの上にそびえる円錐形，緑の尖塔でハンブルクのランドマークの一つになっている。

そこから200mでネオルネサンスの**市庁舎**（ラートハウス）。1897年の建造，高さ112mの尖塔を含めて市のランドマークの一つである。市庁舎の南側に回り，最古の**証券取引所**（ベルゼ）（現在の建物は，1839～41年建造の擬古典主義様式）ものぞいておこう。

300mほど南の**トロスト橋**（ブリュッケ）は，旧市と新市を結ぶ最古の橋。ハンブルク初代の大司教アンスガルと新市の創設者アドルフ3世伯の彫像が目につくであろう。

橋を越えるとすぐ**聖ニコライ教会**の荒れはてた残骸。中世の聖堂は1842年の大火で焼け落ち，ケルンやフライブルクの大聖堂を模して再建された聖堂（1882年完成）は，60年後，連合軍の空爆の犠牲となりネオゴシックの塔（高さ145m）だけが残された。現在は反戦の記念碑となっている。

廃墟の前の東**西大通り**（オストヴェストシュトラーセ）を越えた反対側から南に向かう**ダイヒ通り**（シュトラーセ）は，1842年の大火の発生地だが，18世紀の大商人の居宅がいくつか修復されて残っている。通りの南端ホーエ橋からの眺望が最善とされている。

少し東にもどって運河を越えると，**倉庫地区**（シュパイヒャーシュタット）に入る。この地区は，アルスター湖からの運河がエルベ川に流れ込むあたりに位置し，19世紀末から20世紀初頭にかけて世界最大の貯蔵庫群の密集地であった。がっしりした7階建赤煉瓦のビル群と屋根の緑が，運河の水に反射して美しい。今日では，コーヒー，茶，コンピューターや東洋のカーペットのような商品が貯蔵室に荷揚

げされ，荷主が販売を決めるまで関税なしで保管される。このあたりの事情を詳しく説明してくれるのが，**貯蔵庫博物館**（シュパイヒャーシュタットゼウム）やドイツ税関博物館（ツオルムゼウム）である。

新市街の散歩は，これもまたハンブルクのランドマークとして知られる**ミハエル教会**から始めたい。高さ132mの立派な塔をもつ楕円形の広い聖堂。バロック時代の創建だが，1906年の火災のあとと，第二次大戦の破壊のあと，その都度再建され，現在のものは3度目，古い設計図に従って復元された。塔上展望台（エレベーターもある）からの展望は素晴らしく，市街の俯瞰をお勧めしたい。

ミヒァエル教会の南東すぐのめだたない小路には，1670年頃小売り商組合員の寡婦たちの養老院として建てられた煉瓦造りの木骨家屋**クレマーアムトハウス**がいくつか残っていて，いくらか昔の雰囲気にふれることができる。

ミハエル教会の北500mほどの**ペーター通り**（シュトラーセ）も18世紀バロックの町並みが復元されていて落着いた散策を楽しめる所。**ヨハネス・ブラームス博物館**（ムゼウム）（または**記念館**（ゲデンクロイメ））もある。ブラームス（1833～97）はハンブルクで生まれた。記念館は作曲家が住んだことのある家で，当時の家具調度をそのまま残し，直筆の楽譜などの関連資料を展示している。

ブラームス博物館の西，大通りホルステンヴァルを渡った西側の**ハンブルク歴史博物館**（ムゼウム・フュア・ハンブルギッシェゲシヒテ）では，古いハンブルクの町並みの模型や商人宅の居間の復元などを含む都市ハンブルクの発展過程を，あるいは，1943年の焼夷弾攻撃がどんなに破壊的であったかなどを詳細に学ぶことができる。丹念に見て歩くと，たとえば「レーパーバーン」という地名は，かつて綱（ロープ）製造業者の居住地であったことに由来する，といった説明も見つけるであろう。

博物館から西南1km足らずの夜の町**レーパーバーン**は，しかし他の案内書にゆずって，私たちのハンブルク歴史散策はこの歴史博物館で締めくくらせていただきたい。

リューベック Lübeck

ハンブルクの北東約65km，人口22万人ほどの中都市。中世中・後期にはバルト海域最大の港市であり，ドイツ・ハンザ（ハンザ同盟）（→p46）の盟主として栄えた。整然たる格子状の旧市街がよく残された北ドイツ第一の歴史都市である。文豪トーマス・マンの生地としても知られる。

ザクセン大公ハインリヒ獅子公の建設都市（1158・59年）（→p30）であるが，すでにシャウエンブルク家のホルシュタイン伯アドルフ2世（在位1128～64）が1143年にトラーヴェ川とヴァーケニッツ川の間の丘陵地に町造りをしたのが発端であった。

獅子公は都市のもつ経済効果にもっとも強い関心をもった支配者の1人であり，早くからこの地の重要性に目をつけ，ホルシュタイン伯に対抗しつつ強力な触手を伸ばしていた。伯の都市が1157年の大火で灰燼（かいじん）となった機会をとらえ獅子公は，商人たちの請いを受けてヴァーケニッツ川の東南に前者に対抗する都市造りを試みたが，場所の狭さのために失敗，しかし翌58年に伯の市域を割譲させることに成功し，自らの都市リューベックを建設した。地名は，ホルシュタイン伯が，廃墟となっていたスラヴ系ヴェンド人の集落名（リウビケ）を自らの都市名としていたことに由来する。

中世末期，ハンザの衰退とともにリューベックの商業活動も往時の活力を失って硬直化し，市政のうえでも都市門閥と一般市民の内訌（ないこう）が頻発するなど，たとえばこの頃になって盛期をむかえる南ドイツのニュルンベルクやアウクスブルクとは対照的な推移をたどる。市民たちが誇りをもって保持しつづけた「帝国自由都市」の地位は，1937年ナチ体制の中で廃止された。

〈リューベックの見どころ〉

私たちの歴史散歩も**ホルステン門**から始めよう。トラーヴェ川とその運河にはさまれた旧市街区の西門にあたる。建造は15世紀の後半，防御用というより都市の威信を示すためであったとされる。印象的な切妻のファサードとがっちりした２本の円塔ともども古都リューベックのランドマークになっており，かつては旧50マルク紙幣をかざっていた。門に刻まれた SPQL という銘は「リューベックの参事会と民衆」を意味するラテン語の略称で，SPQR（Senatus Populusque Romanus，ローマの元老院と国民）を擬したリューベック市民の自負をうかがわせる文言である。門の階上は現在**市史博物館**になっている。

門をくぐって中に入るとすぐ右手に続く古い煉瓦の建物群が往年の**塩の倉庫**（ザルツシュパイヒャー），現存しているのは，16～18世紀のものである。リューネブルクからの塩が一時保管される場所であり，中継商業都市リューベックの役割を如実に示すとともに，中世商取引の中で「純白の黄金」と呼ばれた塩がいかに重要な商品であったことを思い起こさせる史跡である。

ホルステン門を通って東に直行，200mも行かないあたりで**聖ペトリ教会**（キルヘ）にいたる。もともとの本堂（1240年頃完成）はロマネス

獅子公の建設の背後には，当時バルト海交易をめざして計画的に進出しつつあったドイツ（主としてラインラント，ヴェストファーレン地方からの）商人たちの強い関心がうかがわれるプロジェクトがあった。市庁舎の近くに今も残る聖マリエン教会は，（→p195）この商人たちの力の現れであり，1280年の市の印章は市民たちの自治の象徴であった。

都市リューベックはその後20余年の間ザクセン大公の保護下に発展したが，1180年獅子公の失脚によってホーエンシュタウフェル朝皇帝家の麾下（きか）に入った。13世紀初頭には，一時期デンマークの支配下で呻吟（しんぎん）するが，市民たちは率先してドイツの諸侯と協力して解放戦争を戦いぬき，事実上の独立を達成，1226年にはフリードリヒ２世帝（→p41）の特許状によって「帝国自由都市」の地位を与えられ，封建諸侯に伍する自由団体となった。

13世紀後半以降，ドイツ・ハンザの勃興にともなってその盟主の地位を獲得し，北海とバルト海を制圧したドイツ遠隔地商業の中核となった。新しい帳簿システムを開発するなど，商業の発展につくした功績も大きく，この町の都市法（シュタットレヒト），さらに東部の新設諸都市に伝播したこともリューベックの影響力を物語っている。

ク風と推定されるが，14世紀にゴシックの三身廊，さらに16世紀に五身廊に改装拡充された。1942年に焼失，戦後ゴシックの原型に復元された。高さ50mの塔にはエレベーターで昇れるので展望台からの眺望をぜひお勧めしたい。地図と照合しながらホルステン門，市庁舎，マリエン教会などを確認できるはずである。

市庁舎(ラートハウス)はリューベックが帝国都市の特権を得た1226年に建築を開始，たびたびの補強，変更をへて1484年に完成した。ドイツでもっとも重要な市庁舎の一つで，リューベック市民の力と誇りの反映であった。

暗褐色の重厚な建物でマルクト広場(プラッツ)の側から見ると，丸い穴をもつやや風変わりな高い壁が屋上前面にそそり立ち，いくつもの尖塔には青銅の小旗が風に吹かれてはためくようすが印象的。正面玄関のブライテ通り(シュトラーセ)側に見るルネサンス風の階段は1594年の作。内部では，玄関ロビー，謁見の間，大会議室などが見どころ。市庁舎地下は(ラーツケラー)，酒場兼レストランとなっていて，私たちもビールをかたむけながら中世リューベックの盛時に思いを馳せることができる。

市庁舎の背後(北隣)に堂々とそそり立つ125mの尖塔は，リューベック市民の力の表象とされる**聖マリエン教会**である。富裕な商人たちが自分たちの力を誇示し教会勢力からの自立を表明すべく大聖堂(ドーム)に対抗してもっと大きな教会堂を建てようと思い立ったのが淵源とされる。当初(1200年頃)はロマネスク・バジリカ風の会堂を想定したらしいが，そののちたびたび変更され，1226～1350年の工事で巨大な煉瓦造りのゴシック教会堂として完成した。

1942年の空爆で完膚なきまでに破壊され，貴重な装飾・調度のほとんど——B.

●マルクト広場と市庁舎

ノトケ(ドイツの画家で彫刻家，リューベックで活躍)の「死の舞踏」(トーテンタンツ)(1463年)，14世紀の内陣格子(レトナー)，J.S.バッハも奏でたという16世紀建造のオルガンなど——が犠牲となった。戦後の復元工事は1959年に完了，高さ10mの「聖体安置塔」(サクラメントホイスヘン)(1476～79年)や有名な「マリア祭壇」(アルター)(1518年)などは幸い残っている。空爆で壊れた鐘は，戦災の記憶として，落ちた場所にそのままの姿で残されており，訪れる人の注意を引いている。

オルガンの名手フクステフーデ(1637頃～1707)は，1688年この教会のオルガン奏者となり終世その地位にあった。若き日の大バッハがその演奏を聴くために遠路リューベックを訪れたことは，よく知られたエピソードである。トーマス・マンの堅信礼は1890年この教会においてであった。

メング通りをはさんでマリエン教会の反対側にトーマス・マンの長編『ブッデンブローク家の人びと』(1901年)の舞台として知られる**ブッデンブローク館**(ハウス)が建つ。ハインリヒ・マン(1871～1951)とトーマス・マン(1875～1955)兄弟の祖父，富裕な穀物商であったヨハン　ジークムント・マンが1841年に購入した邸宅で，ハインリヒとトーマス兄弟もしばしば訪れて青少年時代を過ごした。ちなみにハインリヒの生まれたのはブライテ通り54番地，トーマスの生地

エルベの川下りとハンザ都市 | 195

●船主クラブ会館

は，父親の転居にともない，同じブライテ通(シュトラーセ)りの36番地であった。

　メング通りの邸宅は，1758年の建造，美しい正面ファサードをもつバロック風の立派な建物であったが，1942年の空爆で正面ファサードと地下室を除いて全壊した。

　建物は1891年マン家の没落にともなって売却され，93年以降リューベック市に引き継がれていたが，1954年に国民銀行(フォルクスバンク)が被爆家屋を買い取り，古いファサードの後ろに新しい建物を建てて支店(～1993年まで営業)を開業した。そののち，この貴重な歴史的記念物は，ドイツ連邦政府とシュレスヴィヒ・ホルシュタイン州政府の援助を得て1991年再度リューベック市の所有に帰し，97年以降**ハインリヒ＝トーマス・マン研究センター**として来訪者の関心を引いている。1階はマン兄弟やマン家関連資料の常設展示場，2階と地下室は，特別展示室，関連の集会，映画，ビデオの上映・朗読会場に使われている。関連文献を集めた図書室も準備中。

　メング通りを300mほど西（トラーヴェ川の方向）右側のレストラン**シャッベル館**は，昔典型的なハンザ商人の居宅であった。マン家ゆかりの物品も展示されている。

　ブライテ通りを北へ市庁舎から500mほど歩くと左側に**船主クラブ会館**(ハウスデアシッファーゲゼルシャフト)。いくつもあった組合会館(ギルドハウス)の中で現存する唯一の建物である。1535年建造の煉瓦造りで正面ファサード（1880年修復）にはすでにルネサンス様式の要素があらわれている。現在はレストランになっていて，飾りつけがややオーバーだが，昔ながらの木造りのがっしりした食卓，銅製のランプなど，往時を偲ばせる雰囲気に囲まれて食事をするのもよき思い出となるであろう。

　船主クラブ会館のほぼ真向かい，**ヤコブ教会**は1334年の完成。めずらしく第二次大戦の被災をまぬがれ，中世の雰囲気をふんだんに残している。ゴシック時代の貴賓席，洗礼盤などが見どころ。いわゆる「ブレムブゼ祭壇」の内側には，寄進者である当時の市長ブレムブゼの家族が描かれている。

　ヤコブ教会の斜め後ろ，ブルク通りに面して建つ大きな建物が**聖霊施療院**(ハイリゲンガイストホスピタール)，1246年に遡るドイツ最古の社会福祉施設。1972年までは養老院として機能していたが，今はリューベックのクリスマスセールの売り場になっている。中のホールに入ると，小さな個室が並んでいるのが目に入るであろう。1820年頃，病人や老人たちにいくらかでもプライヴァシーを与えようと設置されたものであるという。

　旧市街北端の**ブルク門**(トア)は13世紀の建造，1444年に上に1階層増建している。かつては市内への唯一の通路であった。

　この門から北西に20kmほどの**トラーヴェミュンデ**はバルト海に面したきれいなリゾート地で，トーマス・マンもギムナジウム（中・高校）の頃，夏休みを過ごした。若き日のトーニ・ブッデンブロークやハンノ

少年が歩いた砂浜をながめながら旅のひとときをくつろいでいただきたい。

翻って旧市街の南端に建つのは**大聖堂**、リューベック最古の教会堂である。司教座が1160年オルデンブルクから当地に移ったことですでに懸案となっていたが、73年ハインリヒ獅子公が礎石を置いて建設が始まった。13世紀初期の竣工後もしばしば増改築されているが全体のイメージをそこなうことはなかった。今日の会堂は長さ130m、ロマネスク様式とゴシック様式をみごとに融合させている。

第二次大戦の被爆(1942年)によって豊かな内装調度は大部分焼失したが、1959年に修復完了。ノトケの「勝利の十字架」(1477年)、南翼堂の「美しき聖母」(1509年)など(→p195)が残っていて見どころになっている。

大聖堂から北東へ500m足らず、往年の修道院に設置された**聖アンネ博物館**は、美術・文化史関連の収集に努めてきた。リューベックの名工たちの作品を含む宗教的彫像の部門はとりわけ充実している。15・16世紀のさまざまの祭壇を見比べるのもおもしろい。中でも見どころは、ハンス・メムリンク(1430〜95、フランドルの著名な画家)の「受難の祭壇」(1491年)であろうか。いま一つ18世紀末までのリューベックの文化史を語る家具、暖房具、台所用品、磁器類などの展示をながめるのもいい勉強になるであろう。

リューネブルク　Lüneburg

ハンブルクの南約60km、現在人口6万5000人ほどの静かな地方都市だが、中世には塩の産地として賑わった。文献で言及されるのは10世紀中葉以降、13世紀にはヨーロッパ最大の生産量を誇ったとされる。塩は中世の貴重な商品であり、イルメナウ川をくだり、ラウエンブルク、メルンなどをへてリューベックに運ばれ、同地を中継地として、輸出用鯡(塩漬けにして樽につめる)に大量の塩を必要とするバルト海の諸地域に供給された。

製塩業を中心に定住地を形成した住民たちは、12世紀の中葉から後半にかけての頃、ザクセン大公としてこの地方の支配者であったヴェルフェン家のハインリヒ獅子公から都市特権を授与されたと推定されている。この都市特権は、獅子公の孫でブラウンシュヴァイク・リューネブルク公となったオットー幼童公(1252年没)によって1247年に確認され拡充されている。

都市リューネブルクは、ハンザ同盟の一員として発展、市民たちはますます自分たちの力に自信をもつようになり、1371年にはヴェルフェン家の大公マグヌス1世(1369年没)を町から追放しその城砦を破壊した。「ズルフマイスター」と称する製塩業者たちが中心となって市参事会を形成、経済的最盛期とされる16世紀には、北ドイツでもっとも富裕な都市に数えられた。

17世紀、ハンザの衰退と軌を一にして塩の供給の新規拡大もゆきづまり、三十年戦争、ペストの大流行などが追討ちをかけた。(→p58) 18世紀末の一時的興隆を除いてこの町の経済的再浮揚はなかった。その後のリューネブルクは、官庁都市、師団駐屯地となり、昨今は、加えて塩泉浴や泥土浴が注目されている。都市の景観は、第二次大戦の被爆をほぼまぬがれたこともあって、何百年も昔のたたずまいをよく残している。

市庁舎の建築が始まるのは、1200年頃であったが、14・15世紀に増改築が繰り返されて今日見るような形になるまでに数百

を経過した。市場広場(アムマルクト)に面する豪華なバロック風ファサードがつくられたのは，18世紀になってからであった。

現存する最古の部分は「裁きの間(ゲリヒトラウベ)」で1330年の建築。壁や天井の壁画(1530年)は，ローマの歴史や寓話を題材として正義が永遠につらぬかれていることを示している。床暖房の一部は建設時のままである。作り付けの戸棚に収納されていたという宝物の銀器(ジルバー)は，いつのまにか売却されて，ベルリンのシャルロッテンブルク宮殿の中で展示(→p217)されているという。北壁の人物像は聖ウルズラ，この町の守護聖人である。

「裁きの間」に続く「昔の官房事務局(アルテカンツライ)」(1433年)，「古文書室(アルテスアルヒーフ)」(1521年)などはいずれも当初の姿をとどめている。往時の「衣服収納室(ゲヴァントハウス)」(15世紀)は，リューネブルクの美術工芸品の博物館に改装されている。ちょうどその上にあたる所が「祝宴の間(フェストザール)」(15世紀)。壁面に大公たちの肖像画があるところから現在は「大公の間(フュルステンザール)」と呼ばれる。豪華な階段を昇ると，鹿の角の飾りのついたシャンデリアがめだつゴシック風の広間で，現在ではコンサートなどの催しものに使われている。

玄関ホール右手の「大参事会室(グローセラートシュトゥーベ)」は，1566～84年の頃，以前市庁舎礼拝堂(ラーツカペレ)であった場所を改造してつくった市参事会の会議室。ドイツに現存するもっとも優れたルネサンス風広間の一つに数えられている。

市庁舎正面前の**市場広場**は，日常，とくに水曜と土曜の朝は農民たちの屋台店と買物客で賑わっている。広場の北の端，市庁舎の斜め後ろに建つ**旧大公宮殿**は現在裁判所になっている。道路をはさんだ西側に詩人ハインリヒ・ハイネの両親の住んだ家があり，詩人がこの家で「ローレライ」を書いたという話もある。

市庁舎の南500m余り，やや東寄り，幅の広い道路のようにも見える**アム・ザンデ広場**には，さまざまの時代の美しい切妻の家屋がまだ残っていて歴史の町の雰囲気を楽しめる。北ドイツらしい煉瓦造りの建物が多い。見どころの一つ「黒い家(シュヴァルツハウス)」は1548年醸造所として建造されたが，今日では商工会議所の本部になっている。

広場の東端に建つ**聖ヨハネ教会**はこの町でもっとも大事な教会とされる五身廊のホール型会堂(ハレンキルヘ)。最古の部分は内陣，後陣，中廊と西側の塔(12世紀。落成は1300年)。少し遅れて二つの側廊が加えられ，1406年の火災のあと巨大な塔(高さ108m)が新しくつくられた。見どころは主祭壇(1430～85年)，美しい燭台，中でも「マリアの燭台」(15世紀)など。

裁判所の東，**聖ニコライ教会**は，リューネブルク修道院兼司教の教会に対抗する市民の教会として1407～40年頃建造された。1587年完成の塔は，1831年老朽のため壊され，1895年現存のネオゴシックの塔(高さ98m)がつくられた。見どころは「ランベルト祭壇」(1450年頃の作。1861年に壊されたランベルト教会から移された)など。

今日の**聖ミハエル教会**は市庁舎の西500mほど。カルクベルクの丘上にあった

先行の教会堂が1371年に取り壊された跡に，76年に起工，1418年に落成した。塔は15世紀に建造を始めながら長い間未完のまま放置され1765年頃に完成した。この教会にはビルンガー家のヘルマン(973年没)や大公マグヌス(1106年没)，ヴェルフェン家のヴィルヘルム長剣公(1213年没)などが葬られている。

イルメナウ河畔も絶好の散策路である。古いクレーンは，1346年以来のもの，向かいあって建つ大きな倉庫は，かつて鰊の倉庫であったと聞いた。

余裕があれば，リューネブルクの南に広がる**リューネブルガー・ハイデ**のドライブをお勧めする。中央部分は車を入れないが，昔ながらの馬車で，8月半ばならヒースの花の草原の自然を満喫していただきたい。

ブレーメン　Bremen

ヴェーザー川の河口から60km余り遡った右岸，ドイツ最古の港湾都市。人口55万人，ドイツの水準では十指の末尾に入る大都市。外港のブレーマーハーフェンとあわせ，最小独立の1州として連邦共和国を構成する。「ブレーメンの音楽隊」でよく知られ，またリューベックと並ぶ中世ドイツ・ハンザのリーダーとして教科書で習った方も多いと思う。伝統的にリベラルな気風にあふれ，「緑の党」躍進の主要地盤である。

地名が文献に登場するのは，カール大帝の時代，787年の司教区創設にかかわる記述であり，初代の司教はアングロ・サクソン出身のヴィルハドであった。司教区設置のとっかかりとなったのは，古い聖堂(現在の大聖堂の位置)を取り巻く集落であったとされる。845年，「北方の使徒」と呼ばれた大司教アンスガルが大司教所在地をハンブルクから当地に移すことによって，北方地方への布教活動の中心もブレーメンに移動した。古都ブレーメンの骨格造りにもっとも大きな影響を与えたのは，このアンスガル大司教といま1人，2世紀ほど後年の大司教アダルベルト・フォン・ブレーメンであったとされる。アダルベルトは11世紀のブレーメンを「北方のローマ」にしたいと考えていた。

都市ブレーメンの帝国直属が承認されて「帝国自由都市」となるのは，1648年であったが，すでにはハンザ同盟に所属して，領邦支配をめざす大司教との長年の厳しい戦いにたえ，市民たちの自立を獲得していた。「帝国自由都市」の伝統は現在にも連なり，「自由ハンザ都市」の地位を享受している。

マルクト広場の北東側に建つゴシック様式の堂々たる**市庁舎**(ラートハウス)は1405年の建築，当初は鋸壁や防御回廊を備えた一種の市民砦(ツィンネ・ヴェールガング・ビュルガーブルク)の趣であったが，市民たち対司教の政治的緊張が弛むにつれてその様相を変えてきたと伝えられる。マルクト広場に面した正面ファサードには，今日見るような縦長の高

い窓がつき，屋根には華やかな三つの破風（ヴェーザー・ルネサンスの好例とされる）が増築された。かつての防御回廊は，もっと明るいイタリア風のアーケード（1608～12年）に改造された。バルコンの上に見える砂岩の立像はカール大帝と7人の選帝侯たちをあらわしている。

市庁舎地下酒場（ラーツケラー）は，400種類を越えるワインが用意されていることでも有名。ワイン党の来訪を待っている。

マルクト広場の市庁舎の面前，広場の真ん中に立つ高さ10mの巨大な**ローラントの石像**は，1404年に設置された。かつて木製だったものを大司教の手の者たちに焼却されてしまったのにたいする市民たちの意思表示であった。「市民の自由」のシンボル（→p38）——それは同時に領邦君主たる大司教にたいする「帝国直属」を主張するものであった。

市庁舎前の騎士像は，大聖堂の正面ファサードの方向を見すえて，大司教の支配にたいする異議と抵抗を示しており，市民たちの「守護神」（パラディウム）と崇められていた。手にする「裁きの剣」（ゲリヒトシュヴェールト）は，独自の「裁判権」（ゲリヒトバールカイト）を強調するもので，帝国の紋章鷲（わし）を配した楯の低地ドイツ語は，カール大帝がこの町に与えたとする「自由特権」を示している。北ドイツに散在するローラント像の多くは，このブレーメンの像をモデルにしている。

市庁舎の右手には**聖ペトリ大聖堂**が対峙し，二つの大きな塔が天に向かってそびえる。現在の建物は，1042年アダルベルト・フォン・ブレーメン大司教の命で建築を始（→p199）

●ローラント伝説のルーツ

ローラントはカロリング時代の伝説の英雄。シャルルマーニュ（カール大帝）に仕えた12人の勇士の1人で大帝の甥であったともいう。

778年，大帝はイベリア半島の征服をめざしてイスパニアに侵入，ウマイヤ朝の後裔アブド・アッラフマン1世（コルドバのアミール，在位756～788）麾下（きか）のイスラム軍と交戦中であった。フランク人の支配を忌避するキリスト教徒のバスク人もイスラム側に協力する状況の中で大帝の侵攻軍は苦戦にあえいでいたが，おりしも背後のザクセン人の反抗が報告され，大帝は急遽対ザクセン戦線に軍を帰すことをよぎなくされる。しんがりを引き受けたローラントは，奮戦して本隊の退却を助け，自らは，執拗に食い下がるバスク人の追撃に最後まで抗（あらが）いつつ，ピレネー山中の渓谷で壮絶な死を遂げた。

以上が後年人びとの口承をへて北スペイン，フランスから西ヨーロッパの各地に拡がった英雄伝説の歴史的事実の核心部分となった。伝承はやがて中世フランス語の叙事詩『ロランの歌』にまとめられ，さらにその改訂版がつくられるなどして流布した。

11世紀末と推定される『ロランの歌』は，ピレネー山中フランス軍の英雄的な敗北，献身的なローラントの最期，神の加護を得たキリスト教徒の対イスラム復讐戦などをたくみに組み込んだ構成になっている。

武装したローラントの騎士像が北ドイツの各地，ブランデンブルク辺境領やテューリンゲンなどに，裁きの場所を記し，都市の力の象徴として登場するのは，14世紀になってからであった。

めたが，正面ファサードを含めていちおうの完成を見たのは13世紀になってからであった。

アーチ形天井のある本堂中心部と側廊部分に立つと，ロマネスクからゴシックへの転換の様相をのぞかせてくれる。もともとのロマネスクの特徴をよくとどめているのは，東西の地下聖堂(クリュプタ)。西聖堂は後年の塔建設の折に縮小されているが，東聖堂は奥行23m，幅11mの荘重な大地下聖堂のまま今日にいたっている。見どころの一つは，西地下聖堂のブロンズの「洗礼盤」(13世紀)，ライオンに乗った4人の男たちに支えられている。東聖堂の「玉座のキリスト」(1050年)も最古の部分で見どころとされている。中廊中程には，入り組んだ彫刻模様のある説教壇(1638年)，西側では16世紀の聖母子像(1512年)や砂岩の内陣仕切に目がとまるであろう。後者中央部分のレリーフのカール大帝や初代司教ヴィルハドをながめながら(→p199)，ブレーメン草創の昔を想うのもよいであろう。好天の日に265段を昇れば，塔上からの一望も素晴らしいに違いない。

グリム兄弟と童話集に敬意を表して**ブレーメンの音楽隊**の彫像もたずねておきたい。市庁舎西側のめだたない場所に立っているのでつい見過ごしがち，本書でも忘れないように書き加えておく。この銅像の製作者**ゲルハルト・マルクス家**(ハウス)(美術館)は旧市街東(南)端はずれの公園にある。

市庁舎の向かい側，マルクト広場の南側に面するやや控え目の，しかし優雅な建物は，シュッティングと呼ばれ，16世紀の建造，当時の商人ギルド会館であった。「シュッティング」というのは低地ドイツ語で「お金を集めて結びつく」ことを意味する言葉であった。正面ファサード(1536～38年)はアントワープの建築士の手になるもので，フランドルの影響を見せている。

シュッティングの裏手，**ベトヒャー通り**(シュトラーセ)は，全部で100mほどの路地にそって，世界のメルヘンを集めた本屋，ブレーメン特有の「ハーグ」専門のコーヒー店，ブレーメン料理のレストラン，ガラス細工やアクセサリーのアトリエ，マイセン陶器の鐘を鳴らす仕掛け時計の家などが並ぶじつに楽しい街区。ルートヴィヒ・ロゼリウスというブレーメンのコーヒー商人が1924～31年の頃私財を投じてつくったと聞いた。商人の友人でもあるベルンハルト・ヘドガーの仕事である。煉瓦造りで中世の街路の再現を意図したものともいわれるが，むしろ「アートの町」といった雰囲気である。

旧市街の東南端――ベトヒャー通りからヴェーザー川にそって少し下った所にある**シュノーア地区**は，かつて漁民，小商人，職人たちの居住地であった。名前の起源は，小住宅の建ち並ぶまっすぐな道をさして「シュタール」(紐)といったことに由来すると聞いた。15・16世紀からの建物の多くが，めずらしく第二次世界大戦の空爆をまぬがれたが，むしろ戦後50年代の建築ブームの犠牲になった。現在は一定の保護を得て街並みを保持し，アンティークの店やら酒場，レストランなどが軒を連ねて道行く人びとの足を引きとめている。

ホーエンツォレルンの王都と離宮

ドイツの再統合（1990年）から10年余りをへた首都ベルリンでは，旧東独地域の復興再開発も驚くほど急ピッチで進行し，東西をつなぐインフラ（道路，鉄道，空港，上下水道，文教施設など生産活動や生活環境の基礎となる社会的設備）も整備され，両者をへだてる物理的障害はほとんど除去されたといってよいであろう。もっとも経済問題，失業問題は残っており，何よりも双方の住民たちの心をよぎる「壁」を本当に払拭（ふっしょく）することは容易ではない。にもかかわらず，一つのドイツ——といっても今では主権国家としてのドイツというよりも新しいヨーロッパ世界の一員であり，牽引力でもある新しいドイツの政治，経済，文化の一大中心機能を担う新首都の歩みは着実に始まっており，訪れる私たちは，その活

●南ドイツのルーツ——ホーエンツォレルン城

プロイセン国王ついでドイツ（第二帝国）皇帝としてドイツ史に大きな足跡を残したホーエンツォレルン家発祥の地に現存するネオゴシックの城郭。（→p60）

南独シュヴァーベン地方の小貴族であったツォレルン家の一家系が，1191年にニュルンベルク城伯（ブルクグラーフ），ついで1415年にブランデンブルク辺境伯（マルクグラーフ）に封ぜられ，1417年以降は選帝侯に列せられることになり，1618年にはプロイセン公国をあわせ，1701年以降プロイセン王位を，1871年にはドイツ皇帝位を世襲するところまで登りつめたのであった。お城は，ホーエンツォレルン諸家とプロイセン王家の共同財産として管理されてきた。

建設の時期はわかっていないが，13世紀（史料初出は1267年）には遡る最初の城砦は，1423年，シュヴァーベン帝国諸都市連合軍の1年にわたる包囲ののちに破壊され，ツォレルン伯ヨス・ニコラス1世（在位1449〜88）が2番目の城砦を建設したが，これもまたオーストリア継承戦争（1740〜48年）の過程で一時期フランス軍に占拠される（→p70）などの経緯をたどって1771年に崩壊した。

19世紀の初頭，ヨーロッパの世相は浪漫主義に大きくかたむいていたが，ホーエンツォレルン城でも，1819年に王権主義者でロマンチストの王太子フリードリヒ・ヴィルヘルム（4世，のちのプロイセン国王。在位1840〜61）が訪れたのが契機となって再建が話題となった。

武器庫や望楼（現在の昇り口円塔）の再・新築から始まった工事は，同じ世紀の中葉（1850〜67年）になると，古い見取り図に拠りながら，かつ昔の建材を利用しつつ急速に進捗（しんちょく）した。現在見る城郭は，ほぼ全面的に新しく建造した成果である。工事を指揮したのは，著名な建築家K. F. シンケル（1781〜1841。ベルリンを中心に優れた建築作品を残した）の弟子でF. A. シュテューラーという宮廷建築家であった。

テュービンゲンの南20km，ヘッヒンゲンという小都からさらに南へ6km，シュヴェービッシュ・アルプ丘陵，円錐状の小

気を肌で感ずる思いである。

　ベルリンがドイツとヨーロッパの歴史の表舞台に登場して重要な役割を演ずるようになるのは，主として近世以降であり，ブランデンブルク＝プロイセン国家の，ついで第二帝政以後のドイツの首都としてであった。ホーエンツォレルンの国王たちは，この町の内外に王城を築き，離宮（シャルロッテンブルク宮殿や著名なサン・スーシ宮殿）を建設した。本書では，このプロイセン王家の王都と隣接の都市ポツダムをセットにして中・近世の歴史を振り返っておくことにしたい。

ベルリン　Berlin

　現在は人口約345万人，面積は883km（東京23区の1倍半），ドイツ最大の都市であり，統合ドイツの新首都，西欧と東欧のまじわる最重要の接点であり，コスモポリタン的世界都市の一つである。

〈中世〉　都市ベルリンのルーツは13世紀のベルリン（史料初出1244年），ケルン（史料初出1237年，綴り字は違うが地名の発音がライン河畔のケルンと同じなので注意！）というシュプレー川をはさむ二つの集落に遡る。両者は，マクデブルクやライプツィヒから東方に向かう中世商業路の交差点にあたっていたために商品集積地として発達，1307年には，司法・行政面で提携，共通の市庁舎を建設して二重都市ベルリン・ケルンとなり，1359年にはハンザ同盟にも加入（→p46）してブランデンブルク地方の経済的中心となった。現在のニコライ地区であり，シュプレー川の渡河地点であった。（→p212）

　周辺のブランデンブルク辺境領は，12世紀中葉以降アスカニエル家の支配下にあったが，1230年に同家が断絶すると支配権がヴィッテルスバッハ家に移り，両集落が史料に登場する頃には領邦権力と域内諸都市の軋轢（あつれき）が顕著になっていた。1415年ホーエンツォレルン家のニュルンベルク城伯（ブルクグラーフ）フリードリヒ6世がブランデンブルク辺境伯に封ぜられ，選帝侯位を得て着任すると，都市ベルリンもその支配下に組み込まれるようになる。辺境伯はフリードリヒ1世としてベルリンに進駐した。

　1442年選帝侯フリードリヒ2世（在位1448〜70）は二重都市を解体統合し，シュ

高い山頂にそびえるネオゴシックのお城は遠くからでもよく見える。霧の中にほのかに浮かぶシルエットは忘れえぬ思い出となった。

　城内の見学は案内に従って回るようになっている。二つあるチャペルのうちカトリックの「聖ミハエル礼拝堂」は，前身の旧城砦からただ一つ残されたもので，3枚のロマネスクの砂岩レリーフ板（プラット）とゴシック風のステンドグラス（1280年。シュヴァーベン最古，現存ではドイツ最古とも）が見ものである。ネオゴシックの「新教礼拝堂」には，1952年以降，フリードリヒ・ヴィルヘルム1世とフリードリヒ大王の柩（ひつぎ）が安置されていたが，ドイツ再統一にともなって大王の遺骸はポツダムのサン・スーシ宮殿の墓地にもどされた。「ミハエル稜堡（バスティ）」には皇太子ヴィルヘルム（最後のドイツ皇帝の息子。1951年没）の墓がある。かつての城郭の調理場部分は，1952・53年に改造されて，フリードリヒ大王その他の思い出にまつわる品々を展示する「ホーエンツォレルン博物館」になった。1889年のプロイセン王冠などはさすがに逸品であった。

ベルリン

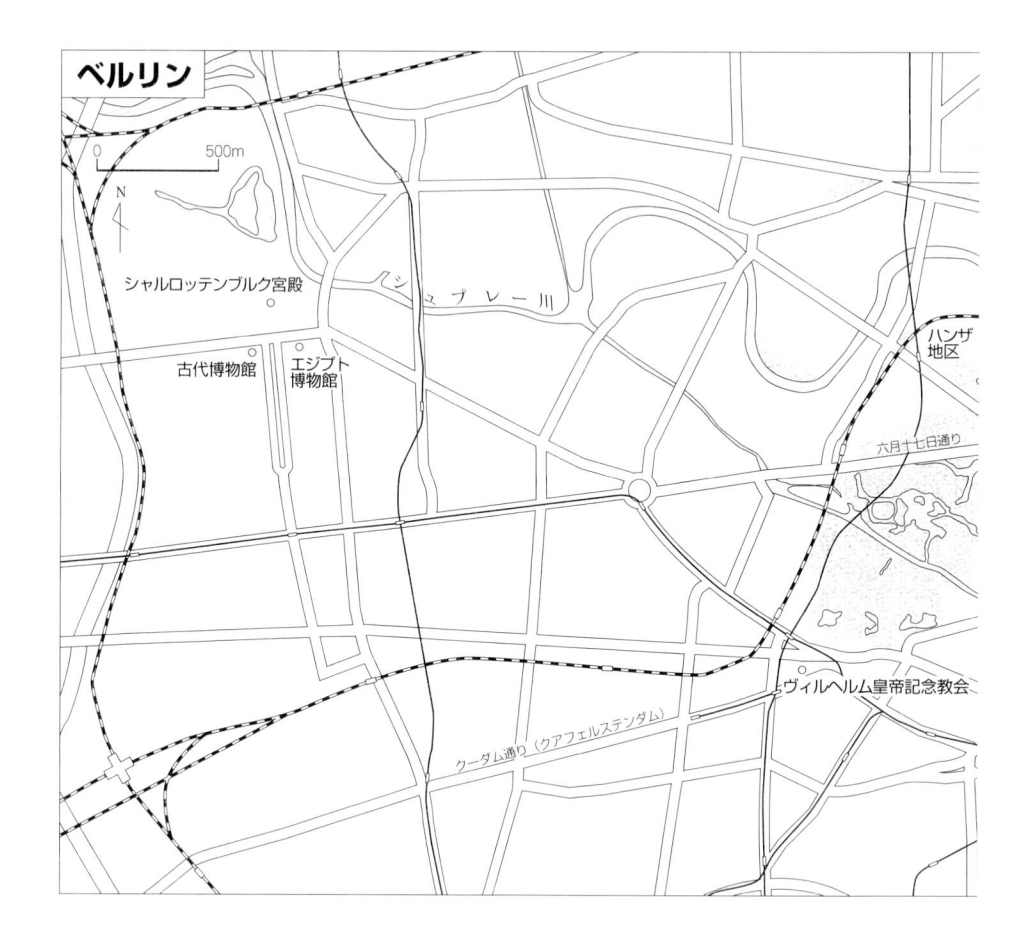

地図中のラベル:
- シャルロッテンブルク宮殿
- シュプレー川
- 古代博物館
- エジプト博物館
- ハンザ地区
- 六月十七日通り
- クーダム通り（クアフェルステンダム）
- ヴィルヘルム皇帝記念教会

プレー河畔に築城を開始した。後年の王宮 **ベルリン城**(シュロス)である。現在は，その跡地に建造された旧東独時代の通称共和国宮殿(バラスト・デア・レプブリーク)(→p211)が心なしか悄然(しょうぜん)と立ちつくしている。選帝侯は1470年に入城，以後ベルリンは，ホーエンツォレルン家の宮廷都市となった。宮廷の移動にともなって多数の芸術家たちも在住するようになる。都市ベルリンの政治的独立性はしだいに弱まったが，経済的文化的繁栄は持続した。

〈宗教戦争の時代〉 選帝侯ヨアヒム2世（在位1535～71）は，高揚する市民たちの圧力に押され，自身の宗教心に反してではあったが，政治的考慮から1539年ブランデンブルクに宗教改革を導入した。

都市ベルリンは，この世紀の末期からペストによる深刻な損害をこうむり，さらに17世紀前半の三十年戦争(→p58)に巻き込まれ，1618年に1万2000人であった人口は戦争終結時までに半減した。大選帝侯フリードリヒ・ヴィルヘルムの外国人招致政策(→p61)は人口の補充という深刻な課題と切り離して考えることはできないであろう。1671年，侯はウィーンから追い出された富裕なユダヤ人50家族をベルリンに招致した。彼らが庞大な財産をもってくることを条件としてであ

上の地図（広域図）

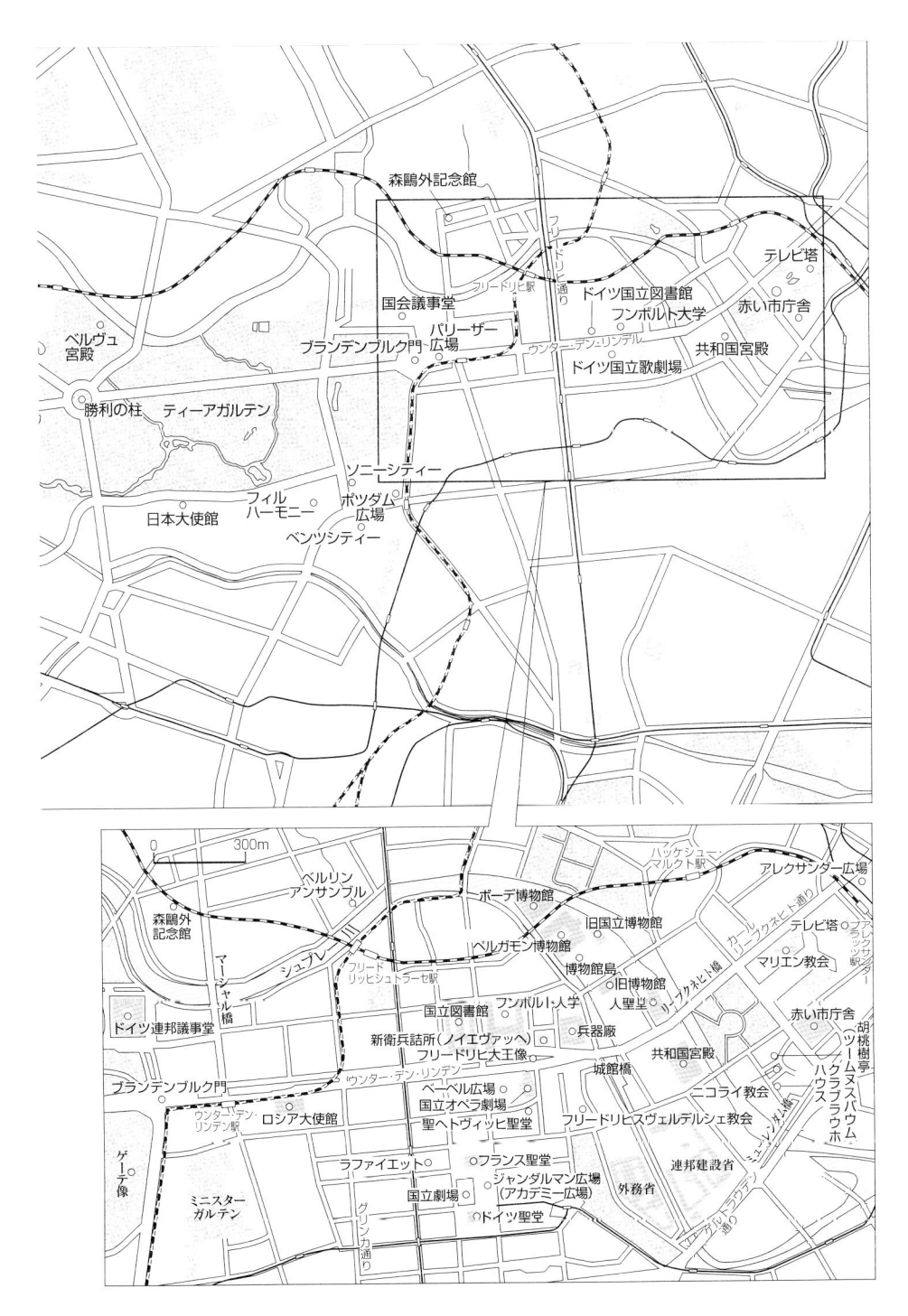

- 森鷗外記念館
- テレビ塔
- 国会議事堂
- ドイツ国立図書館
- フリードリヒ駅
- フンボルト大学
- 赤い市庁舎
- ベルヴュ宮殿
- ブランデンブルク門
- パリーザー広場
- ウンター・デン・リンデン
- ドイツ国立歌劇場
- 共和国宮殿
- 勝利の柱
- ティーアガルテン
- ソニーシティー
- フィルハーモニー
- ポツダム広場
- 日本大使館
- ベンツシティー

下の地図（詳細図）

- 300m
- ハッケシャー・マルクト駅
- アレクサンダー広場
- ベルリン・アンサンブル
- ボーデ博物館
- 森鷗外記念館
- 旧国立博物館
- マーシャル橋
- シュプレー川
- ペルガモン博物館
- テレビ塔
- フリードリッヒシュトラーセ駅
- 博物館島
- カールリープクネヒト通り
- マリエン教会
- 旧博物館
- 国立図書館
- ドイツ連邦議事堂
- フンボルト大学
- 人聖堂
- アレクサンダー広場駅
- 赤い市庁舎
- 胡桃樹亭（ツームヌスバウム）
- ブランデンブルク門
- 新衛兵詰所（ノイエヴァッヘ）
- フリードリヒ大王像
- 兵器廠
- 共和国宮殿
- クラブラウホ
- ウンター・デン・リンデン
- ウンター・デン・リンデン駅
- ロシア大使館
- ベーベル広場
- 城館橋
- ニコライ教会
- ハウス
- ゲーテ像
- 国立オペラ劇場
- 聖ヘトヴィッヒ聖堂
- フリードリヒスヴェルデルシェ教会
- ミニスターガルテン
- ラファイエット
- フランス聖堂
- 連邦建設省
- 国立劇場
- ジャンダルマン広場（アカデミー広場）
- 外務省
- グリンカ通り
- ドイツ聖堂

ホーエンツォレルンの王都と離宮 | 205

った。ユグノー（フランスの新教徒）の受入れも表明（ポツダム勅令）。およそ6000人がベルリンに到着した。ベルリンの人口は25％膨れあがり，地域によってはフランス語がドイツ語を陵駕し，1700年までに，住民5人に1人はフランス人の血筋といわれるほどになった。

大選帝侯の息子，フリードリヒ3世侯は，芸術と学問を好み，侯妃ソフィー・シャルロッテと一緒に活気に満ちかつ知的な宮廷を主宰し，芸術アカデミー（1696年）や科学アカデミー（1700年）を創設した。

〈**プロイセン王国の時代**〉 翌1701年，侯がプロイセン国王フリードリヒ1世となり，ベルリンは新しい国家ブランデンブルク・プロイセンの首都となった。新たな建築ラッシュが始まり，市街の基本的骨格ができたのもこの時代とされる。

つぎのフリードリヒ・ヴィルヘルム1世（軍人王，在位1713〜40）は，質実剛健，父王とは対照的な性格で8万人の軍隊創設に全力を傾倒し，ベルリンの男性の逃亡を妨げるべく市壁をつくったともいわれる。230年ほどのちの，同地の別の政府が人民の逃亡を防ぐために彼のアイディアを盗むことになろうなどとは知るよしもなかった。

軍人王の息子，老フリッツの呼び名で知られた啓蒙専制君主フリードリヒ2世治下のプロイセンはヨーロッパの列強に伍し，王都ベルリンは，軍事・政治の中心であるだけでなく，繊維などの産業都市として，またフランス啓蒙主義の影響を受けた文化都市としても栄え，「シュプレー川のアテネ」と呼ばれるようになる。啓蒙主義の大物，劇作家・評論家のG.F.レシング，哲学者M.メンデルスゾーン（作曲家F.メンデルスゾーンの祖父）などが登場するのもこの時代である。父王治下の1720年には5万6000人とされた人口は，1758年の9万2000人をへて1781年には14万7000人に達していた。

大王なきあとのプロイセンは，18世紀末期のフランス革命への対処に右顧左眄しながら苦吟の時代を過ごす。1806年10月14日，プロイセンの軍隊はフランス軍と戦ってイエーナで敗北，ナポレオン皇帝は同じ月の27日，ブランデンブルク門を通って入城した。ベルリンは以後2年間にわたってフランス軍の占領下におかれる。ナポレオンのベルリン勅令発布もこの時期であった。

〈**解放戦争からドイツ統一へ**〉 19世紀の初頭，対ナポレオン解放戦争の過程でベルリンは，ドイツの国民的昂揚の中心となり，1810年には，その精神的支柱をめざす**ベルリン大学**（現フンボルト大学）も設立された。この世紀の前半A.v.フンボルト（地理学，海洋学），グリム兄弟（言語学），G.W.F.ヘーゲル（哲学，哲学史），F.W.J.v.シェリング（哲学），F.K.v.ザヴィーニ（法学），L.v.ランケ（歴史）などが教鞭をとっている。

ウィーン会議に続く数十年，プロイセンでは啓蒙主義が息をひそめ，保守的なロマン主義が主流となった。その頃ベルリンでは，既制服製造業などを端緒に工業化が進みつつあり，急激な人口増加（1850年には42万人）にともなう社会問題をかかえこむことにもなる。

1848年の三月革命，ベルリンでは一時期民衆側が優勢とみえたが，国王フリードリヒ・ヴィルヘルム4世は，48年11月一時市外に撤退させていた軍隊を王都に投入して支配権を掌握，12月にはプロイセンに上か

らの欽定憲法を与えることで事態を収束した。

〈第二帝政から共和国へ〉　1871年1月，ビスマルク主導の第二帝政のときに，ベルリン（→p76）は統一ドイツの首都として世界の大都会に伍し，世紀末（1900年頃）の人口は200万人に近づいていた。1881年には市電も走り，1902年には最初の地下鉄も開通している。

1918年，第一次世界大戦の敗北を契機にベルリンでも革命運動が始まった。11月9日の午後，社会民主党のシャイデマンが国会議事堂のバルコニーから「ドイツ共和国」を宣言するとほどなくスパルタクス団（のちのドイツ共産党）のリープクネヒトがベルリン城のバルコニーから「社会主義共和国」を宣言するという状況の中で最後の皇帝ヴィルヘルム2世は，翌10日の早朝，スパの大本営からオランダに亡命した。ホーエンツォレルン王朝の終焉である。

ベルリンは引き続きヴァイマール共和国（→p78）の首都であり政治の中心であった（1920年で人口380万人）。文化・社会面では「黄金の20年代」と呼ばれた時期で，ブルーノ・ヴァルターやフルトヴェングラーが活躍し，映画女優マレーネ・ディートリッヒが人気を博した時代。ブレヒトの戯曲「三文オペラ」の初演は1928年であった。キャバレーを中心とするサブカルチャーも活気を呈し，クアフュルステンダム（通称クーダム。のちの西ベルリンの目抜き通り）周辺に映画館，キャバレー，カフェが蝟集（いしゅう）して新しい繁華街を形成した。繁栄の徒花（あだばな）を余所（よそ）に貧困と不満は，すでに1920年代の社会を蝕（むしば）んでおり，世界経済恐慌の煽（あお）りの中で，ベルリンは1932年60万人を超える失業者を数えた。

〈第三帝国と第二次大戦〉　1933年1月30日，ヒトラー政権（当初右翼勢力との連立）が成立。2月27日国会議事堂（ライヒスターク）の炎上，翌28日共産党の事実上の非合法化。3月23日には「全権委任法」の国会通過，社会民主党の非合法化，諸政党の自発的解散と事態は一気に進んでナチスの一党独裁支配が実現した（第三帝国）。ヒトラーはユダヤ色の一掃を主張する「ドイツ・キリスト者信仰運動」を支持しながら新教福音派の教会を「均一化」してナチ国家に組み込もうとするが，ベルリンでは1933年9月ニーメラー牧師を中心とする「告白教会」（ベケントニスキルヘ）の抵抗も生み出した。

1936年ヒトラーのベルリンは第11回国際オリンピック大会を開催，翌37年には「ベルリン700年」（史料初出が1237年）を祝うことになるが，この頃が第三帝国の絶頂期であった。2年のちの1939年9月ポーランドに進入したドイツはそのまま第二次世界大戦に突入，ベルリンはたびかさなる空爆と砲火にさらされ，開戦時の人口435万人は45年の敗戦時には280万人に激減していた。

1945年4月21日，東部戦線150万人のソ連軍がベルリンに到着，25日には全市を包囲，その2日後には旧市の中心部に突入。ヒトラーは4月30日に自殺，首都は5月2日に陥落した。ドイツの正式の降伏は5月7日であった。7月4日にアメリカ軍とイギリス軍が，8月12日にフランス軍がベルリンに進駐した。

〈戦後期のベルリン〉　占領下のドイツ全体がそうであったように，首都ベルリンも米英仏ソ4国に分割され，連合国ドイツ管理理事会（4国の占領軍最高司令官で構成。所在地はベルリン）の管理下に別々に統治されていた。管理理事会は米ソ対立の冷戦状況の中でかならずしもスムーズには運営されず，1948年3月20日の会議を最後に機能

を停止し，連合国のドイツ占領体制は事実上分裂した。

この年の6月20日，西ドイツが，ついで2日遅れて東側占領当局がそれぞれ独自の通貨改革に踏みきり，前者が実質的に優勢な西マルクをベルリンに導入すると，ソ連側は西側占領地からベルリンへのいっさいの通路を遮断して対抗，西側三国軍のベルリン撤退を要求した（「ベルリン封鎖」）。アメリカ（ついでイギリスも加わる）側の15カ月にわたる空輸便（「空の橋(ルフトブリュッケ)」作戦）は延べ27万回を超え，総輸送量は183万tに達したという。

1949年9月にドイツ連邦共和国（旧西ドイツ），10月にドイツ民主共和国（旧東ドイツ）が成立すると，東ベルリンは後者の首都となり，西ベルリンは管理理事会のもとで事実上連邦共和国の一部となった。この時点では東西ベルリン間の交通はまだ自由であり，西側の自由と高賃金に魅せられた東ドイツ人の流出が続いていた（1945～61年の間に300万人ともいわれる）。

〈「壁」の構築と開放〉　1961年8月13日の早暁，東ドイツ政府は，熟練労働者の逃亡を防ぐべく，東西ベルリン境界線の交通を遮断し，22日以降本格的な「壁」の構築を開始した。総延長156kmにおよぶ「ベルリンの壁」は東西対決の象徴となり，28年間ほとんど一世代にわたって無数の家族，親族を引き裂き，そして何よりも東ドイツの人びとの自由を奪ってきた。転機が見えたのは，1989年5月ハンガリー政府が東独人の同国経由西側入りを防いできた旅行協定を停止すると通告してきたときであった。東独政府は旅行制限を強化することで対応しようとしたが，その間ますます多くの東独人が移住を求めて，東ベルリン，ワルシャワ，プラハ，ブダペストの西独総領事館や大使館に集まるようになった。同じ年の9月10日ハンガリー外相がハンガリーとオーストリアの国境を開き，すべての避難民が合法的に西側に出ることを許したことが一つの突破口となり，東独を含む東欧共産主義体制の崩壊も指呼のものと思われる中で，自由を求める市民たちの集会やデモは，東ベルリンでもライプツィヒその他でも澎湃(ほうはい)として盛り上がり，とどまるところを知らなかった。

1989年11月9日，「ベルリンの壁」の開放。貨幣制度（西独マルクに合一）と経済の合体は翌1990年の7月に，政治的再統合は10月3日に実現し，ベルリンは名実ともに新生ドイツの首都となった。10年のちの今日，連邦政府や議会の移転もほぼ完了して新しい飛躍に向かって歩みはじめている。

〈ベルリンの見どころ〉

大都会の歴史散歩は，何週間かけても足りないぐらいであるが，ここでは王都の中心となる旧市街（ほとんど旧東ドイツ地区内）を歩いたあと，西側に回るという順でおもだった見どころを点描するにとどめる。全部は歩けないから，適宜地下鉄（Uバーン）やバスを利用して首都の生活空間も実感していただきたい。

〈ブランデンブルク門からウンター・デン・リンデン〉

ブランデンブルク門は冷戦と「壁」の時代の「分裂の象徴」から一転して「統合のシンボル」となった。この場所には，もともと古い市壁についた簡素な市門（1734年建造）があって税関の役割も果たしていた。

現在に続く市門は，フリードリヒ・ヴィルヘルム2世が18世紀末，王宮建築士C. G. ラングハンスに委ねて建てさせたものに始まる。アテネのプロピュライア（ア

クロポリス神殿の入り口）をモデルにしたギリシア風の壮麗な凱旋門で，ドイツ古典主義の傑作の一つとされる。上部に彫刻家 J. G. シャドー作の「勝利の女神(ヴィクトリア)の駆る四頭立て戦車(クヴァドリガ)」を載せて完成したのが1794年であった。

1806年，クヴァドリガはナポレオンの戦勝記念としてパリに持ち去られ（1814年になってもどされた），「勝利の女神」のかわりにK. F. シンケル（新古典主義の著名な建築家で画家）が解放戦争を想起させる新しいクヴァドリガを製作。樫(かし)の葉をあしらった鉄の十字架とプロイセンの鷲を配していた。

19・20世紀のブランデンブルク門は，つねに大きな軍事パレードや戦勝の凱旋行列の舞台であった。華やかな歓迎レセプションも革命の示威行動（1848年や1918年）もここでおこなわれた。第二次大戦では爆弾や手榴弾で大きく損傷，クヴァドリガも完璧に破壊されたが，1956～58年，東ベルリン当局が市門を修復し，シャドーの「クヴァドリガと勝利の女神」が復活した。

ブランデンブルク門の背後（東側），パリーザー広場(プラッツ)に続いて一直線に延びる1.5kmの**ウンター・デン・リンデン**は，幅60m，4列に菩提樹(ぼだいじゅ)並木の続く豪華な大通り。17世紀中葉，大選帝侯が企画，構成を始め，フリードリヒ1世のときに現在見るような形になった。

ブランデンブルク門を背に東に向かうと，右側に往時の東ドイツにたいするソ連の影響力の大きさを思わせる大きなロシア大使館をながめながら，まもなく**フリードリヒ通り**との交差点に来る。このあたりは大戦前のベルリンでもっとも賑やかなショッピング街であった。街角をちょっと

●ブランデンブルク門のクヴァドリガ

右折し，再統一後いち早く進出した超モダンなデパート「ラファイエット」（フランス系のチェーン百貨店）が目新しい。全館丸みをおびた総ガラスの風変わりな建物で，螺旋(らせん)状の吹き抜け天井などに目を見張るに違いない。先の街角を左に行った「フリードリヒ駅」は，「壁」の時代に検問所のあった所。当時，東ベルリンを訪れるたびに経験した長い行列，厳しいコントロールを思い出さざるをえない場所である。この駅の近くにB. ブレヒトが創建した「ベルリーナー　アンサンブル」などの劇場が並んでいた。ちなみにこの近くには**ブレヒトの住居**や**森鷗外が留学時に住んだ家**があり，現在は**フンボルト大学日本学研究センターの分室**になっているが，見学も可能である。

ウンター・デン・リンデンにもどって少し進むと，今度は左側に**ドイツ国立図書館**。以前のプロイセン国立図書館の建物を転用した。蔵書400万冊という。

その東隣が**フンボルト大学**。本部の建物は元来フリードリヒ2世（大王）が王弟ハインリヒ公（1802年没）のために建てたベルリン宮殿(パレ)（1766年）であった。1810年以降，当時プロイセン改革を主導したW. v. フンボルトらの尽力で創設されたベルリン大学（正式呼称はフリードリヒ・ヴィルヘルム大学。1949年フンボルト大学と改称）が使用し

ホーエンツォレルンの王都と離宮 | 209

●フンボルト大学

ている。校舎前の左手には兄W. フンボルト，右手には弟A. フンボルトの記念碑が見える。

大通り向かい側の**ドイツ国立歌劇場**（日本では通称ベルリン国立歌劇場）は，フリードリヒ大王の頃，大王股肱（ここう）の建築家G. W. クノーベルスドルフが「王立歌劇場」として建設したもの。戦禍をこうむったが，戦後の復旧工事（1952〜55年）でも観客席を除いては伝統に忠実に復元され，1955年9月4日，現在の名称で再開された。

フンボルト大学の前あたり，大通りの真ん中に堂々とそびえる銅像，**騎馬姿のフリードリヒ大王**（→カバー裏）は，1851年プロイセンの時代に建てられ，旧東ドイツ政権下の1950年に撤去され，まだ同じ東独時代の80年11月に再建されて今日にいたっている。同じ社会主義体制内部でも歴史認識の大きな揺れを思わせるエピソードである。

ふたたび左側を歩いてフンボルト大学を過ぎると，**新衛兵詰所**（ノイエヴァッヘ）と呼ばれるやや小ぶりな記念（ないし慰霊）堂と（旧）**兵器廠**（ツォイクハウス）（現歴史博物館）と称するがっしりした建物がある。**ノイエヴァッヘ**は1816〜18年にかけてのシンケルの作。第一次大戦後，戦没者の記念碑に改造され，第二次大戦後は被災の跡を除去し，東独時代の「ファシズムと軍国主義にたいする警告の記念堂」とされていた。現在も戦争の犠牲者たちを思い，また「母親と死せる息子」と題する彫像をのぞきに訪れる人は少なくない。

（旧）**兵器廠**は1695〜1706年，A. シュリューターらの構想に従って建造された。現存するベルリン最大のバロック建築と聞く。旧東独時代には「歴史博物館」として使用され，1789〜1945年の近・現代史にしぼり労働運動や革命運動に焦点をあてた展示を見せていた。再統一ののちの復旧工事では，中国系アメリカ人建築家イム・ペイのデザインで，もともとのバロック建築の上に新しいガラスの屋根をつける構想の仕事が進められており，新しい歴史博物館としてよみがえるはずである。

〈**博物館島**〉 目前のシュロス橋（ブリュッケ）を渡るとほぼ正面に見えるのが共和国宮殿であるが，その前に**博物館島**（ムゼウムスインゼル）に言及しておこう。橋の袂（たもと）を左に曲がって島（シュプレー川の中州）を右手に見ながら少し歩いていただきたい。

この中州は19世紀初頭には税関の倉庫に利用されていた。プロイセン王フリードリヒ4世は，皇太子時代からいだいていた構想——ベルリンの心臓ともいえるこの島に「芸術と学問のアジール（聖域）」を創設しようという——を即位後実行に移した。19世紀末までに華麗な建築物がつぎつぎに出現，とりわけ1871年以降の政治的・経済的躍進の中で，美術作品の充実した，かつ大量の購入がおこなわれた。建物も多数のコレクションともども第二次大戦の犠牲となったが，作品の大半は疎開されていたらしい。40余年かけた修復の結果，大きな被害箇所は除去されて見学も可能になっている。将来は古代に属する芸術作品のすべてをこの島に集める構想と聞いている。島内

の美術館ないし博物館は五つ。

旧国立博物館（ナショナルギャラリー）　建築は1864〜76年のコリント神殿スタイル。古典主義から現代までの絵画・彫刻を収集。1階にF. ゴヤの「五月柱」（メイポール）なども。

旧美術館（アルテスムゼウム）　建物は1824〜30年シンケルの古典主義様式で，ボッティチェリ，グリューネヴァルト，ヴァットー（ワトー）などの貴重な銅版画や素描を所蔵。各種の特別展にも使用されている。

ボーデ博物館　1898〜1904年の建造。古代エジプトの文化・芸術関係を包括的に収集。パピルスのコレクションなども見てみたい。

ペルガモン博物館　1909〜30年の建造。小アジア北西部，ローマ時代の都市ペルガモンの神殿の復元が有名。ほかにイスラム博物館，東アジアコレクション，民族博物館を総合した形で展示。同時にこの分野の重要な学術・研究文献8万冊を数える図書館も備える。中東地域関連の収集品の豊富さでは，ロンドンの大英博物館，パリのルーヴル美術館に肩を並べる。

新美術館（ノイエスムゼウム）　修復再開館の準備中。もともとの建物は1843〜47年，シンケルの建造。「エジプト博物館」（シャルロッテンブルク宮殿の向かい側）と同宮殿内の「先史・原史博物館」を収容する計画と聞く。

シュロス橋は，以前粗末な木造橋のあった場所に，シンケルが建設（1821〜24年）したもの。欄干（らんかん）上の青銅レリーフ・トリトーンやイルカたちが優雅で粋（いき）なシンケル様式にぴったりといった感じでおさまっている。

同じ中州の上でもう一つのぞいておきたいのが**大聖堂**（ドーム）であろう。1894〜1905年，J. ラッシュドルフの手でイタリア盛期ルネサンス様式に建立された。第二次大戦の被爆跡も修復を終え見学も可能。内部は多数の記念碑や石棺が目につくが，中でも地下聖堂（クリュプタ），ホーエンツォレルン家の霊廟は見ておいていただきたい。代々の選帝侯や国王たちの柩がずらりと並んでいる。

●大聖堂

●大聖堂の地下聖堂内ホーエンツォレルン家の霊廟

〈**共和国宮殿周辺**〉　かつてはドイツ・バロックのもっとも優れた傑作の一つに数えられた**ベルリン城**（現，共和国宮殿）の淵源は，選帝侯フリードリヒ2世の小さなお城（15世紀中葉）に遡る。18・19世紀をとおしてブランデンブルク・プロイセン王国の中枢であった。第二次大戦末期，1945年2月3日の烈（はげ）しい空爆で炎上。戦後の1950・51年，当時の東独政権は，その廃屋まで徹底的に爆破して撤去した。パレードのための広場をつくるのが目的とされたが，封建制の残滓を，その最後の一片まで抹消しつくそうとする意思の表明と見る向きが多かった。

跡地に建てられた通称**共和国宮殿**（パラスト・デア・レプブリーク）は，

ホーエンツォレルンの王都と離宮　211

●共和国宮殿

●赤い市庁舎

旧東独の「人民議会(フォルクスカマー)」の会場となり，ときには一部を公的祝祭会場やレストランなどにも使用していたが，建材に使用したアスベスト(石綿。強靱な保温・防火材料として建築に用いられたが，近年吸引による肺癌発生の危険を指摘されて使用を規制された)が問題となり，除去の作業を終えたところらしい。再統一後，建物ないし跡地の使用目的については，侃々諤々(かんかんがくがく)の議論が続いた。正面外観のみ城館を復元し，内部はモダンな設備の建物として，何らかの公的目的に使うというのが目下のところ有力であるが，正式な最終決定にはいたっていないと聞いた。

共和国宮殿の東500mに位置するいわゆる**赤い市庁舎**(ローテスラートハウス)は，もともとこの場所で，13世紀末以来往時のベルリン地区の庁舎であった。現在見るような赤煉瓦になったのは1861～69/70年の建設工事の結果であり，「赤い」には取り立てて政治的な意味はなかった。ネオロマネスクの建物と高さ97mの四角い塔のシルエットがフィレンツェの大聖堂ジョットーの鐘楼を思わせる美しさで当時のベルリンのランドマークとなった。旧東独時代には東ベルリンの市庁舎および市議会会場であった庁舎は，再統一後の現在，ベルリン市政府(セナート)として機能している。正面玄関上部のテラコッタ製フリーズ(帯状装飾)には，読みづらいが，ビスマルクの帝国建設(1871年)にいたるまでのベルリンの編年史が記されている。

「赤い市庁舎」の北500mほどに立つ**マリエン教会**も忘れないようにしたい。最初の教会堂は1270年頃の建立だが，1380年の火災のあとに三身廊ホール型に改造された。ベルリンでは数少ない中世の建造物の一つで，ニコライ教会についで2番目に古いという。最大の見どころは，色あせてはいるが長さ22mもある「死の舞踏(トーテンタンツ)」と題する中世末のフレスコ画。「死に神」が身分を問わず職業を問わず，ありとあらゆる人びとを墓場に導いている光景をリアルに描いた15世紀の傑作。作者不詳とある。その他，A.シュルターによるバロック風の「説教壇」なども注目すべき見どころとされている。

中世の時代，この教会堂の背後には家々が密集していたのであるが，娼家などのある「良くない(フェアルーフェン)」一廓(いっかく)があった。現在は教会の背後に**テレビ塔**が立ち，塔上の展望台から市街を俯瞰できる。

〈ニコライ地区〉 もう一度「赤い市庁舎」を左に見ながら，隣接するニコライ地区(フィアテル)に足を延ばそう。1944年の空爆まではニコライ教会周辺にベルリン最古の家並みが蝟集していた地区である。

●胡桃樹亭

●ニコライ教会

　1987年「ベルリン750年」を契機に中世の町並みの再現を意図したプロジェクトはかならずしも成功したとはいえないが，修復された建物の中には昔の趣を残しているものもある。そのー つ，ベルリン最古のワイン酒場と称する「胡桃樹亭（シュトゥーベ）（ツームヌスバウム）」などで一休みしてベルリン発祥の頃を想うのも悪くないだろう。1571年，当時のケルン地区，フィッシャー通りにできた旅宿兼酒場の一つであった。あるいは「クノブラウホ家（ハウス）」は，18世紀の１市民（絹織物製造業者らしい）の住居であったが，現在はかわいらしい美術館。階下は歴史的な雰囲気のただようワイン酒場になっている。

　ベルリン最古とされる**ニコライ教会**は，1230年頃の建立。後期ロマネスク様式バジリカの教会堂にゴシックの内陣（1379年）が加えられていたが，1380年の大火のあと全面的に煉瓦造りのゴシックに改造された。会堂内部は常設の展示場になっている。市の要人の墓碑を含むバロックの豪華な礼拝所を見せたり，一転，14世紀初頭シトー派女子修道院にあった麻の「断食敷布（フンガートゥーフ）」が展示されていたりで見せどころもなかなかおもしろい。「原初教会堂」や「二重都市ベルリン・ケルン」の模型もよくできていて，それぞれ1220・30年ないし1450年頃のようすを見せてくれる。

〈**アカデミー広場**〉　ベルリン歴史散策の一つのハイライトは，アカデミー広場（プラッツ）（往年のジャンダルマン広場（マルクト））であろう。国立歌劇場の後ろ，ベーベル広場（プラッツ）を横切り，途中フリードリヒスヴェルデルシェ教会や聖ヘトヴィッヒ聖堂（カテドラル）を左手に眺めながら１kmほどの散歩で到着する。

　フリードリヒスヴェルデルシェ教会は，1700年頃に遡る教会堂をシンケルの提案にもとづいて改造したもので，ネオゴシックの煉瓦造り。第二次大戦で被災，現在は外装だけの修復を完了。内部は**シンケル博物館**として関係資料の常設展示場になっている。新装なった外務省玄関ロビーからの眺めが美しい。

　聖ヘトヴィッヒ教会は1783年の建造。丸屋根を冠した外観を含め，ローマのパンテオンをモデルにした部分も多い。1854年まではベルリンではめずらしいカトリック教会であった。

　ジャンダルマン広場（現アカデミー広場）は，３棟の壮麗な建築物トリオにはさまれた方形の広場。広場の西側に国立劇場（旧王立劇場）があり，その両側，広場の北側にフランス聖堂，南側にドイツ聖堂と向か

●フランス聖堂

い合って立っている。広場の真ん中，劇場を背にする白い立像は「シラーの記念像」である。

大選帝侯のポツダム勅令（1685年）に応じてベルリンに移住したユグノーは約6000人に達し，その多くがこの新しい市街地に定着して，地区の発展に大きな貢献を果たした。**フランス聖堂**はこれらのフランス人集団の礼拝所として建立されたもので，1705年に完成した。会堂内の「ユグノー博物館」が，18世紀フランス人新教徒のベルリンの生活や文化への貢献を語っている。

ほぼ同じ頃ドイツ人カルヴァン教徒のために建設された**ドイツ聖堂**（1708年建造。1882・1995年再建）は，再統合後の現在，評判のよかった「ドイツ史〈1800年以降〉特別展——ドイツ史への問い」（以前国会議事堂内に設営されていた）の常設展示場になっている。

国立劇場（シャウシュピールハウス）は1819〜21年，シンケルの手になるユニークな建築。ドイツ人の誇る

●ベルリンとユダヤ人

ユダヤ人たちは，18世紀になると，中世やルネサンス期のように公然と迫害されることはなくなった。しかし，彼らの権利は，フリードリヒ・ヴィルヘルム1世（軍人王）やフリードリヒ2世（大王）の時代でも大きく制限されていた。ベルリンに入るには特定の市門（ローマンタール門）を通らなければならなかったし，職業は金融と商業に限られ，さまざまな名目の税や料金を徴収されていた。いついかなるときでも国土から追われる可能性もあった。

にもかかわらず，ユダヤ人金融業者や商人たちの中には，金融のエフライムや国王の武器を調達した商人イツィヒなどのように，啓蒙主義時代のベルリンの経済界に足跡を残すことに成功した者もいた。

第三帝国下のユダヤ人排斥が空前絶後であり，公職からの排除，財産没収，強制収容から組織的殺戮（さつりく）にいたり，数百万のユダヤ人が殺されたことは記憶に新しいところで，戦後のドイツがその償いに腐心し，誠実かつ賢明に対処してきたこともよく知られている。

戦前のベルリンには13ほどあったシナゴーグの多くはナチの手で破壊されたが，この時代のベルリンにも，私たちの愁眉を開いてくれるちょっとしたエピソードはあった。オラーニエンブルク地区のシナゴーグも，1938年11月9日，それは「帝国水晶の夜」（ライヒスクリスタルナハト）と呼ばれるあの狂気の嵐の一環であったが，SA（ナチの突撃隊）の襲撃にさらされながら，当時の地区警察署長の阻止によって危機をまぬがれ，1943年の空爆で破壊されるまで存続した。

戦後再建された新シナゴーグ正面ファサードの金属プレートがこの警察署長の勇気ある行動を記している。

立派な劇場の一つであったが，近年になってようやく再建され，コンサートホールとして使用されることとなった。

〈ポツダム広場から〉 アカデミー広場の西やや南寄り1.5kmほどのポツダム広場(プラッツ)は，戦前のベルリンの中心であり，当時の首都というものの象徴であった。ヨーロッパでもっとも交通量の多い交差点とされ，1904年には34路線の市電が通過し，26年には世界最初といわれる信号機が設置された。

第二次大戦後，西側地帯とソ連地帯のはざまになった広場は，瓦礫と灰の中に埋もれ，「壁」の構築後は，東西ベルリンをへだてる不気味で巨大な無人地帯と化していた。

広場は，統合後のベルリン再開発プロジェクトの最大焦点の一つとなり，ダイムラー・ベンツやソニーなど世界的な大企業が競って進出を表明，超高層ビルは建てないという前提で広場を2分し，それぞれ特色のある開発を実現しつつある。

広場の北300mほどの所には，ヒトラーの最後の場所となった防空壕が残されている。

〈オラーニエンブルク地区〉 ポツダム広場駅からUバーン（地下鉄）に乗り，オラーニエンブルク門で下車，東へ500mほどの**新シナゴーグ**（ユダヤ人の礼拝堂）も訪れてみたい。1866年，ムーア風ビザンチン様式に建てられたシナゴーグは当時王国最大といわれた。1943年の空爆で破壊されたが，戦後その跡に立派な新しい会堂が建設され，常設展示室を含むユダヤ関連文献センターとして使われている。

通りをさらに500mほど歩いて左に曲がると，古くからのユダヤ人墓地がある。

〈旧西ベルリン地域〉 もう一度出発点のブ

●国会議事堂

ランデンブルク門にもどり，今度は旧西ベルリン内の見どころに眼を転じたい。見どころがやや広く，分散しているので，地図と相談しながら適宜UバーンやSバーンを利用していただきたい。

ブランデンブルク門の西側少し北に，ひっそりと残る何本かの白い十字架の木柱に，「壁」を越えて射殺された犠牲者たち（191人にのぼるとされ，最後の1人は壁の崩壊の9カ月前であった）を偲びつつ目前の**国会議事堂**(ライヒスタークスゲボイデ)にいたる。

1184～94の建立。壮大な盛期ルネサンス様式で当時では「超モダン」ともいえる建物，新帝国（第二帝政）の力と偉大さを象徴する記念碑であった。1918年の「共和国宣言」，33年の部分的炎上を口実とする共産党弾劾，45年，空爆に続くソ連軍による完膚なきまでの破壊という経緯をへて，戦後の東西分裂時代には，真ん中のガラス張り天井を除いて再建され（1972年），西側諸政党の集会や委員会会場などに使われていた。再統合，そして首都の移転によって，正式に連邦共和国の国会議事堂に返り咲いた。1999年には，注目の丸天井も含めて新装なった議事堂は，新しい観光の目玉ともなり，新しいガラス・ドームを訪れる市民たちが，長蛇の列をつくることもある。

国会議事堂の周辺一帯は新首都の政治的

ホーエンツォレルンの王都と離宮 | 215

●首相官邸

中枢となる計画に従って工事が進められており，議事堂の西，北寄りには，すでに新装なった超モダンな**首相官邸**が姿を見せている。議員会館の完成も間近と思われる。

ブランデンブルク門から西に拡がる広大な公園(東西3km，南北1km)**ティーアガルテン**は，昔選帝侯や国王たちの御狩り場であった。100年ほど前に市民たちに開放され，当時のヨーロッパでももっとも美しい公園の一つになった。第二次大戦のさなかと敗戦直後の頃には完全に荒れはて，市民たちの食糧を補う耕地と化し野菜畑となっていたが，1949年頃からあらためて造園を開始，以後100万本を越える若木や灌木が植え込まれ，今日では園内延べ25kmにもなる散歩道は季節の花も開く素晴らしい市民の憩いの場となっている。

音楽ファンなら，そしてもしはじめてのベルリンなら，きっと見たくなるに違いない**フィルハーモニー**は，ティーアガルテンの東南の縁，前出のポツダム広場からわずか500m西に建つ。いうまでもなくベルリン・フィルハーモニー管弦楽団の本拠である。不均整な五角形，黄色いサーカスのテントを連想させる建物(1960〜63年)の内部は，2000席を超える観客席が「葡萄山を登るように」(設計者)中央の楽団席を回りながらあがってゆくように設計されている。主席指揮者にちなんで「カラヤンのサーカス」と呼ぶ愛称もあった。

公園の南に接する通りには**日本大使館**がある。この一等地の豪奢な建物は日独同盟時代の産物。第二次大戦後，長い間廃屋であったのが修復されベルリン日独センターとして文化や経済の交流の場として使われていたが，ドイツの再統一，首都移転にともなって大使館に復帰した。

ティーアガルテンを東西につらぬく大通りは，1953年(「壁」の構築の8年前)のその日に東ベルリンで起こった労働者の反政府運動にちなんで，**六月十七日通り**と名づけられた。通りはブランデンブルク門を通ってウンター・デン・リンデン通りにつながっており，王宮(現共和国宮殿)に達していた。十七日通りの真ん中より西寄り，道路中央にそびえる**ジーゲスゾイレ**(「勝利の柱」の意)は，(第二次)シュレスヴィヒ・ホルシュタイン戦争(1864年)，普墺戦争(1866年)，普仏戦争(1870·71年)の勝利を記念して1873年に建てられた。19世紀ドイツの自意識と統一願望の表明であった。晴天なら285段の螺旋階段を登って大ベルリンの遠望を試みるのも悪くないであろう。

ティーアガルテンの西端，六月十七日通りの北側に位置する**ハンザ街区**(フィアテル)は，大戦中の空爆で瓦礫の山と化した跡地に理想的なモデル市街をつくろうとした試み。1957年，国際コンクールの形で世界の13カ国から48人の著名な建築家を集めて自由な設計，建設を競わせた。家族用の一戸住宅もあれば，高層の集合住宅(W.グロピウスの作品が有名)もあり，新旧両派の教会，学校，図書館，レストラン，商店，映画館，地下鉄の駅(Uバーン⑨「ハンザ広場駅(プラッツ)」)までそろっている。まだ，戦後まもない時期，都市・住宅街開発の好例として当時の建築

家や都市工学者たちの注目を引き，新しい衛星都市のモデルとなった。

ハンザ市街区の東隣，六月十七日通りからも見える瀟洒な**ベルヴュ宮殿**(シュロス)は、1785年，フリードリヒ大王の末弟フェルディナントのために建てられ，第一次大戦前までは，もっぱらホーエンツォレルン家の王子たちの住居であった。1918年以降博物館，1938年からは政府のゲストハウス，戦後の修復(1954年)をへて連邦共和国大統領の執務室となった。

ベルヴュ宮殿からシュプレー川を２km余り下ると，**シャルロッテンブルク宮殿**。今日のベルリンで最大かつもっとも美しい宮殿とされる。ブランデンブルク選帝侯フリードリヒ３世(1701年以降初代プロイセン王フリードリヒ１世)が侯妃ソフィー・シャルロッテのために1695～99年に建造した。1701～12年に増築，真ん中の丸天井と「幸福の女神フォルトゥーナ」像はこのときにつくられた。後年(1740～43年)フリードリヒ大王がクノーベルスドルフに命じて東の張出し部分を増築させている。宮殿正面の中庭に立つ騎馬像は，A. シュリューター作の大選帝侯の勇姿である。

この宮殿には現在二つの博物館が入っている。一つは**先史・原史博物館**(ムゼウム・フュア・フォア・ウント・フリュ・ゲシヒテ)で，ヨーロッパの石器，青銅器，鉄器時代と近年のベルリン地域の発掘出土品が，他方の**工芸博物館**(クンストゲヴェルベムゼウム)には，ヴェルフェン家の宝物，カロリング時代やロマネスク期の教会の宝物，ゴシック時代の絵模様入り壁掛け(初期～中世)，リューネブルクの銀器，イタリア・スペインのマジョリカ焼陶器(ルネサンス期)，象牙製の容器類(バロック時代)(→p196)が，そして20世紀ではユーゲント様式(シュティール)(20世紀初頭ドイツの反伝統的造形芸術)な

●シャルロッテンブルク宮殿

どもあり，初期・中世から現代にいたるヨーロッパ手工業製造の流れを概観することができる。

シャルロッテンブルク宮殿の正面，大通りを隔てた向かい側には**古代博物館**(アンティーケンムゼウム)と**エジプト博物館**(エギプティシェスムゼウム)がある。前者は西暦紀元6世紀にいたる小アジア，ギリシア，エトルリア，ローマなどの工芸品，装身具，ガラス製品などを，後者は前５世紀からローマ支配の時期までの主としてナイル渓谷の出土品を展示している。最大の貴重品は1912年に発見された「ネフェルティティ女王」の胸像(西暦前1350年頃，高さ48cmの石灰岩製)。パピルスのコレクションも見のがせない。

クアフュルステンダム(通称クーダム)は，東西分立時代旧西ベルリン一番の賑やかで優雅な大通り，そして高級品のショッピング街でもあったが，現在もその様相は続いている。この地はかつて沼沢地であり，ホーエンツォレルンの選帝侯たちがシュプレー中州の宮殿からグルーネヴァルトの御狩り場や狩猟館に騎行，あるいは馬車で出かけるときのために丸太道が設けられているだけであった。ちなみにクアフュルステンダムというのは，「選帝侯の車道」ないし「築堤」といった意味である。19世紀も末期，1886年になってビスマルクの提起でようや

●ベルリン自由大学

く丸太道から道路(シュトラーセ)にさま変わりしたという。

クーダムの東端，戦後ベルリンのランドマークの一つとなったヴィルヘルム**皇帝記念教会**(カイザーゲデヒトニスキルヘ)は，ネオロマネスク様式，1891～95年の建立。第二次大戦で大きく損傷。修復保存か完全撤去(新築)かをめぐる多年の議論ののち，鐘楼は反戦の記念碑として新しい教会建物群の中心に損傷の姿のまま残されることが決定された。1959～61年に建設された超モダンな新会堂は八角形の中央礼拝堂とその東の小礼拝堂，そして北東側六角形の塔で構成されている。廃屋の鐘楼から聞こえる鐘の音のメロディーはプロイセン公子ルイース・フェルディナント(1772～1806)の作曲と聞く。

ベルリンの南西部，緑地も多い住宅地の中にある**ダーレム美術館**(Uバーン「ダーレムドルフ駅」下車)は，戦時中の疎開からもどった膨大な絵画，彫刻などのコレクションを収蔵した。館内には絵画，彫刻，銅版画などのほか，東アジア，インド，イスラム美術の部門もあり，さらに「民族学博物館」なども入っている。絵画部門は，13～18世紀ヨーロッパ美術絵画史のすばらしい概観を与えるような展示になっている。A. デューラー，A. アルトドルファー，H. ホルバイン，L. クラナッハなどおなじみのドイツの画家たちのほか，J. ヴァン・ダイク，P. ブリューゲル，ルーベンス，レンブラント(ネーデルラント)，ボッティチェリ，ラファエロ，テッツィアーノ(イタリア)，N. プーサン(フランス)，グレコ，ゴヤ(スペイン)などなど。

ダーレム地区には**ベルリン自由大学**(フライエウニヴェルジテート)の学部，研究所なども点在している。ベルリンの分裂ののち1948年に創建。工学部や美術，音楽の実技部門を除くすべての専門領域を含む。初代学長は歴史家のフリードリヒ・マイネッケ(1954年没)であった。1950～54年，ヘンリー・フォード財団の援助で，新しい本部，大講堂，塔のような形の図書館なども完成した。ヘンリー・フォード会館(写真)では2000年の春，韓国の金大中大統領が南北の融和と平和を訴える講演をおこなって話題となった。なお旧西ベルリン地区にはベルリン工科大学，造形美術大学，音楽大学などもあり，多くは前記のクーダム近くに集まっている。

ポツダム　Potsdam

ポツダムは，ハーヴェル川(エルベの支流)に連なる湖沼に面して発展した町で，現在はベルリンを取り巻く形のブランデンブルク州の州都。ベルリンの南西に隣接する人口14万人ほどの中都市，教育学部を中心とした大学の所在地でもある。

都市は1411年から自治権を得たが，近世以降ホーエンツォレルン家の君主たちの宮殿や離宮の所在地として，かつ王国軍隊の駐屯地として特徴づけられてきた。

1685年，晩年の大選帝侯がユグノーの受入れを表明したのも当地においてであったし(「ポツダム勅令」)，フリードリヒ大王は(→p64,204)有名なサン・スーシをはじめ，いくつもの宮殿を残した。年配の読者なら，敗戦ドイツの占領政策の大筋を定めるとともに日本

の無条件降伏を要求した1945年8月のポツダム宣言が真っ先に脳裏に浮かんでいるに違いない。

〈ポツダム旧市街〉　時間が許せば，旧市街内部の散策もお勧めしておきたい。まず心臓部，オベリスクの立つちょっと優雅な**旧マルクト広場**（アルターマルクト）から。東側の**旧市庁舎**（アルテスラートハウス）は1753年の建設。現在は階上がアート・ギャラリー。広場の南，ランゲ橋の手前の柱の断片は，大選帝侯の宮廷であった**市内宮殿**（シュタットシュロス）の廃墟。G. W. クノーベルスドルフが改築している。おそらくヴォルテールがここに起居した。**ニコライ教会**は，先行の会堂が1795年に焼失したあと，シンケルの計画に従って弟子たちが改造した（1850年頃）。円屋根と四つの隅の塔は1843〜49年の増築。会堂内部は大きく，やや寒々としている。

旧市街の西門バロックの**ブランデンブルク門**は1770年頃の建造で，同名のベルリンのそれよりも古い。ちなみにポツダム最古の市門は，1733年建造の**イェーガー門**である。この門から南に50m先左側角が往年の**衛兵本部**（ハウプトヴァッヘ）。トスカーナ風の柱に支えられたアーチが目印。もう300m歩いた左側，バロックの**廃兵院**も見どころの一つとされる。

旧市街地南西の外郭，**モスク**（モシェー）と呼ばれる建物は，1842年フリードリヒ・ヴィルヘルム4世の時代に宮殿の水道施設用蒸気ポンプを入れるために建造されたもの。当時，芸術と工業の素晴らしい融合と，喝采を博した。フリードリヒ大王の時代にはできなかった宮殿の噴水作動にはじめて成功したのであった。

市街地の真ん中あたり**オランダ人街区**（フィアテル）と呼ばれる通りは，大選帝侯が17世紀にオランダから誘致した手工業職人たちが建設した特色ある町並み。近世プロイセンの移民受入れ政策を想起させる見どころとして示唆しておきたい。

〈サン・スーシ庭園〉　ブランデンブルク門を出て西へ500mほど，サン・スーシ庭園東南隅の**平和教会**（フリーデンスキルヘ）は1854年に竣工，そのたたずまいを好んだフリードリヒ・ヴィルヘルム4世王の霊廟となった。

ポツダムを訪れて**サン・スーシ宮殿**（憂いなき宮殿）を逸することはできない。フリードリヒ大王がこよなく愛し，その晩年を最後まで過ごした離宮である。学者たちや芸術家たちとの交遊を楽しんだこともよく知られている。城館の建設は，大王治世の初期，1745年に開始され，大王お気に入りの建築家クノーベルスドルフの設計に従って1747年には完成していた。大きくはないがロココ風平屋建ての華麗な宮殿である。

北側正面の**広場**（エーレンホーフ）（往時はここが迎賓の場であった）からは，環状の列柱の間から「人口の古代遺跡」を遠望できるようになっている。遺跡の丘の先に見える貯水池は，噴水施設の給水用であったが，それ自体は風車のポンプで満水にしなければならず，水管の故障に対処できる人員も不十分で，大王の時代には噴水の飛沫を楽しむことはなかった。

宮殿内部の点描――**玄関ロビー**（フォアハレ）は，飾り気はないがグレーと金色を基調とする風格のある装飾。扉にバッカスの祭を描く。つぎの**小画廊**（クライネガレリー）には18世紀のフランス絵画が飾られている。暖炉の上には大王と王弟ハインリヒの胸像がある。**図書館**（ビブリオテーク）は精神を集中できるように設計された丸い部屋。家具の中心は書棚であり，ただ一つの扉さえも

通り抜けて閉じるとそれが書棚となる。大王がもっともくつろげた部屋とされる。

老フリッツの寝室兼書斎は，後年，フリードリヒ・ヴィルヘルム2世王がネオ・クラシック風に改装させた。王の家族の肖像，大王の仕事机と安楽椅子（大王はこの中で息絶えた）が置いてある。**音楽室**はプロイセン・ロココの素晴らしい傑作で大王お気に入りの部屋。自らもフルートを奏する大王は，この部屋でしばしばコンサートを催した。**謁見の間**（アウディエンツザール）の天井や壁にはギリシアやローマの神話が描かれている。

中央丸屋根部分の下にあたる**大理石の部屋**（マルモルザール）は，大きな窓のついた扉がテラスに面していて明るい。シュレジエンやカラーラからもたらされたという大理石の床がみごとである。大王の招待による「**哲学の円卓**」（フィロゾーフィッシェ・ターフェルルンデ）がここで開かれた。室内にはリシュリュー（17世紀フランスの名宰相）の彫像，スウェーデン王カール12世の胸像のほか，音楽，建築，天文学，絵画を寓意した石膏像などが見える。いくつかの**客用寝室**（ゲステツィマー）のうち，ヴォルテールの部屋はよく保存されている。やや明るい黄色の壁面にこの地の花鳥，果実などの自然を描いて魅惑的。哲学者の胸像のレプリカも見える。もっともヴォルテールは，実際には市内の城館で寝起きしていたらしい。

290haという広大な**サン・スーシ庭園**は，それ自身素晴らしい歴史散策の博物館。時間が許せば，宮殿を出たあともガイドマップを手に新しい発見を楽しんでいただきたい。

宮殿のすぐ東に「大王と愛犬たち」のちょっとめずらしい墓地があるのでとりあえずお見落としなく。隣接する**絵画館**（ビルダーガレリー）は，1764年にクノーベルスドルフの後継者の手で完成したドイツ最初の絵画専門の美術館。ルーベンス，ファン・ダイクなどフランドル，オランダ，イタリアの名画124点を収蔵。すべて大王が購入したコレクションという。

宮殿の西，絵画館と対称の位置に一組の**新所蔵庫**（ノイエカメルン）と呼ばれた建物がある。1744年の完工，柑橘類用温室（オランジェリー）や客用寝室として使用された。ロココ風の明るい内装，調度が魅

● **大王の帰還と愛犬たち**

生前から願望どおりサン・スーシの大地に葬られていたフリードリヒ2世大王の遺体は，1943年連合軍の空爆を避けるべく，父祖の故地南独シュヴァーベンのホーエンツォレルン城に移された。戦後冷戦体制の中でポツダムが属した民主共和国（東ドイツ）の歴史認識は，大王の評価をめぐっても微妙に揺れ動いたが，いずれにしても単純に柩（ひつぎ）をもどせる状況ではなかったのであろう。

再統一なった翌年（1991年），半世紀に近い疎開からやっと帰還した大王の石棺の前には5万を数える人びとが集まった。大王は今ようやく願いかなって，愛犬たちと一緒の墓地（王の命令で，宮殿脇のテラスに生前から用意されていた）に安らかに眠っている。

● フリードリヒ大王と愛犬の墓

力的。オウィディウス(古代ローマの詩人)『メタモルフォーゼス(変身物語)』を描き込んだ腰張りから「オウィディウスの間」と呼ばれている広間は，グリーンと白の大理石の床が美しい。「碧玉の間」の胸像やマイセン窯の磁器製小像なども眼を楽しませてくれる。

サン・スーシを訪れる誰しもが目にする巨大な風車——歴史の風車(ヒストーリッシェ・ミューレ)は，かたかた音を立てるのが気になって操業をやめるか移転するように脅したり賺(すか)したりしたが，先住者の権利を主張して肯(がえ)んじない風車小屋の主人との係争を裁判に持ち込んだフリードリヒ２世王が敗訴するという啓蒙法治国家のありさまと大王の人柄を示すエピソードを語るサン・スーシの風物詩。

サン・スーシ宮殿から２km足らず，大庭園西端の新宮殿(ノイエスパレー)は，七年戦争(1756〜63年)(→p65)を戦い抜いた大王がプロイセンの余力を誇示すべく建設させたといわれる。工事は，君主自ら「ファンファロイド(ほら吹きの自慢)」と称しているのであるが，何千もの手工業職人たちに仕事を与えて1769年に完成。国王家族の夏の離宮となった。ポツダム最大の建造物であり，部屋数200を超えるという。

貝殻や化石を壁や天上にはめ込んだロココ調の「洞窟の間」(グロッテンザール)，白の大理石を使い天上フレスコ画が美しい大宴会ホールの「大理石の間」(マルモルザール)，毛皮製品がずらりと壁にかかる「狩猟部屋」(ヤークトカマー)などが見どころとされる。南端翼部の「城内劇場」では，現在毎週末にクラシック演奏会が開かれている。

新宮殿向かい側の建物は，もともとは宮殿のための調理場であり，召使いたちの宿泊所であったが，現在はポツダム大学の一部になっている。

●ツィツィーリエンホーフ

〈ツィツィーリエンホーフ〉 サン・スーシ宮殿の北東４km足らず，ユングフェルン湖に臨む城館ツィツィーリエンホーフはホーエンツォレルン朝最後の離宮。皇太子と皇太子妃ツィツィリエの城館として第一次大戦末期の1917年に建造された。部屋数は100を超す豪奢でしかし静謐(せいひつ)なイギリス風，皇太子の部屋は彼の好みに合わせて船室と同じ窓をつくり，調度も合わせるなど，さまざまな趣向を凝らしている。林立する煙突も一つとして同じ形はないと聞いた。

現在は若干の改装を加えて高級ホテルになっているが，三巨頭の会見場となった「白の間」(ヴァイサーサロン)や米・英・ソ連それぞれの代表国の協議の部屋のほか皇太子の元私室は公開されている。

ポツダム会議はドイツ降伏から２カ月たった1945年７月17日から８月２日まで継続，英のチャーチル(イギリス総選挙で敗れ途中でアトリーに交替)，米のトルーマン(ローズベルトはこの年の４月に死亡)と１日遅れて到着したソ連のスターリンの３首脳による厳しい応酬をへて戦後ドイツの処理案を決定した。もっとも対独戦の重要な当事国フランスがはじめから加わっていなかったことや，占領支配がすでに進行中であったために，かならずしも協定どおりには実施されず，東西ドイツの分立にいたった経緯はよく知られている。

スターリンが遅れたのは軽い心臓発作のゆえであったが，それよりも彼が飛行機で行くことを好まず，完全装甲の鉄道車両を使った故であった。走行ルートはもちろん極秘であったが，1kmごとにソ連兵に監視させていたと伝えられる。

■参考文献

1　お勧めする本

相原恭子『ドイツここが見たい！10都市紀行』東京書籍　1999
池内紀監修『ドイツ』（読んで旅する世界の歴史と文化）新潮社　1992
魚住昌良『ドイツの古都と古城』山川出版社　1991
坂井榮八郎『ドイツ歴史の旅（増補）』　朝日新聞社　1986
永松栄『ドイツ中世の都市造形──現代に生きる都市空間探訪』彰国社　1996
S．ハフナー（魚住昌良監訳，川口由紀子訳）『プロイセンの歴史』東洋書林　2000
若月伸一『ドイツ古城街道物語』グラフィック社　1997
　など

2　主要参考文献

Nordbayern (Reisehandbuch v. Baedeker), Hamburg/München, 1952.
Köln und das Rheinland (Reisehandbuch v. Baedeker), Hamburg, 1953.
Südbayern (Reisehandbuch v. Baedeker), Freiburg/München, 1958.
Gebhardt (hrsg.), *Handbuch der deutschen Geschichte*, Bd.1, München, 8.Aufl., Stuttgart, 1954.
H. Rössler u. G. Franz (hrsg.), *Sachwörterbuch zur deutschen Geschichte*, München, 1958.
Handbuch der Historischen Stätten Deutschlands, Bd.1-11, Stuttgart, 1964-75.
Bosl, Franz, Hofmann (hrsg.), *Biographisches Wörterbuch zur deutschen Geschichte*, Bd.1-3, Munchen, 1973-75.
Knaurs Kultur Führer in Farbe Deutschland, München/Zürich, 1976.
Lexikon des Mittelaltes I- , München/Zürich, 1980-
A. Schulte-Peevers, *Lonely Planet Germany,* 2nd ed., Melbourne/Oakland/London/Paris, 2000.
The Green Guide Germany, Michelin, Clermont Ferrand, 2000.
林健太郎編『ドイツ史（増補改訂版）』（世界各国史8）山川出版社　1991
木村靖二編『ドイツ史』（新版世界各国史13）山川出版社　2001
瀬原義生『ヨーロッパ中世都市の起源』未来社　1993
成瀬治・山田欣吾・木村靖二編『ドイツ史1』（世界歴史大系）山川出版社　1997
H．ロイン編（魚住昌良監訳）『西洋中世史事典』東洋書林　1999
　など

■人名索引

●ア行

アインシュタイン	129
アインハルト	19
アルクィン	17,19
アルトドルファー	133
アルブレヒト2世	164
アルブレヒト熊伯(ブランデンブルク辺境伯)	164
アルブレヒト・フォン・ブランデンブルク=アンスバッハ(プロイセン公)	48
ヴァーグナー	54,86,117,137,142,143,179
ヴァレンシュタイン	58,175,181
ウィクリフ	118
ヴィルヘルム1世	76~78,95,99
ヴィルヘルム2世	77
ウェーバー	122
ヴォルテール	64
エック	130,139,174,177
エーベルハルト(ロートリンゲン)	23
エーベルト・ルートヴィヒ	63
エラスムス	127
オットー1世(大帝)	7,23~25,96,108,144,150,181,185,187~190
オットー2世	25,28
オットー3世	19,25,188
オットー・フォン・ヴィッテルスバッハ	135
オットー・フォン・ブラウンシュヴァイク	44
オットー・フォン・ゲーリケ	190

●カ行

カエサル	11,82,88,119
カール1世(大帝、シャルルマーニュ)	7,10,17~20,23,81,93,95~97,111,117,159,189,191,199~201
カール4世	20,42~44,98,107,155,157
カール5世(カルロス1世)	50,51,53,118,119
カール7世	70,141
カール・マルテル	16,93
ギュンター(シュヴァルツブルク伯)	44
キリアン	159
キルデリク3世	16
グーテンベルク	48,108,109
グリム兄弟	206
クローヴィス	15,81,92,97,107
ゲーテ	110,114,122,124,152,175,176
ケプラー	133
コンスタンティウス1世クロルス	101
コンスタンティヌス1世	101
コンラート1世	7,21~23,43
コンラート1世(大公、ツェーリング家)	123
コンラート2世	25,119,120
コンラート3世	29,43,150,154
コンラート4世	42

●サ行

ザヴィーニ	206
ジギスムント	122
シーボルト	163
シャガール	109
シャルルマーニュ →カール大帝	
シャルル2世(禿頭王)	20
シェリング	206
シンケル	202,209~211,213,214,219

●タ行

タシロ3世(バイエルン)	17
タキトゥス	9,11,12
ティリー	123,139,150,151
デューラー	156,158

●ナ行

ナポレオン	72~75,86,163,175,191,206

●ハ行

ハイネ	86,87,198
ハインリヒ1世(鳥刺王)	7,22,23,43,185,187~189
ハインリヒ2世	25,99,135,144,159
ハインリヒ3世	25,26,120,153
ハインリヒ4世	25,26,29,33,108,118~120,171,188
ハインリヒ5世	29,120,150
ハインリヒ6世	41
ハインリヒ獅子公	30~33,44,120,135,159,181,193,197
バッハ	66,67,169,170,175,177,195
ビスマルク	10,76~78,142,207,212
ヒトラー	78,207,215
ピピン2世(中ピピン)	16
ピピン3世(小ピピン)	16,17,159
フィヒテ	175
フィリップ(シュヴァーベン大公)	43
フェルディナント2世	58
フス	48,50,174
ブラームス	193
フランツ1世	70
フランツ2世	10
フリードリヒ1世(バルバロッサ、赤髭王)	19,30,32,33,41,94,96,97,111,120,135,150,154,159,191
フリードリヒ2世(神聖ローマ帝国)	41,42,46,108,112,148,154,194,211
フリードリヒ2世(大王)	64~69,71,203,206,209,210,214,217~220
フリードリヒ3世(賢公)	52,54,165,178,179
フリードリヒ3世(第二帝政皇帝)	77,116
フリードリヒ3世(ハプスブルク家)	158
フリードリヒ3世(美王)	98,106
フリードリヒ3世(プロイセン王1世)	61,206
フリードリヒ5世(ボヘミア王)	123

224

フリードリヒ・アウグスト	60
フリードリヒ・アウグスト1世強王（アウグスト2世）	
	61,183,184,186,187
フリードリヒ・アウグスト2世（アウグスト3世）	
	183,184
フリードリヒ・ヴィルヘルム（大選帝侯）	61,203,204
フリードリヒ・ヴィルヘルム1世（軍人王）	206,214
フリードリヒ・ヴィルヘルム2世	72,208,220
フリードリヒ・ヴィルヘルム4世	202,206,219
ブレヒト	207
ヘーゲル	206
ヘッセ	26,27,127
ベートーヴェン	98
ベーハイム	156
ベーベル	170
ヘルマン（アルミニウス）	14,82,189
ヘルマン・フォン・ルクセンブルク	168

●マ行

マクシミリアヌス	101
マクシミリアン1世（バイエルン大公）	136
マクシミリアン1世（ハプスブルク家）	118,147
マクシミリアン2世	112
マクシミリアン4世（マックス・ヨーゼフ）	136
マリア・テレジア	69～71
マルクス（カール）	104,178
マン（トーマス）	193,195,196
ミュンツァー	55,180,181
メッテルニヒ	74～76
メランヒトン	118,165～167
メンデルスゾーン	206
モーツァルト	148
森鷗外	143,209

●ヤ行

ヨーゼフ2世	70,71
ヨーハン・ジギスムント	61
ヨーハン・フィリップ・フォン・シェーンボルン	
	60,108

●ラ行

ライプニッツ	175
ランケ	206
リープクネヒト（ヴィルヘルム）	170
リーメンシュナイター	53,152,160,162
ルター	49,50,52～57,60,66,116,118,
	122,125,130,164～171,173,174,177～180
ルートヴィヒ1世	136,139
ルートヴィヒ1世（敬虔帝）	20,111,191
ルートヴィヒ2世（ドイツ人王）	20,111
ルートヴィヒ2世（バイエルン）	77,137,142,143
ルートヴィヒ3世（プファルツ伯）	122
ルートヴィヒ4世（幼童王）	21
ルートヴィヒ4世	42,44,106,107,112,137,148,155
ルードルフ1世	42,150,154
ルードルフ・フォン・シュヴァーベン	171

ルプレヒト1世（プファルツ伯）	122
レシング	206
レントゲン	163
ロタール1世	20,22
ロタール・フランツ・フォン・シェーンボルン	
	109

■事項索引
(本書で取り上げた見出しページは太字になっている)

●ア行

アイスレーベン	164,**167**
アイゼナハ	164,**169**
アウクスブルク	21,131,132,137,**144**,164
アウクスブルクの宗教和議	57,145
アウストラシア	16
アスカニエル家	164,165,203
アーヘン	17,19,22,23,29,43〜45,70,**95**
アルザス →エルザス	
アレマン	8,15,144,148
インゴールシュタット	**129**,139
ヴァイカースハイム城	62
ヴァイマール	78
ヴァルトブルク(城)	54,55,142,164〜166,**178**
ヴィース教会	62,**141**
ヴィスビー	46
ヴィッテルスバッハ家	42,56,60,98,122, 129,135,140,154,155,203
ヴィッテンベルク	49,**164**,174
ヴェストファーレン(王国)	73
ヴェストファーレン(ウェストファリア)条約(体制) 17,58,59,61,123,124,190
ヴェッティン家	44,56, 60,165,174,179,181,183,185
ヴェルフェン家	29,30,41, 43〜45,120,122,135,197,199
ヴォルムス	45,54,81,**117**,131,164
ヴォルムスの帝国議会(勅令)	54,118,178
ヴュルツブルク	53,60,**158**
ヴュルテンベルク	63,73,129
ウルム	**128**
エーベルバッハ修道院	**105**
エルザス(アルザス)	14,27,42,58,123,**124**
エルフルト	**171**
エーレンブライトシュタイン城(コブレンツ)	99
オクトーバーフェスト	9,**135**

●カ行

カウブ	106
『ガリア戦記』	11,14
カルフ	26,127
カールスルーエ	27
カロリング(家,朝,帝国)	7,16〜19,21,22,33,40, 81,93,105,111,117,159,189
金印勅書	20,43,44,107
クヴェトリンブルク	23,**186**
クサンテン	**82**
クロンベルク	**116**
ケーヴェラー	84,141
ケルト(人)	117,120,130,134
ゲルマニア	15,82,83,90,110

『ゲルマーニア』	9,11,12,110
ケルン	35,38,39,43,45,81,83,**88**
ゴスラール	32
コブレンツ	81,**99**,106
コルマール	**124**
コンスタンツの宗教会議	48

●サ行

ザクセン(王国・朝)	7,25,118,135, 150,181,183,184,187,189
(人・地方)	8,15,17, 22〜24,32,43,44,60,112,179
(選帝侯・大公・公)	22,30,44, 52,56,70,164,181,183,197
ザクセン・ヴェッティン家	185
ザリエル朝	25,26,29,43,118, 119,150,153,168,179,181,188
ザールブルク	**116**
サン・スーシ宮殿	68,203,219
シェーンボルン伯家	160
シャウエンブルク家	179,191,193
シャルロッテンブルク宮殿	198,217
シュヴァーベン	22〜24,28,129,202,203
シュヴァーベン(都市)同盟	46,129
シュヴァルツヴァルト(黒い森)	123,127〜129
シュタイヤーマルク	
シュテッティン	
シュタウフェル(家,朝)	29,33,41,43,108 111,118,119,128,150,154,188
シュトラスブルク(ストラスブール)	20,38, 45,81,**124**
シュトゥットガルト	8
シュパイアー	81,**119**,131
シュマルカルデン	171
シュマルカルデン戦争	60,169
シュマルカルデン同盟	171,190
シュレジエン	70,174,220
シュレスヴィヒ	23
シュレスヴィヒ・ホルシュタイン	196

●タ行

『タンホイザー』	179
タンネベルクの戦い	48
ツェーリング家	45,123
ツヴィンガー宮殿	61,183
ディンケルスビュール	**149**
テューリンゲン	8,15,17,23,167,179,183,185
デュッセルドルフ	**86**
ドイツ騎士修道会(ドイツ騎士団)	46,99,112
トイトブルク	14,82
トゥルネー	**97**
ドナウシンゲン	127
トリーア	12,13,43,52,81,**100**
ドレスデン	44,60,61,**183**

●ナ行

ナチス	10,78,79,137,160,207
ニーデレ街道	174
『ニーベルンゲンの歌』	86,117,139
ニュルンベルク	36,43,45,132,**153**
ニンフェンブルク城	140
ネアンデルタール渓谷	87
ネウストリア	16
ネルトリンゲン	35,**148**
ノイシュヴァンシュタイン城	142
ノイス	81,**87**

●ハ行

バイエルン（人・地方）	8,15,17,23,29,60,130,134,135,151,153,181
（国）	22,30,42,56,60,70,73,77,123,129,136,139,146,149,150,154
（公・大公・国王）	43,129,130,143,181
バイエルン・バロック様式	63
ハイデルベルク	120
パッサウ	**134**,137
ハッテンハイム	105
バーデン	73
バーデン・ヴァイラー	127
バーデン・バーデン	127
ハプスブルク（家，朝）	10,42,50,52,53,56,58,70,106,150,154,155,157
ハレ	167,174
ハンザ（同盟）	46,174,182,188,190〜194,196,197,199,203
ハンブルク	47,**191**
ヒルサウ修道院	26,28,127
ビルンガー家	199
フォアポンメルン	181
フッガー家	52,53,144〜147,165,168
プファルツ（選帝侯）	120〜122
プファルツ（継承）戦争	119,123
ブラウンシュヴァイク	45
フライブルク・イム・ブライスガウ	45,**123**
フランク（人，王国，国王）	7,15,16,18,20,21,92,95,101,107,111,119,159
フランクフルト・アム・マイン	29,37,44,45,**110**,174
フランクフルト国民議会	76
フランケン	21〜24,43,160
ブランデンブルク（辺境伯）選帝侯	60,61,156,164,190,203,217
ブランデンブルク‐プロイセン国家	61,64,203
ブランデンブルク門（ベルリン）	73〜75,206,208,209,215,216
ブレスラウ	174
ブレーメン	38,58,**199**
プロイセン（地方）	46,48,156
（王）	72,76,77,203,206,210,217

（王家・王国）	39,60,61,64,68〜70,75,95,102,142,202,206,210
ヘッセン	179
ベーベンハウゼン修道院	26
ベルリン	74,75,77,198,**203**
ベルリンの壁	10,80,175,208
ベルンカステル゠クース	**104**
ホーエラント街道	174
ホーエンシュタウフェル家	30,194
ホーエンツォレルン（家，城）	48,60,61,65,155,202〜204,207,211,217,218,220,221
ポツダム	68,79,203,**218**
ボヘミア（ベーメン）	42,58,59,123,130,154,155,181
ホルシュタイン（伯）	181,193
ボン	22,81,**97**

●マ行

マイセン	23,181,184,**185**
マインツ	43,49,60,81,**107**
マウルブロン修道院	27,127
マクデブルク	23,61,181,**189**,203
マリア゠ラーハ	**100**
マリエンブルク城	47
マールブルク	55
ミュールハウゼン	**180**,181
ミュンヘン	9,30,31,45,**135**
メッテン修道院	63,181
メロヴィング（家，朝）	15,16,81,92,97,108,117

●ヤ行

ユグノー	206,214,218
ユダヤ人（教，教徒）	79,115,119,129,157,168,214,215

●ラ行

ライプツィヒ	44,45,66,74,164,**174**,203
ライプツィヒ論争	130,174
ライン（都市）同盟	46,108
ライン連邦	73,74
ランゴバルト王国	18
リーメス	14,110,117
リューネブルク	**194**,**197**
リューベック	30,31,45,46,181,**193**
ルクセンブルク家	42,155
ルートヴィヒスブルク宮殿	63
レーゲンスブルク	59,**130**,137,148
レヒフェルト（の戦い）	21,25,145,181
レルラッハ	127
ローテンブルク	8,34,53,**150**
ロートリンゲン	21〜24
ローレライ	106,198
ロマンチック街道	129

執筆者紹介

魚住昌良　うおずみまさよし
東京大学文学部西洋史学科卒業。同大学大学院博士課程修了。
元国際基督教大学大学院教授。
主要著書，訳書：『ドイツ史』(増補改訂版，共著，山川出版社，1991)。『ドイツの古都と古城』(山川出版社　1991)。M. ルター「商業と高利」(『世界の名著』18, 共訳，中央公論社　1969)。F. レーリヒ『中世ヨーロッパ都市と市民文化』(共訳，創文社　1978), H. ロイン編『西洋中世史事典』(監訳，東洋書林　1999) など。

写真提供

相原恭子（表紙表, p.8下左, 8下右, 9下, 26上, 37上, 38下, 47上右, 60, 61上, 61下, 69, 75）

世界文化社（p.13上右, 31上右, 36上）

ドイツ観光局（p.8上, 9上, 13下, 19右, 23右, 26上, 35上, 37下, 39, 46右, 53右, 54上, 55, 62上, 62下, 63下, 65上, 79右）

Michael. S. Yamashita/CORBIS/Corbis Japan(p.36下)

世界歴史の旅　ドイツ──古都と古城と聖堂

2002年8月15日　1版1刷　印刷
2002年8月25日　1版1刷　発行

著　書　魚住昌良
発行者　野澤伸平
発行所　株式会社　山川出版社
　　　　〒101-0047　東京都千代田区内神田1-13-13
　　　　電話　03(3293)8131(営業)　8134(編集)
　　　　http://www.yamakawa.co.jp/
　　　　振替　00120-9-43993
印刷所　岡村印刷工業株式会社
製本所　株式会社手塚製本所
装　幀　菊地信義

©2002 Printed in Japan　　ISBN 4-634-63250-0
・造本には十分注意しておりますが，万一，乱丁本などがございましたら，小社営業部宛にお送りください。送料小社負担にてお取り替えいたします。
・定価はカバーに表示してあります。

シリーズ 世界歴史の旅

Ａ５判　平均220頁（カラー64頁）各本体2800円（税別）

知を求めて旅をする……

世界各地を、国、地域、もしくはテーマごとにまとめた本格的歴史ガイドブック。2部構成で、第1部は対象地域を歴史的にわかりやすく解説。第2部は史跡案内で、従来あまり取り上げられなかった史跡も網羅。じっくりと歴史の旅を味わえる、格好のシリーズ。既刊5冊

フランス・ロマネスク
饗庭孝男　著・写真

北インド
辛島昇　坂田貞二　編　大村次郷　写真

南インド
辛島昇　坂田貞二　編　大村次郷　写真

トルコ
大村幸弘　著　大村次郷　写真

ドイツ【古都と古城と聖堂】
魚住昌良　著

ヒストリカル・ガイド ドイツ・オーストリア

坂井榮八郎 著　Ｂ６判　240頁　カラー口絵10頁

神聖ローマ帝国以来の歴史の流れと、その中で育まれた宮廷文化、中世の都市や城など社会文化史の諸相をわかりやすく解説する、ハンディーな入門書。本体1800円（税別）

ヒストリカル・ガイド イギリス【改訂新版】

今井 宏 著　Ｂ６判　304頁　カラー口絵４頁

『イギリス』という呼び名の由来からヨーロッパ国家の一員として歩み始めた今日まで、読者に語りかける親しみやすいイギリス史。本体1900円（税別）

ヒストリカル・ガイド ロシア

和田春樹 著　Ｂ６判　228頁　カラー口絵４頁

ルーシの都キエフ、幻想の都ペテルブルク、３つの顔を持つ都モスクワ…。自由と正義を独自の方法で追い求めてきたロシアの、ハンディーな入門書。本体1800円（税別）

ドイツの古都と古城

魚住昌良 著　四六判　264頁　カラー口絵２頁

中世の面影を今に残すドイツの古都、静かなたたずまいの中に在りし日の歴史を語る古城。ドイツ中世史家がおくる"古都と古城の歴史散歩"。本体2238円（税別）

ナイルの遺産 エジプト歴史の旅

屋形禎亮 監修　仁田三夫 写真
　　　　　　　　Ａ５判　248頁　本体2816円（税別）
古代の遺跡から現代のエジプトの姿まで、わかりやすく解説する。豊富なカラーグラビア、写真・図版とともにビジュアルに紹介する、ヒストリカル・ガイドの決定版。

ナイルに生きる人びと

片岸直美　畑守泰子　村治笙子 著　仁田三夫 写真
　　　　　　　　Ａ５判　234頁　本体3333円（税別）
古代エジプトの神殿や王たちの墓を彩る美しい壁画を通して、繁栄と衰亡の歴史のなかでナイル川にささえられて生きてきた古代人たちの暮らしぶりを解き明かす。

読んで役立つ中国史55話

　　山口 修 著　Ｂ６判　192頁　本体1457円（税別）
中国史の碩学が書き下ろす興味深い史話集。知っているようで知らない知識やエピソードを満載し、わかりやすく解説する。

パリ 歴史の風景

　　饗庭孝男 編　四六判　312頁　カラー口絵8頁
ノートル＝ダム大聖堂やルーヴル宮殿をはじめ、今に残る建築物や町並みを手がかりに、空間的にとらえたパリの歴史を、時代を追って紹介する。本体1800円（税別）